卿向东◎著

安家买房
8堂课

向东教你零基础
提前5年
搞定首套房

石油工业出版社

图书在版编目（CIP）数据

安家买房8堂课 / 卿向东著. —北京：石油工业出版社，2020.9
ISBN 978-7-5183-3842-9

Ⅰ.①安… Ⅱ.①卿… Ⅲ.①住宅–选购–基本知识–中国 Ⅳ.①F299.233.5

中国版本图书馆CIP数据核字（2020）第023649号

安家买房8堂课

卿向东　著

出版发行：石油工业出版社
　　　　　（北京安定门外安华里2区1号　100011）
网　　址：www.petropub.com
编 辑 部：(010) 64523607　图书营销中心：(010) 64523633
经　　销：全国新华书店
印　　刷：北京中石油彩色印刷有限责任公司

2020年9月第1版　2020年9月第1次印刷
700×1000毫米　开本：1/16　印张：20.75
字数：260千字

定　价：48.00元
（如发现印装质量问题，我社图书营销中心负责调换）
版权所有，翻印必究

推荐语

  买房对于我们老百姓来说,是一生中的一件大事,我们往往在整个过程中充满各种焦虑。向东的这本书是站在房产从业者的视角,揭露了众多业内"秘密",从购房过程中的具体问题出发,系统而详细地提供了解决对策,旨在帮助购房者应对购房过程中遇到的实际问题。

——21世纪中国不动产中国副总裁、华东区域执行董事　查　桀

  房子不能代表家,若有,那便是锦上添花。向东带你选好房!一房遮风避雨,一家安然幸福。生活本不易,为何不让自己住得舒服一点!听向东跟你聊购房那些事。

——西安城市建设职业学院副院长、富山国际教育科技有限公司理事长
董保利

  向东从业10多年,能沉下心来,把多年在房产领域的所见所闻整理出来,实属不易。文章内容深入浅出,通俗易懂,让人受益匪浅。中国房地产服务还处在初级阶段,用心服务,取得信任,时间是你最好的朋友!

——房东东公寓学院创始人、上房商铺董事长　全　雳

  买房对于中国老百姓来说是头等大事,买房选择的地段,城市的规划发展,周围的教育配套,医疗、交通等多方面。向东老师的书在很大程度上给未来有买房计划,或是有置换需求,甚至计划把房产作为投资品的买房者一些很好的参考意见。值得拜读!

——乐师经纪总经理、房地产讲师网创始人　乐　天

买房是件大事，无论投资还是自住，无论改善还是刚需，因为动用资金少则百万元，多则过千万元，如今也属平常。但无论何种目的，买到"称心如意"的房子总是大家所期盼的。好在业内房产专家向东，潜心深耕地产尤其买房领域多年，如今如数家珍般奉献出可谓买房人的《葵花宝典》，给大家买房指出了极具实用和参考价值的捷径，实属业内的一桩幸事，可喜可贺！

——绿城集团项目原总经理、浙江中房地产咨询中心总经理
黄明玉

房子是一生之选，房子是身外之物，房子贯穿一生，选好房、买好房……看向东怎样教你置房！

——产业互联网运营商聚民惠联合创始人、丹唐尚瓷科技发展创始人
王 超

买房难，卖房更难。无论你是买房者，还是卖房者，或是营销人员，让向东教你买卖房的全流程、全环节，带你弄懂卖房那些事儿。

——高级房地产策划师、滨州市嘉晖伟业房地产策划有限公司总经理
马春晖

跟向东学买房，带你跳出选房买房的困局。一个详尽的全程指导大全，化繁为简，才是生活本质，把省下的精力、财力与家人亲友享受更美好的生活去吧！

——高级房地产策划师、Web News Technology Inc. 市场总监
胡依莎

房子是用来住的，对所有家庭来说，卧室总是少一间，房子永远少一套。房子也是用来投资的，买房一直是国内最合理、合法的投资方式。

读完向东的"添房八步"，套模型，选好房，So easy！

——高级房地产策划师、孔雀城地产 叶 军

从业十年，听过许多人的买房故事，好的房产能有效提升人们的生活幸福指数，实现资产的升值。向东的这本书内容很实用，是房产从业者的教科书，是购房者的置业宝典。

——高级房地产策划师　杨卫菊

向东老师从事房地产行业 12 年，对内致力于公司绩效改进，对外把自身的从业知识著书立说，为买房者提供一种全面而详细的买房指南。无论是普通买房子还是房地产从业者，都能从中书获得宝贵的买房专业建议和知识！

——华商基业绩效改进首席专家、国际绩效改进协会委员会委员
易　虹

买房对于每一个家庭来说都是举足轻重的大事，同时也是一个充满艰难抉择的过程。想要做出完全理性正确的决策特别难，对此我深有体会。但看了向东老师的这本书，一下子豁然开朗，这本书让你买房时更加理性，更有章可循。如果你要买房或投资房产，我推荐你一定要读这本书。

——上海爱问网络科技有限公司董事长、行动教练®创始人　季益祥

向东老师的这本书，以买方的视角总结了买家（特别是新手买家）在选择购房到成交的各个环节中容易落入的"坑"，并结合案例给出了详细的避"坑"指南。如果你正考虑买入人生中的第一套房，推荐先跟向东老师学买房。

——克里夫定位学院执行院长、《21 世纪的定位》等 9 本定位理论著作译者
寿　雯

在追求有效率的人生财富经营上，当你追踪每一只"猎物"，回应每一次召唤，只会让你疲于奔命，酿成灾难。尽量保持简单，做对的事，才能有效地运用时间和资源，掌握人生中财富经营的主控权。在买房这件事情上如何做到简单，本书作者向东教你极简买房。

——杭州上尚新商业经营管理集团　Molly

向东老师从事房地产行业 12 年,知道房地产市场发展的变化,他从一个买房者的角度,深入详细地讲解了买房的注意事项,绝大部分买房者遇到的问题在书中都能找到答案。

——上海铭心房地产经纪有限公司创始人　黄树杨

目 录

1 市场独家 001

洞悉买房全流程的"添房八步"模型

1.1 买房注意事项千万条,你最该注意哪几条? / 003

1.2 买房选错只是一时,过错却是损失 50 万元 / 004

1.3 买房选房"添房八步"模型,让你三秒变选房达人 / 007

2 定买房 009

买房背后的财富思维

2.1 确定租买:租房 VS 买房,决定你未来 10 年人生财富差距的选择 / 012

2.2 购房资格:付了 5 万元定金,发现社保不满 5 年,怎么办? / 018

2.3 盘点资金:投资客不会告诉你的"零"首付买房实操方法 / 022

2.4 还款压力:"零"压力购房还贷的正确姿势 / 028

2.5 典型案例:没有购房资格,如何优雅地在上海获得"房票"? / 032

2.6 典型案例:工薪阶层不知道的房子真正的财富逻辑 / 034

2.7 典型案例:买得好不如买得准,首套房最佳买入时机? / 040

2.8 典型案例:80% 置换买房者,到底是先买后卖,还是先卖后买? / 044

i

安家买房8堂课

3 挑小区 049

选地段的六个黄金指标

3.1 小区均价：决定小区均价的五个关键要素 /052
3.2 学区政策：父母呕心沥血买的学区房，为什么被学校拒绝？ /054
3.3 交通便利：和生活息息相关的除了房子还有交通 /058
3.4 周边环境：自住房周围有这六样东西，低于市场价20万元也不要买 /062
3.5 生活配套：买房选择生活配套，就是选择未来的生活方式 /066
3.6 物业设施：买房一阵子，物业一辈子，好物业决定房子价值 /071
3.7 典型案例：一二线城市与三四线城市的选择密码 /074
3.8 典型案例：300万元刚需——郊区新房VS市区老破小，哪种房子更值得入手？ /079

4 选房屋 083

帮你精准确定房屋的六大维度解析

4.1 房屋类型1：经济适用房，我有没有资格买？ /086
4.2 房屋类型2：一个买动迁房亏损100万元的购房者的血泪史 /089
4.3 房屋类型3：买小产权房的四大风险 /095
4.4 房屋类型4：不限购、价格低的法拍房背后隐藏的巨大风险有哪些？ /099
4.5 房屋类型5：首套房不碰"不限购""不限贷"的商住两用房背后的真相 /104
4.6 房屋价格：影响二手房价格的因素及"一房一价"二手房如何优中择优？ /109
4.7 房屋楼层：买房如何找到价值最大的黄金楼层？ /113
4.8 居住面积：如何用最少的钱买到最大的面积？ /118
4.9 房型朝向：教你看懂这些图，买房看一眼就能识别好户型 /122
4.10 装修家电：买二手房是选择随心所欲毛坯房还是省心省力的装修房？ /131
4.11 典型案例：如何快速找到真实有效的房源信息？ /136
4.12 典型案例：选个靠谱的中介，买房帮你省掉20%的钱 /142
4.13 典型案例：房屋产权70年到期后怎么办？ /145
4.14 典型案例：警惕！买到低于市场价15万元的房子可能是"凶宅" /149
4.15 典型案例：年轻人婚房预算有限，怎么选才能买到更合适的婚房？ /153

5 砍房价 157

房价高攀不起？这六招教你砍出低价房

5.1 谈价心态：适合你的价格才是最好的价格　/ 160

5.2 信任中介：和中介建立统一战线才能百战不殆　/ 164

5.3 忌多询价：一房多问，让购房者多损失5万元　/ 168

5.4 避免对抗：和房东对抗性沟通的结果就是买不到房　/ 172

5.5 欲擒故纵：你表现得越想要，房屋价格就会越高　/ 176

5.6 知己知彼：尽可能掌握业主所有信息，攻击他的弱点　/ 179

6 签合同 183

零风险签订购房合同的六步流程

6.1 产权调查：买房签合同前忽略了这件小事套牢20万元定金　/ 186

6.2 清查租约：买带租约的房子容易陷进去的两个"大坑"　/ 189

6.3 材料准备：签买卖合同准备的资料一样都不能少　/ 193

6.4 支付定金：业主少签一个字，客户多掏30万元　/ 195

6.5 约定时间：如何约定合同中最关键的五个时间点　/ 200

6.6 预留尾款：小尾款能解决四个大麻烦　/ 204

6.7 典型案例：付了定金，房东反悔怎么办？　/ 207

6.8 典型案例：二手房买卖签"阴阳合同"，你知道背后的风险吗？　/ 211

6.9 典型案例：房产证能不能上孩子的名字？　/ 215

7 做贷款 219

最优化贷款的六个要素

7.1 资格审查：首次买房你能不能贷款，最多可以贷多少？ / 222

7.2 定主贷人：主贷人没选对，多借 10 万元的 3 分高利息 / 224

7.3 贷款选择：上海二手房公积金和商业贷款的流程 / 227

7.4 还贷方法：别纠结了，等额本息 VS 等额本金，彻底说透哪种还款方式更省钱 / 233

7.5 贷款期限：贷款期限选择多长最适合自己？ / 239

7.6 优化贷款：提升贷款额度和通过率的六个秘诀 / 243

7.7 典型案例：付了首付，房贷首次审批不成功怎么办？ / 248

7.8 典型案例：你还贷款的方式决定了你家庭的财富阶层 / 253

7.9 典型案例：房贷逾期怎么办？ / 256

8 办过户 261

过户不等于拿到房产证

8.1 资料流程：二手房交易过户流程及资料准备 / 264

8.2 缴纳税款：购买二手房要缴纳哪些税费？ / 266

8.3 典型案例：揭开房产税的神秘面纱，我要不要交？ / 271

8.4 典型案例：产权人在国外，房子能卖吗？ / 275

8.5 典型案例：办理房屋产证变更，哪种更省钱？ / 279

8.6 典型案例：交易过程中房屋被查封了怎么办？ / 282

8.7 典型案例：买二手房，延迟过户的五大风险 / 285

9 验房屋

确保房屋万无一失交接的四个步骤

9.1 检查房屋：验收房屋不检查这五大工程，后患无穷　/ 292

9.2 盘点设施：赠送的家具、家电和装修都是房子的一部分　/ 296

9.3 账单过户：验收房屋时容易忘记的六大账单清点结算过户　/ 299

9.4 物业交接：办完物业五大交接手续，安心入住　/ 302

9.5 典型案例：二手房屋漏水，法院告诉你到底谁承担责任？　/ 306

9.6 典型案例：买房时原业主户口不迁出的解决办法　/ 309

9.7 典型案例：交房时发现面积少了两平方米，开发商赔了八万元　/ 314

市场独家

洞悉买房全流程的"添房八步"模型

1.1 买房注意事项千万条，你最该注意哪几条？

王晨和李娜从大学毕业后，恋爱有三年了，两个人感情很好，准备年底结婚。对于现代都市的青年男女来说，结婚买一套婚房是标配，两个人都没有买房的经历，因此不知道如何选择房子。

两个人在看房之前商量，王晨想买新城区的一手房，新房不但房型好环境优美，还可以自己装修，更重要的是因为新房周边商业配套设施暂时不完备，等以后发展好了，房子未来升值的空间会大一些；房子这些年涨了那么多，对于现在的他来说是积累财富的阶段，让自己的财富保值增值是他买房最重要的目的。

李娜想买市区的二手房。首先，结婚后宝宝教育是个大问题，买二手房小孩可以在附近上学，毕竟市区的学校资源更多，上班接送方便一点；其次，大部分二手房有现成的装修，还可以省掉一部分装修的费用；最后，市区的二手房周边地段更成熟，逛街买东西也更方便一点。

双方说的都有道理，对于首次买房的夫妻来说都会面对这样的选择。

于是他们开始问身边的朋友，听这个同事讲得有道理，那个闺蜜说得也对，不知道听谁的；问房产中介，中介说得好像很专业，但又感觉他们可能出于某种利益考虑，专挑你想听的来说，也不能完全相信。然后他们开始关注各种房地产公众号和经济学专家微博大V，事实上他们大部分自己也没有买过几套房子，常常讲一些坐而论道的宏观分析、国家形势等诸如此类高大空的东西，对一个普通买房者来说也没什么用。

他们了解一圈下来，还是找不到答案，到底该怎么办？

1.2 买房选错只是一时,过错却是损失50万元

很多人在是否购房问题上犹豫不决的重要原因是担心房价下跌,买亏了!

但是对于刚需家庭来说,房子是必不可少的,无论涨跌都要买。虽然房价不是我们可以左右的,但是我们可以用专业知识来减少购房损失。

对于首次购房的家庭来说,如何避免那些会给我们带来损失的"坑"呢?

王国珍(化名)是一位普通的上海老阿姨,2014年,家里只有一套位于普陀区的两居室。儿子到了结婚的年纪,作为母亲的她想给孩子一套舒适的婚房,便准备把目前在住的两居室留给儿子结婚,再买一套小房子给自己住。

因为手头预算有限,除去给孩子结婚的钱,手上仅有30万元左右的现金,而且年纪大了,王阿姨也不愿意背负太多贷款。在几番挑选之后,她决定购买一套上海江桥万达城市公寓的房子。这套房子是酒店式公寓,房价58万元,首付50%,税费和中介费在3万元左右,共62万元,总价较低。交完首付后,每个月只需要还贷款2000元左右,贷款额度完全符合王阿姨的预期。王阿姨兴高采烈地住进了这套酒店式公寓。

事情到这里并没有结束。

两年后,也就是2016年年底,王阿姨把那套公寓卖掉了,原本兴高采烈的她为什么要卖掉自己的房子呢?原因是酒店式公寓没有煤气,水电费全部是按商业费用计算,生活成本是普通住宅的两倍多。而且因为是酒店式公寓,所以根本没有社区服务。大楼里除了正常居住的居民外,还有嘈杂的公司和对外营业的酒店,这样的居住环境对一个想安享晚年的老人来说显然不适合。王阿姨痛定思痛,决定卖掉这套酒店式公寓,换一套普通住宅。她花了整整1个月的时间,和8个有意向的买家进行谈价之后,最终以62万元的到手价卖掉了。

王阿姨因为首次买房,经验不足而选错了房子,两年后发现了自己的错误,并将这套房子卖出。在这次一买一卖的过程中,她到底失去了什么呢?我将从显性和隐性这两个角度来分析一下她的损失。

显性的损失,也就是从账面上来看,2014 年的买入价是 62 万元,2016 年卖出价也是 62 万元,一买一卖,在房价上没有损失,但是她有贷款,这两年她付了差不多 2 万元的利息。也就是说,王阿姨在显性的账面上,损失了 2 万元。

而对于隐性的损失来说,王阿姨可不只是损失 2 万元这么简单了。

据统计,2015 年、2016 年这两年的时间刚好是全国房价上涨较快的两年,尤其是上海及周边城市的平均房价涨幅在 40%~50% 之间,但是王阿姨购买的酒店式公寓并没有多大的涨幅。

王阿姨当时有 30 万元左右的首付,假如没有买酒店式公寓而是选择了普通住宅,可以在上海远郊买个一居室,或者在上海周边的花桥买个小两居室,这样的话,房价会随着行情水涨船高。按照首付 30% 来计算,王阿姨可以在 2014 年购买一套市值 100 万元的房子,到 2016 年,这套房子保守估计价值 150 万元,也就是增值 50 万元左右。

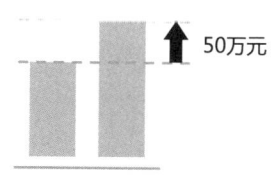

这样显性和隐性地一算,王阿姨至少亏掉 50 多万元。这就是选错了房子类型带来的损失。

如果避免了选错房子类型的损失,就一定万无一失了吗?除了这个坑,买房路上还有哪些坑呢?

买房对于每一个人和家庭来说都是件大事,买衣服穿一次不喜欢可以收在衣柜里;买护肤品不好用大不了扔掉。而对于绝大多数的家庭或个人来说,买房子都是伤筋动骨的大事,一辈子可能就一次。一旦买错一套房子,损失的不是几百上千元，而是几十万元甚至上百万元。

在"买房"这两个字背后，有太多的坑等着买房人去跳。为了能够让更多的人顺利买到自己满意的房子，本书将会分为八个章节，全方位地剖析"买房"的全部流程，让你在"买房"之路跳过所有的坑，到达胜利的彼岸。

（1）如何使购买的房产价值最大化？

（2）买一手房还是二手房？

（3）怎么挑选靠谱的中介和经纪人？

（4）怎么才能万里挑一选到好房？

（5）买郊区的大房子还是市区的小房子？

（6）怎么权衡城市、地段、学区、楼层和户型？

（7）怎么跟卖家砍价，花最少的钱买到满意的房子？

（8）怎么在买房合同中规避所有风险，保障自我权益？

（9）怎么通过贷款撬动最大的经济杠杆？

（10）怎么在房屋验收的时候规避将来的麻烦？

（11）结婚买房到底要重点注意什么？

（12）是买一手房还是二手房？

（13）买装修房还是毛坯房？

1.3 买房选房"添房八步"模型,让你三秒变选房达人

经过十余年的研究和总结,我针对困扰了全中国上亿人的选房问题找出了一套完整的解决方案。

第一步:定买房。要确定自己到底是买房还是租房。

第二步:挑小区。根据六个指标维度,选定可选地段。

第三步:选房屋。在可选地段里,根据六大维度确定自己心爱的房屋。

第四步:砍房价。确定房屋后,通过六个方法,让自己分分钟省数十万元。

第五步:签合同。让自己零风险签订购房合同。

第六步:做贷款。根据自身情况,最优化地选择贷款方式。

第七步:办过户。提交资料,办理过户,并获得房产证。

第八步:验房屋。检查房屋设施并做最后交接的四个步骤。

① 定买房
- 确定租买
- 购房资格
- 盘点资金
- 还款压力

② 挑小区
- 小区均价
- 学区政策
- 交通便利
- 周边环境
- 生活配套
- 物业设施

③ 选房屋
- 房屋类型
- 房屋价格
- 房屋楼层
- 居住面积
- 房型朝向
- 装修家电

④ 砍房价
- 谈价心态
- 信任中介
- 忌多询价
- 避免对抗
- 欲擒故纵
- 知己知彼

⑤ 签合同
- 产权调查
- 清查租约
- 材料准备
- 支付定金
- 约定时间
- 预留尾款

⑥ 做贷款
- 资格审查
- 定主贷人
- 贷款选择
- 还贷方法
- 贷款期限
- 优化贷款

⑦ 办过户
- 资料流程
- 缴纳税款

⑧ 验房屋
- 检查房屋
- 盘点设施
- 账单过户
- 物业交接

2

定买房
买房背后的财富思维

在买房之前，需要确定的就是到底是否需要买房呢？是买房还是租房呢？当确定买房之后，接下来就是判断自己的购房资格、检查自己可用于买房的所有资金和评判自己的还款能力。

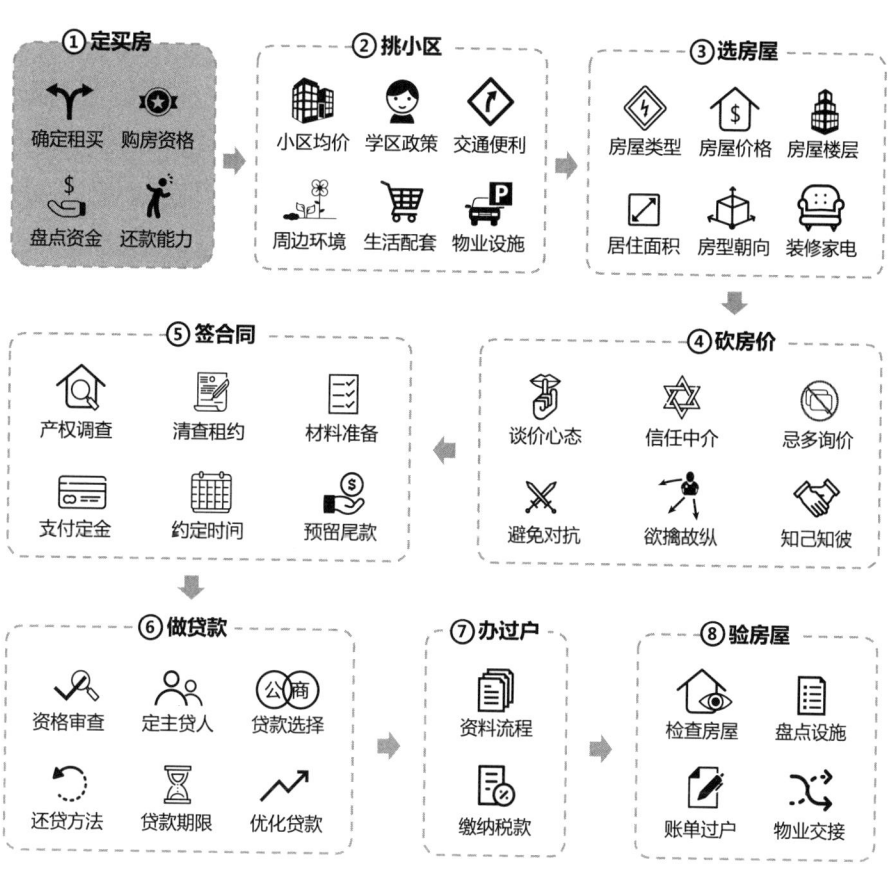

2.1 确定租买：租房 VS 买房，决定你未来10年人生财富差距的选择

张强和张皓是一对亲兄弟，他们在2013年的时候就来到了上海，哥哥张强觉得上海这个地方不错，想落地生根，就咬了咬牙，买了一套总价100多万元的房子，除去首付，剩下的贷款月供4800元，还30年。

弟弟张皓算了一笔账，这套总价100多万的房子，当时租金每个月2000元左右；按照这个月租，100多万元的购房款至少可以租住50年，兄弟俩已经快30岁了，50年之后还在不在人世都不知道呢，所以他认为买房并不比租房划算。恰逢当时有人说"房价要降一半"，还有一些专家的"楼市崩盘论"被媒体大肆宣传。于是，弟弟最终选择了租房。

6年过去了，弟弟张皓的房租不断上涨，那套原来租金2000元/月的房子，在这几年的几番上涨中，每月租金已经至少6000元。

他开始感到恐慌——自己可能连租房子也租不起了！更别说买房了。而另一边，哥哥张强的房子已经涨了三倍，而且因为降息、银行的房贷利率优惠等因素，月供不断降低，现在月供居然还不到4000元。

在案例中，弟弟错过了一波又一波的买房机会，像这样的教训在几年前房价上涨的时候比比皆是。

看着房价噌噌往上涨，我想绝大部分人只要有钱，都想通过买房子让自己的财富快速增值。但是随着国家的调控，房地产飞速上涨的时代结束了，买房快速增值的梦想也渐渐破灭。

而且经过了那么多年的上涨，一二线城市的房子已经几百万元甚至上千万元，普通的工薪阶层根本买不起；银行的贷款利息不断上调，感觉再买房已经不划算。

的确，涨速放缓、总价过高、利率上调这三点成了很多人不买房的理由，

加之国家还出台"租售并举"的政策，所以我身边许多人都会满脸愁容地问我："我是买房还是租房？"

我给他们的建议是：有条件买房的话还是要买，买好于租，有以下三方面原因。

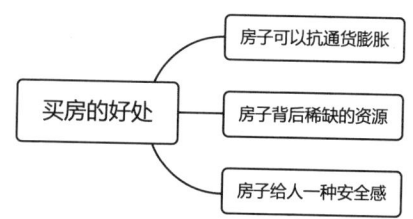

2.1.1 向东观点一：房子可以抵抗通货膨胀

你们有没有发现，很多国家的货币的面值都特别大，比如说日元、韩元，后面有很多零，计数单位都是万、十万，甚至百万。

你知道这是为什么吗？其实就是通货膨胀闹的。比如买一袋米，十年前可能需要20元钱就够了，五年前需要50元，而现在需要100元，再过十年，一袋米可能要500元。

所以很多国家才把货币的面额越印越大，不是因为他们自己想这么做，而是因为通货膨胀导致的物价不断上涨。

其实这样的通货膨胀是全球的现象，不只是发展中国家才有的。

根据统计，第二次世界大战之后，发达国家的平均年通胀率在4.3%左右，物价上涨了约20倍。而房租的增速比通货膨胀还要快，长期平均在每年6.6%左右。

这个6.6%什么概念呢？例如，第一年租金是3000元，第二年就要上涨3000元的6.6%，也就是要涨198元，那么第二年的租金就是3198元了，到了第三年，租金就要上涨3198元的6.6%，也就是要涨211元，那么第三年的租金就是3409元了。按照这个算法，第四年是3634元，第五年是3873元，第六年就是4129元。

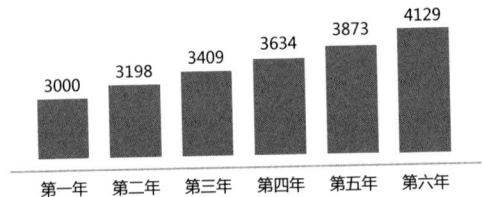

这不断上涨的租金并不是最恐怖的，如果遇到恶性通胀，那么房租涨得会更快。你的收入能保证每年涨幅在 6.6% 以上吗？如果不能保证，那么有什么投资渠道可以超过房租的通货膨胀呢？

房子是最好的抗通胀商品。

2016 年，清华大学恒隆房地产研究中心与北京大学—林肯研究院城市发展与土地政策研究中心共同发布了《中国典型城市住房同质价格指数》，其中指出"上海房价总体上涨 384.6%，年均上涨 17.6%"。这还不包括 2015 年、2016 年这两年的涨幅。

前面讲过，房价上涨的黄金时代过去了，但即使现在买房没有像之前那样赚的那么多了，但是能跑赢通货膨胀，让钱保值其实就是挣了。

2.1.2　向东观点二：房子的价值是城市背后稀缺的配套资源

对于中国人来说，房子捆绑着城市的配套资源：医疗、教育、交通、娱乐、公用服务，以及发展机遇。

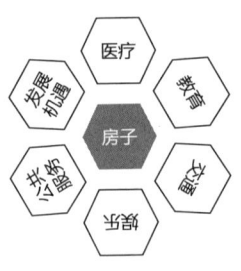

拿学区房为例：我自己亲身经历的。

我当时买房的目的之一就是为了小孩上学,因为我是外地人,考虑到孩子上小学没有房子,担心上不了。

去年我家丫头到了上小学的年纪,小区对口的小学有一个家长开放日。

我带着房产证和一些相关资料高兴地带着孩子去小学参观,到了学校门口,就被门口的保安拒之校外:"你是上海户口吗?"

我说:"不是啊,但我房子对口的就是这个小学。"

保安回答:"除了房子,你是上海户口吗?"

我说:"不是……"

保安说:"那不好意思,第一批是有房子且有上海户口的,你们可能是下一批。"

在上海的公办学校按正常的录取优先顺序是:

1. 拥有对口地段的上海户口;
2. 拥有对口地段的房产,且落户积分达120分;
3. 拥有对口地段的房产,且落户积分未满120分;
4. 落户积分达120分,但无对口地段的房产。

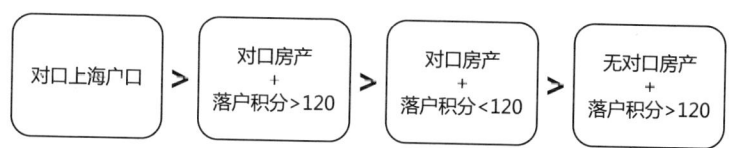

很多一二线城市的小学对应的好的学区都有类似要求。

很多人说,天价学区房是国人的焦虑感和功利性心态造就的,其实学区房的概念起源于美国。美国是个有严重阶层区分的国家,各社区按房价自然分开,从某种意义上讲这就是种族和贫富隔离。

美国公立中小学的经费主要由所在学区的房产税而来,这意味着两点:第一,富人区的学校更有钱,可以请更好的老师、买更好的设备、有更高的教学水平;第二,学生们其实是在跟自己同阶层的人一起上学。

教育资源不是标配品,必定有优劣高下之分,优质的教育资源永远是稀缺的。学区房的出现,本质上是一种教育资源的分配方案。当你买下学区房的时候，买的是下一代接受良好教育的入场券。我们到目前为止依然没有找到特别好划定资源分配的载体，房子不是最好的但却是最合理的载体。通过房子的价格界定不同资源划分，在一个稀缺的一线城市里成了重要标准。

所以，买房不仅是为了我们现在有一个地方住，更是希望我们的下一代获得更好的教育资源。

千万不要瞎听什么"书房就是最好的学区房"这样的鸡汤，就算书房是最好的学区房，你也得先有一个房间做书房。

买房对于普通工薪阶层来说可能是你奋斗的终点，但它将是你下一代所站立的起点。

2.1.3 向东观点三：房子带给人一种安全感

在电视节目《男左女右》里，马苏讲过一个故事。

当时马苏和孔令辉正在恋爱。有一回，两人发生争吵。马苏拎着行李，出了门。出门之后，忽然发现，北京繁华又陌生。万家灯火的城市里，没有一个地方是她的容身之处。她抱着行李，在路边哭了很久。人来人往，没有一个知心人。

城市很大，她却无处可去。那时她才真正明白，自己是一个没有家的人。

"没有家！"这三个字，潜藏了一个缺乏安全感的女人多少辛酸、多少无助。

当然有人会说："安全感是自己给自己的，有房并不一定就有安全感。"是的，如果你真的胸怀天下仗剑走天涯，那么房子就是垃圾！只是在这个物欲横流的时代下，又有几个人能免俗？

曾看到一个女性朋友圈里这样说：当安全感已被满足，当你感到自己一个人也能活得很好，当你有了不动产，当你为了贷款而更加积极地工作，当你的野心越来越大，当你的视野更宽、格局更广……就不会为了"女人都要嫁人"去忍受一个不喜欢的男人。当你遇到一个你喜欢的男孩时可以有底气地说，房子我有，你给我爱情就好。

以上三点就是我为什么说房子"买好过于租"的最主要的原因。希望通过这三点可以打消你的满脸愁容，解决你纠结于"买房还是租房"的问题。

2.1.4 向东建议：租买并举

你可能还会有疑问："道理我都懂，我已经明白了买房比租房好，可是我现在实在买不起，只能租啊，我应该怎么办呢？"

这是个很现实的问题，面对这个问题该怎么办呢？

我建议："先租，以后有条件再买"。只是租的房子要便于你的职业发展和收入增加。

比如说你刚入职场从事销售工作，事业刚刚起步，对你而言，最好是住在交通便利的地方，这样客户一打电话，你马上就能到，可以更好地开展工作，积累更多的客户资源和人脉资源。这个时候，你虽然买不起房，但是你投资了自己。从长期看，投资自己是最好的投资。

如果租得偏远，虽然租金省了一点，房子大了一点，但是不利于你的工作，也不利于休息，你的时间和精力浪费在来回的奔波上，省了租金，可是浪费了职场发展的机会，这是最大的浪费。

其实，不管是租房还是买房，这两个选择没有绝对的对错，但每种选择都有其代价，而人生，则是一个又一个选择叠加起来的总和。

2.2 购房资格：付了5万元定金，发现社保不满5年，怎么办？

在确定了自己要买房之后，接下来就要看看自己是否具有购房的资格了。

我在2018年年底举办了一次关于买房线上直播活动，直播结束后有一个同学陈娟（化名），主动联系到我，询问我关于买房的问题。在聊天的过程中，她讲述了自己的买房经历：她2011年大学毕业后来到上海，在一家服装设计公司上班，到了2014年，她为了回老家办婚礼，就辞职了，并趁这个时间在家休息了差不多4个多月，然后又重新回到上海，找了一个新公司上班。

到2016年7月的时候，陈娟怀孕了。她和老公商量准备在上海买房，一来考虑有宝宝以后三口之家需要有一个自己的房子，二来也是为了以后小孩可以在上海读书。

她们从网上了解了一下购房政策，当时在上海买房要满五年的社保。陈娟计算了一下自己的社保时间，她从2012年开始工作交社保，到2016年的7月份刚好满五年。

夫妻两人就准备买房了，大概看了三个月的房子后，终于在中房公寓看中了一套面积74平方米的两居室，总价在280万元左右，不管是楼层、装修情况，还是价格都在她的预算范围之内。

于是，他们通过中介和房东协商后，最终以277万元的价格把房子定下来了，并且付了5万元的定金。双方约定于15天后签订买卖合同。

过了大概一个星期以后，陈娟接到了房产中介打来的电话，说她社保的年限不够。

陈娟惶恐地说："我明明2012年交的社保，到现在2017年，肯定满五年，怎么可能差四个月？"

中介告诉她："外地家庭购房社保63个月内累计正常缴纳满60个月，你中间断了4个月，是补交的，不算！"

陈娟听到这个消息，自己都不敢相信，一遍又一遍地再三和中介落实。第二天去房地产交易中心咨询最后的结果：补交的不算，社保不满五年，不满足购房资格。

后来，在中介的协调之下，房东把钱退给了陈娟，但是陈娟心里却愤愤不平。

虽然陈娟在这件事上没有金钱的损失，但她回去后感到十分的难过和痛苦。按她现在这种情况，她前面就职的第一家公司交的社保不算数，要从第二家公司起交的时间开始算起，这样算的话至少还要等三年后才够买房的资格。这也就意味着：首先，她错过了2016年下半年的房价上涨的一波行情。其次，这三年仍然要租房住，而这三年的房租也是一笔不小的开支。最后，孩子在上海读书也会受到影响。

陈娟这样的案例不在少数，那么对于有买房打算的人来说，在买房之前，都要做什么呢？

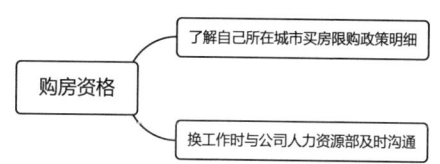

2.2.1 向东建议一：了解自己所在城市买房限购政策明细

如果你想买房，第一件事就是要了解自己所在城市的买房限购政策明细，各地区通常都会有社保年限的限制。

可以在买房前去所在地的社保管理中心调取社保单，拿着社保单询问房产中介，中介对这些基本的政策是很了解的；核实后，如果你的社保有问题，没有资格买，他们没有必要隐瞒，买房出问题中介也会承担责任。

如果问中介还不放心，你可以到房管局去核实，会更加的权威。

2.2.2 向东建议二：换工作时需要与公司人力资源部门及时沟通

每月按时交社保是买房最基本的要求，而在买房资格审查过程中，最容易出现问题的地方，就是换工作的时候，也就是缴纳社保的单位发生变更的时候，很容易出现断缴。

所以当自己需要换工作时，要嘱咐老公司和新公司的人力资源部门，让他们中间不要出现社保断缴。

2.2.3 上海买房限购自查表

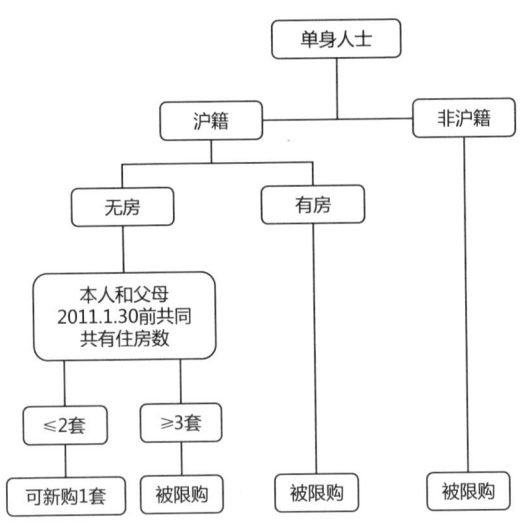

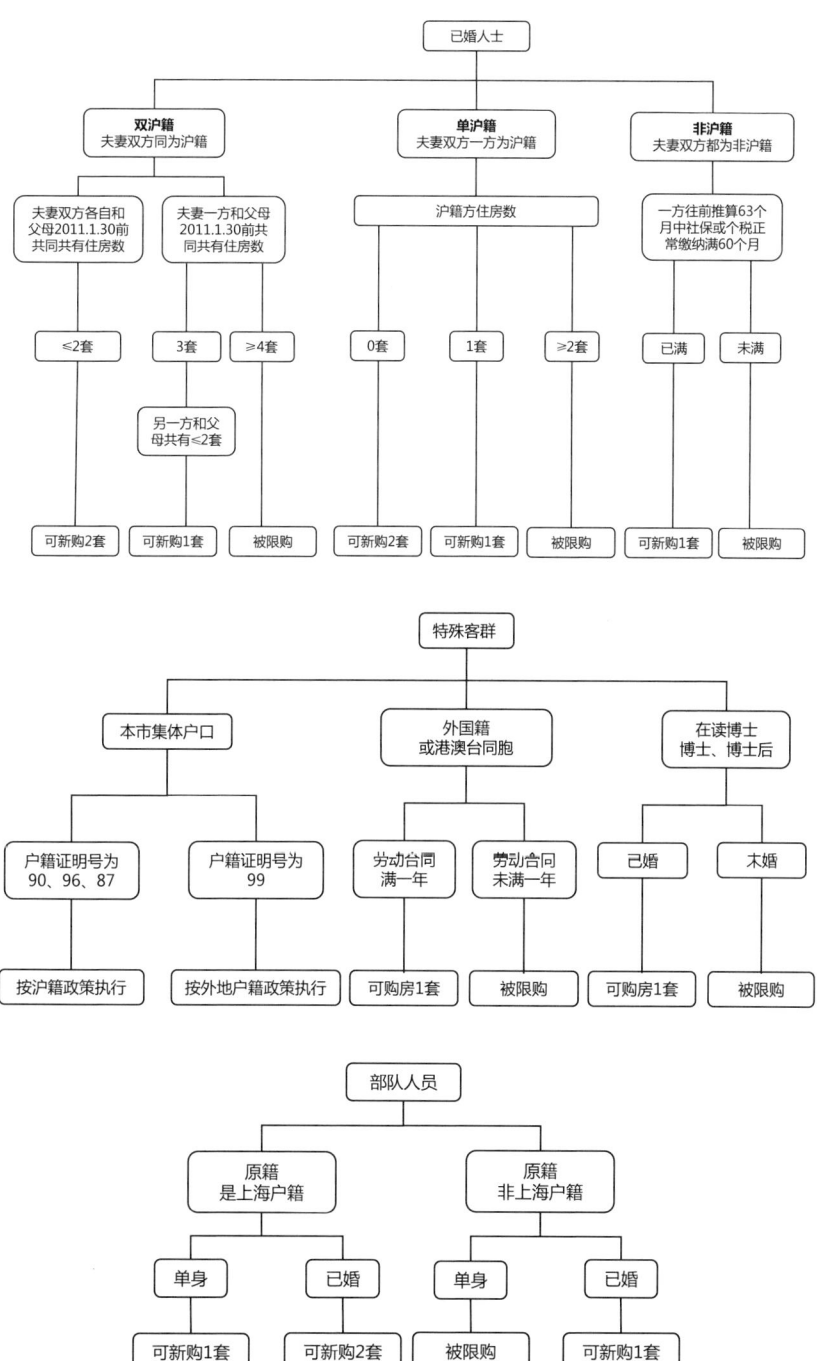

2.3 盘点资金：投资客不会告诉你的"零"首付买房实操方法

当确定自己符合购房资格，可以买房之后，接下来就是要确定自己有多少钱，可以买多贵的房子了。

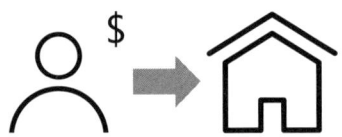

佳琪怀着忐忑而激动的心情，带着60万元的银行卡，用颤抖的手在购房合同上签了字……

他在心里呐喊：我终于在上海有自己的房子了。为了这一天他等了6年。

佳琪夫妻二人在2006年来到上海工作，那时候他们还没有结婚，到2008年春节结婚以后，就决定在上海买一套房子，定居上海了。当时他们有20万元的存款，买一套一居室的首付完全够了。他们就开始在上海看房子了，后来想想马上就要有宝宝了，要多一个房间给宝宝，夫妻二人商量着索性就再存点钱买套两居室吧。就这样，他们的买房计划就被推迟了。

时间又过了两年，2010年7月的时候，他们手上的存款达到35万元了，有一次他们接到中介推荐的宝山顾村的一个楼盘，85平方米的两室一厅，而且是电梯房，价格在120万元左右，他们听下来觉得还可以，就决定去看一下。

当时没有开通地铁，坐公交车去了，中间来回转了三趟公交车，用了差不多两个小时。房子虽然挺满意的，但是地段实在是太远了索性就放弃了。心想马上到年底了，要发年终奖了，加上自己的存款，应该可以买离自己的公司更近一点的房子。

这一等又是半年，到了2010年年底，当他们拿到年终奖后，手上的存款快40万元。这下他们就非常笃定了，开始在公司附近找合适的房子。这时正是2011年1月，国家出台了限购政策，非本地户籍居民家庭需要满足以下条件才能买房：两年内在上海累计缴纳一年以上个人所得税证明或社会保险。

当佳琪看到这个政策之后，心里慌了，佳琪在一个私营企业里做销售，因为销售的工作流动性大，公司没有给他们缴社保。

政策出来就意味着他的购房计划又要推迟一年，佳琪心里有些郁闷，但很快自我安慰说，反正首付款越多越好，再等一年，可以攒更多，买更大一点的房子，而且政策出来房价说不定会降点。

于是他们又通过各种渠道来给自己缴纳社保，又等了一年，时间很快到了2012年3月，他们又开始接着看房子。

此时他手上的首付款差不多60多万元，与此同时，他们在2008年看的房子，涨了差不多60万元，佳琪再也等不下去了，看中一套两居后，终于下手了。

经济学家徐远在一次演讲中说道："中国的经济就像一列奔驰的列车，一个个大中城市就像是一节节的车厢，买房就像是买票上车。如果你看懂了这个道理，就要先买票上车，免得被列车抛下。"

这句话说得非常对，当你首付不够的时候，买房要遵循"先上车原则"，就是要先买票上车，买不起豪华卧铺票就先买站票，以免被列车抛下。佳琪就是一个很好的例子，因为他从2008年开始想买房，到2012年真正买房的这段时间里，房价像奔驰前进的列车，而他的收入却只是在"走路"，他与买房之间的距离越来越远，差点就被列车抛下了。

2.3.1　向东观点："阶梯式"买房

我做了十二年的房地产，看到很多的客户像佳琪一样错过了买房的最佳时机点，这些人没有买房子或晚买房子，不是因为没有钱，也不是因为首付不够,而是想一步到位。

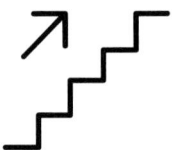

"一步到位"是一个常见的误解,很多人以为买房自住要一次解决所有问题——面积要够大,位置要够好。可理想是美好的,现实是残酷的——挑来挑去找不到完全满意的房子,就算挑中了,房价也接受不了,就这样被耽搁了。然后就看着房价像列车一样奔驰前进,最后消失在自己的视野里,怎么也追不上了。

为了能够缩小自己与列车的距离,让自己能够上车,就需要摆脱"一步到位"的想法,降低自己的要求和预期;说白了就是先上车,先选择一个买得起的小房子,随着小房子的增值,再找机会换大的。

例如买不起100平方米的,可先买50平方米的,买不起50平方米的,可以买20平方米的。

买不起一线城市,可以买环一线城市,买不起环一线城市买自己所在省会或地级市、甚至县级市核心地段都可以;只要上了车,跟着列车一起前进了,就不会被抛下。

这种循序渐进的买房方法,可以理解为"梯级购房",所谓梯级购房,就是在一个房地产市场中,购房者先买旧后买新、先买小后买大、先买普通后买高档。这看似平常而熟悉的道理,在今天读来却意味深长。

好了,当你已经接受"梯级购房"的理念后,接下来就是要盘点自己的可

用资金了。可用资金是指自己可以用于购买房产的所有现金,它是衡量选择何种房产的基础要素。为什么这么说呢?如果你的可用资金是500万元,你就可以有很多种选择。最保守的做法,你可以全款买房,零贷款,这样你就可以拥有一套500万元的房产(税费忽略不计)。最激进的方法,你可以用500万元作为首付款,按照最新规定,购房首付35%,贷款可以贷65%,也就意味着可以购买1428万元的房产。

不管是贷款0元还是贷足65%,都是建立在自己的"可用资金"之上的。可用资金是自己的所有存款吗?

很多人都会来问我,如何能够让自己有更多的首付款?怎么能够扩大自己的可用资金呢?

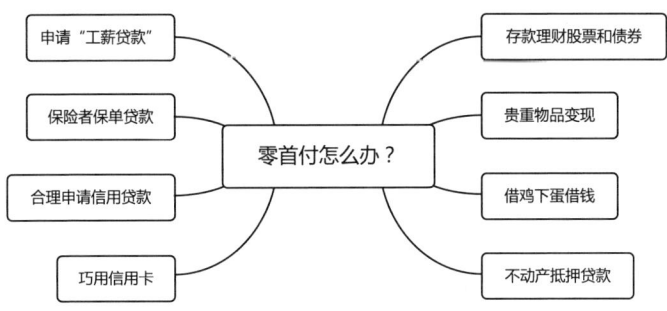

2.3.2 向东建议一:现金流种类:存款、理财、应收账款、股票和债券

现有资金不仅仅是指自己在银行中的存款,还有当前可变现的资金,如

投资理财产品、应收账款、股票和债券等资产的总和。

2.3.3 向东建议二：贵重物品变现

如果购房者确实是很急用钱，买房成为家庭最重要的目标，那么家中有车或其他贵重物品如金饰、古玩之类，可以转卖变现。

2.3.4 向东建议三：借鸡下蛋，问亲朋好友借钱

这是一般人最普遍、最常用的一种方式。如果你比较幸运，父母有存款，那么可以考虑请求父母支援一些，或者找亲戚一起帮忙凑。但这种借款需要还款，可能会影响购房者日后的生活质量。

2.3.5 向东建议四：不动产抵押贷款

抵押旧房子获得贷款来付首付也是一种比较常见的方式，但是前提是你要有房子才行。这种方式能获得较大额度的贷款，但要同时背负抵押贷款，压力会较大。

2.3.6 向东建议五：巧用信用卡

如果首付款的缺口不大，而且使用时间不长，那么可以使用信用卡提现，而且信用卡提现不需要烦琐的申请和审批流程。

但是信用卡提现的利息较高，一旦使用不当也会造成很大的还款压力。如果家庭的还款能力不够，不能按时还款，还是不建议使用这种方式，否则会影响个人征信。而且，最好使用额度高的信用卡，不要使用多张低额度信用卡，因为很容易被银行认为是套现，从而拒绝你的信用卡提现。

2.3.7　向东建议六：合理申请信用贷款

如果你的信用良好、资质不错、收入较高、还款能力也较强，那么可以向银行申请个人信用贷款来弥补首付款的不足。

2.3.8　向东建议七：有保险者可申请保单贷款

现在大家对于风险防范有了更强的意识，于是很多人都购买了保险。但大多数人都不知道有些保单是可以用来贷款的，详细的贷款金额和期限，可以向保险公司咨询。

2.3.9　向东建议八：向公司申请"工薪贷款"

如果你是公务员或者是事业单位和编制内人员可以向银行申请"工薪贷款"，部分企业也有类似的福利。例如像阿里巴巴、小米、腾讯这些知名的互联网公司，为了吸引人才，对公司满足一定条件的员工买房都有贷款方面的内部政策。

以上除了前两种方法：其他的六种方法都会产生还款压力，需要根据自己实际的还款能力去衡量。买房是为更好的生活，但如果因为还款超过了自己的能力，那么买房就会成为一种负担和风险，还会影响你原来的生活。

2.4 还款压力:"零"压力购房还贷的正确姿势

当你盘点了自己的现有资金后,接下来就需要确定自己需要贷款多少钱来买多贵的房子了。

2017 年 3 月,刘小东(化名)准备要在嘉定江桥区买一套房子,他手上有 80 万元左右的现金,他按照自己的资金情况,准备买一套一居的小户型房子,面积 50 平方米左右,当时的市场总价是 220 万元,国家的政策要求是首付 35%,也就是需要 77 万元,他手上的钱支付首付是完全没有问题的。不过他有一个额外的要求,希望客厅大一点,可以改成小两居,用于给孩子单独做一个房间。

他看了几套一居的房型后,发现周边的四个楼盘的一居厅都很小,没有办法改成两居,这样就不能实现他给孩子一个房间的意愿了,所以他的想法开始发生变化了——心想自己手上有 80 多万元,再借一点钱,直接买套两居!其实他的这个想法很现实,把厅改成孩子的房间,家里就没客厅了,万一来客人怎么办?如果买了两居室,就可以一步到位解决所有的问题了。

于是他盘算了一下手上的可用资金 80 万元,自己的信用卡可以透支 5 万元,总共有 85 万元;而两居的市场价在 300 万元左右,按照首付 35% 计算,大概在 105 万元左右。自己的 85 万元离 105 万元还有 20 万元的差距,这还没有算上税费。于是刘小东和老婆开始商量想办法,最终从双方家庭的父母和亲戚朋友那里东拼西凑好不容易借了 25 万元,这样加上自己手上 85 万元,总共 110 万元,可以支付首付和税费了。

于是,刘小东开始接着看房子了,不过不再是看一居,而是看两居。大概看了两个月左右的时间,终于看中了一套 75 平方米价格 310 万元的房子,而且房子满五年唯一可以省掉 1% 的税;刘小东心动了,让房屋中介约了房东见面。

经过反复地沟通和磋商后最终以305万元的价格成交，谈好后当场就付了定金，并约定于一周之后签买卖合同，最后顺利地拿到房产证。

刘小东夫妇买房的故事是结束了，可是接下来还要面临什么样的问题？

房子装修，购买家具家电，房贷，信用贷款，向亲戚朋友借的债务……虽然刘小东夫妻双方的月收入加起来有3万多元，但这些问题让他们的生活开始变得拮据起来了。

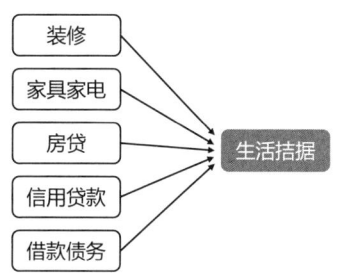

其实，不仅仅是案例中的刘小东，做了近二十年房产的我，看到有很多初次买房的人像刘小东一样不知道如何做买房的财务计划。正是因为财务计划的缺失，才会导致房贷不足、到处借钱、支付高额利息增加买房成本、后期还贷、装修等各种头疼的事情出现。让本来可以很"享受"的买房，变成了一种"煎熬"。

如果你在买房之前就做好财务规划，知道自己有多少钱首付，知道自己能向银行贷款多少钱，知道自己的将来每个月要还多少钱，知道自己将来每个月的生活状态之后，你就可以避免借钱而产生的高额利息，如期的按自己的目标和要求买到自己满意的房子，让自己的家庭生活更加的幸福。买房前如何做好财务规划呢？以下三个方面缺一不可。

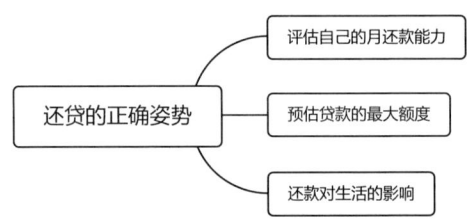

2.4.1 向东建议一：评估自己的月还款能力

买房前需要确定自身能够承受的每个月的还款额，可承受的每月还款额并不是购房者每个月的收入，因为购房者不可能不吃不喝，把钱全部用于还贷款吧？而且银行在进行贷款审批时，通常也会要求购房者每月的还款额不应超过购房者收入的50%。也就是说如果购房者的月收入是3万元，那么他的每个月还款额应该是在1.5万元以下。

2.4.2 向东建议二：预估贷款的最大额度

如果购房者月收入是3万元，也就是月还款可以到1.5万元，那么可以贷款多少钱呢？这需要结合银行利率、贷款期限、还款方式、购房者信用记录、公积金缴费年限、公积金缴纳金额等多个因素才可以推算出可以贷款多少钱。只有推算出贷款的最大额度，再加上自己现有的资金，才能评估自己能买多少钱的房子。

2.4.3 向东建议三：评估还款对生活的影响

是否需要使用贷款的最大额度呢？不一定！比如案例中的刘小东，虽然完成了贷款，最后却大大地降低了自己的生活质量。

从还款的角度来说，需要购房者的收入是月还款的两倍以上，但是从生活的角度来说，那就要因人而异了。比如购房者月收入是3万元，月还款是

1.5万元,也就是每个月可支配资金是1.5万元,去除柴米油盐的日常生活开支和固定储蓄后,还剩余多少可灵活运用的资金呢?

为了凑首付款的贷款需要怎么还?

还能不能去大吃大喝了呢?还能不能去旅游了呢?

还能不能去唱KTV了呢?

将来的生活质量是不是会因为买房子而受到影响呢?

自己做好这些准备了吗?

综上所述,贷款的数额并不是越大越好,而是量力而为,买房的目的是为了更好地生活,而不是为了还房贷,而让自己更拮据了。

2.5 典型案例：没有购房资格，如何优雅地在上海获得"房票"？

我并不符合上海的购房资格，有什么办法可以合理合法得获得"房票"呢？这是很多想在上海投资房产的人问我的问题。我将这个问题的答案归纳为七种方式。

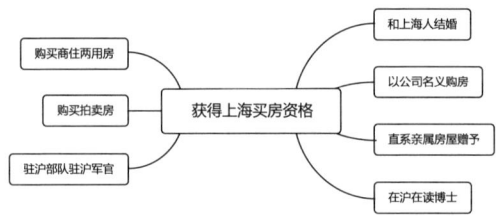

2.5.1 向东建议一：和上海人结婚

如果和上海人结婚，而他/她有购房资格，那么你也就可以直接用他/她的资格买房了，而且若干年后，你不仅有房，还可以申请上海户口。

2.5.2 向东建议二：以公司名义购房

用公司名义购房，可以避开个人买房所需的购房资格的"限购"门槛，但是税费较高。

2.5.3 向东建议三：直系亲属房屋赠予

如果你有一个直系亲属是上海人，可以让他买房，然后让他把房产赠予你。

2.5.4　向东建议四：在沪在读博士

根据法律规定，非沪籍人士因上学迁入学校集体户口的，若已婚、名下在沪无住房且为在沪在读博士，可以到学校所在地的派出所开具户籍证明，到学校开具博士在读证明，并可在沪购买 1 套住房。

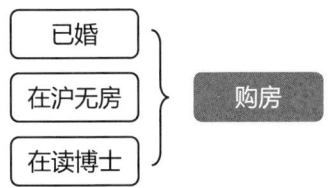

2.5.5　向东建议五：驻沪部队驻沪军官

原籍非沪籍的驻沪部队现役军人和现役武警家庭（现役军官需军官级别），若已婚、名下在沪无住房且提供军队团级以上政治部门开具的户籍证明，在沪可购入 1 套住房。

2.5.6　向东建议六：购买拍卖房

上海拍卖房从来不限购，但要注意债务纠纷和交房等一系列问题。

2.5.7　向东建议七：购买商住两用房

商住两用房是不限购的，可以直接购买商住两用房。

2.6 典型案例：工薪阶层不知道的房子真正的财富逻辑

越是富人越买房，越是穷人越观望；富人跟穷人的区别，不是因为是否买房的结果，而是因为是否买房的原因。

你有没有想过一个问题：财富是如何创造的？

著名的经济学家马歇尔提出生产的四要素：劳动、土地、资本、组织，这四种生产要素共同参与生产创造了财富。

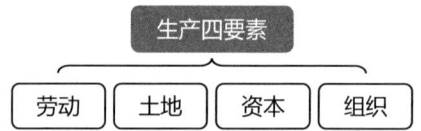

但财富创造出来以后，在分配时，地位就不平等了。比如地主将土地租借给农民，农民通过劳作获得了回报，而在分配这些财富时，地主会分得多，而农民会分得少，为什么呢？因为地主在这个财富的创造过程中提供了土地，而土地是很稀缺的资源。农民在这个财富的创造过程中提供了劳动，而劳动并不是稀缺的，而且竞争非常激烈，你不做，有大把的人愿意做。

通过这个简单的例子告诉我们一个道理：在"劳动、土地、资本、组织"中拥有更多的稀缺元素，你就能得到更多的财富。

一个工薪阶层的人，拥有"劳动"这个要素，如何能够获得"土地、资本、组织"要素呢？

首先来看"土地"，在中国，"土地"是属于国家的，人们只能拥有使用权。

再来看"资本"和"组织"，一个工薪阶层的人，很难拥有"资本"，更别说去拥有一个"组织"了。

如此说来，难道工薪阶层的人在财富分配时，只能任人鱼肉、被人宰割吗？有没有什么方法可以增加自己财富分配的元素呢？

有！那就是买房。

买房可以获得"土地"的使用权，而且是独家使用权；经过这些年房价的上涨，房子已经不单纯是拿来居住的了，已然变成一个有强投资属性的"资本"品。

所以，一个工薪阶层的人可以通过买房，拥有"土地"和"资本"，加上原有的"劳动"，他就会有四个生产元素中的三个，在分配财富时，将会有很大的话语权。

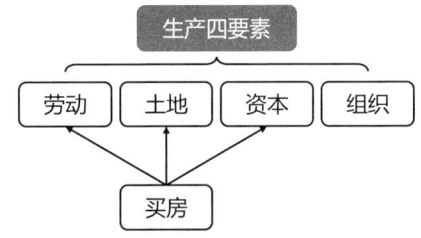

"房子"将成为人们财富的分水岭，未来社会工薪阶层的财富水平划分将与工资的关系慢慢变弱，因为在工薪阶层，工资的差距也许比不上每年房价涨幅的零头。

未来，决定一个家庭的财富地位，即社会财富阶层，主要是由以下4个问题来决定。

（1）这个家庭有没有买房子？

（2）买了几套房子？

（3）在什么时间买的房子？

（4）买了哪个城市的房子？

为什么是这四个问题呢？先来看一个案例，然后再进行详细解析。

很多人在小时候，出生环境、学历背景、家庭收入都差不多，大家基本都在一个起跑线上，但是不出几年，他们之间的财富差距会发生巨大的变化。我曾遇到一个客户李强（化名）和我诉说他的亲身经历。

李强来自湖南长沙一个中产家庭，父母亲都是当地国企的中层干部，他高中时就读的是全省最好的中学。

他最好的朋友夏明（化名）家里经营着当地一家小印刷厂，两家的经济条件相差无几。

2004年高中毕业后，他和夏明一道考取了北京的高校，当时两人都还没有对未来的生活形成规划，也没有明确将来会在哪里工作。

而就在当年，他家和夏明家都在长沙得到了一次集资购房的机会，当时的价格是3000元/平方米，而那时北京市四环边的房子才卖到7000元/平方米左右。

此时，不同背景的两个家庭做出了截然不同的选择，李强父母一方面考虑到自己在国企上班工作收入稳定，以后儿子很可能进国企；而且李强家庭环境优越，买了房子要还贷款，感觉压力会不会太大了，于是决定全资购买长沙当地的房子。

夏明家首先考虑的是小孩去北京读书，以后可能在北京发展，北京毕竟是大城市，机会应该比家里大；其次，担心小孩毕业参加工作挣钱后乱花钱，每月的房贷可以约束小孩乱花钱，就当交租金了，反正要租房住，夏明家一商量就贷款在北京买了一套房子。

这期间，由于没有背负贷款的压力，李强家庭过得相对宽裕，而夏明家则因为还贷款日子过得紧巴巴的。

直到2012年，当李强决定在北京扎根的时候，他才意识到当初的失策：经过这么多年，他家乡的房子的市价虽然也涨了2倍多，达到10000元/平方米，而北京的房价则涨了将近4倍，达到近30000元/平方米。

如今，夏明已经在北京完婚，孩子也已经出生，而李强则依然在为一套房子辛苦奔波。

每每谈及此事，他都懊悔地说："2004年，房子首付最多只需两成，在北京四环边买一套100平方米的房子也只需要贷几十万元，每个月的月供不过三四千元，是绝对可以承受的。如果我当初知道北京的房价会涨成这样，我一定放弃在家乡购房而选择在北京置业，那点暂时的紧张根本就不算什么。"

在这个案例中，李强和夏明有什么区别呢？我们通过刚才的4个问题来复盘一下。

（1）这个家庭有没有买房子？李强和夏明都买了。

（2）买了几套房子？李强和夏明都买了一套。

（3）在什么时间买的房子？李强和夏明都在2014年买的。

（4）买了哪个城市的房子？李强买了长沙的房子，夏明买了北京的房子。

李强和夏明只是在第四个问题上有差距，最后这两人的财富发生了什么变化呢？首先，毫无疑问两人的财富都增值了，可是夏明的财富增幅比李强的翻了将近一番。

那到底是什么原因让两个家庭的财富发生这样的变化呢？

首先来看他们两个的财富为什么都增值了——趋势红利。

中国住房市场化改革开始于1998年，这20多年间，中国商品房价格涨了将近三倍，北上广深等一线城市上涨了更多。

1998年全国均价刚突破2000元，2015年均价为7571元，增幅高达279%。至于北上广深，1998年至2001年之间，均价基本在3500元至5000元之间徘徊，而2016年9月四地均价已蹿升到4.0万元、4.5万元、1.87万元和5.5万元，涨幅在4～9倍之间。

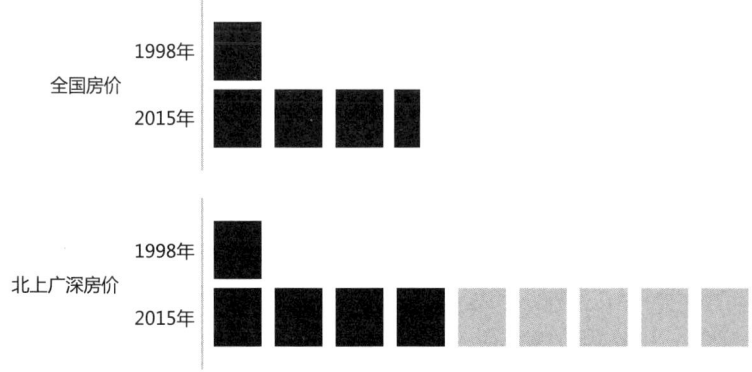

过去这20多年的房价上涨是"买者有份"，所有城市都享受到房价红利。为什么会有这样的上涨呢？上涨的背后是中国经济增长的一骑绝尘，居民收入随之水涨船高，加上城镇化增长飞速，劳动力不断涌入城市，由此产生了大量的人员对于住房的购买和改善需求。

数据显示，从2003年开始，中国GDP增速连续五年保持在10%以上，居民收入增速虽然不及GDP增速，但增长同样强劲。1998年全国城乡人均可支配收入仅为5425元，2007年则达到13786元，增长将近2倍。

同时，在城镇化方面，1998年中国的城镇化水平33.35%，2008年为46.99%，10年间提升13个百分点。

良好的经济基本面和与经济增长同步增长的居民收入，无疑为房价上涨提供了坚实的支撑。除了最开始的几年，受金融危机余波和政策滞后效应影响，房价出现反复之外，随后的几年房价均是一路暴涨，其中2004年、2005年和2007年的涨幅都达到了15%左右。

看完这些数据，你就应该明白李强和夏明两个家庭财富同时增值的原因是两个家庭都买了房子。这是国家经济快速发展的趋势给个人带来的红利。

接下来我们再来看看两个家庭的财富拉开差距的真正原因——观念。你也许会疑惑，他们两个家庭财富拉开的原因不是购买房子的城市不同吗？的确"城市"的差异是直接原因，而真正原因是他们的观念。

回到这两个家庭财富拉开差距的关键问题：当时决定在哪里买房？

这就刚好点到了决定一个家庭财富地位的第四个问题：买了哪个城市的房子？

当时在选择买哪个城市房子的时候，双方的家庭都没有从房价的角度来考虑未来哪个城市会涨得更快，而是全部从自身实际的家庭情况综合决定。

我们都听过：选择大于努力！那么又是什么决定选择？是一个人看待问题和事物思维观念。而一个人思维观念又是由他的家庭成长环境、教育背景、经历见识来决定的。

就好比双方家庭选择的原因：一方是希望追求一个稳定的工作，不愿意承担太大的压力；而另一方则主动寻找更多的发展机会，并且愿意自我约束。但就是因为这种思维观念的不一样，导致选择不一样，最后的结果不同。

英国著名的女首相撒切尔夫人讲过这样一段话：

注意你的想法，因为它能决定你的言辞和行动；

注意你的言辞和行动,因为它能主导你的行为;

注意你的行为,因为它能变成你的习惯;

注意你的习惯,因为它能塑造你的性格;

注意你的性格,因为它能决定你的命运。

根据撒切尔夫人的意思,你的一个想法、一个观念,就会决定你的命运。

2.7 典型案例：买得好不如买得准，首套房最佳买入时机？

"王先生，这套房性价比不错，要不要约房东过来谈谈？"

"现在行情不好，等房价再降一点。"

"张小姐，刚刚业主上门挂牌一套，很适合你，抓紧时间来看一下？"

"价格太高了，现在我不急，再等等看。"

"几年前这边的首付款才十几万元，我准备把股票里的钱套出来买房，当时我老婆说等股票再涨点再抛，再买。"

"5年前，这个小区才100多万元，我想肯定要跌的，准备等跌倒80万元了就入手，想不到现在这么高……"

有很多的客户买房子都输在一个"等"字，如果10年前在上海无论什么地方买套房子，现在绝对是赢家。但是这一"等"，可能就会等上十年，最终就错失了买房的好机会。那么问题来了——到底什么时候才是买房的最佳时机点呢？

我们现在回到20年前，在1989年《人民日报》上刊登的一则文章：

"每平方米最高价已达2300元，令人咋舌。北京最近提供2万多平方米住房，每平方米为1600～1900元。若买两居室，少说也要6万多元。

"一名大学生从参加工作起就日日节衣缩食，每月储存50元，已是最高极限，需100年才能买上两居室。"

现在看来大概很好笑，但是在20年前这种对高房价不可置信的态度和20年后的现在是一模一样——感觉房价很高，自己要节衣缩食，花数十年甚至100年才能买上房子。

纵观从1989年到现在的历年房价和收入看来，收入虽然在不断上升，每个月的可储蓄金额早就超过了50元，可是房价也在节节攀升，通过节衣缩食地储蓄来买房子，还是需要数十年的时间才能实现。

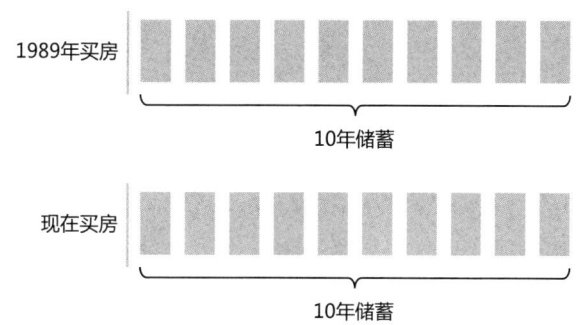

这意味着什么呢？这意味着过去、现在甚至将来，每个时间点买房的差异都不大，都需要数十年的工资积累才可以。所以买房的最佳时机，准确地说，是找到房价的相对低点。

而房价的相对低点有什么特征呢？

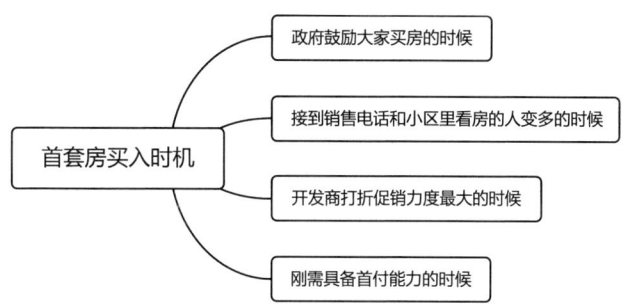

2.7.1 向东建议一：政府鼓励大家买房的时候

我的同学 2015 年的时候在长沙雨花区买了一套房子。

当时买房，首付可以贷款。他自己花了 10 万元，用首付贷贷了 10 万元，又从银行贷了 50 万元，70 万元左右买了一套房子。他女朋友在老家武汉新城区中心地段，首付 20 万元左右也买了一套房子。2017 年，两个人结婚。因为房价的上涨，他的家庭资产暴涨了将近两倍，加上两个车位，算起来有 300 多万元了。

另外一个案例，2015年的时候，楼市还非常冷清，客户去买房的时候，个个是大爷——售楼顾问像伺候亲爹一样伺候买房的人。到了2016年、2017年的时候，房价疯涨，有的人连夜排队都买不上房子。当时有个段子形容那两年房市的火爆：全款的往里走，按揭的别堵门口，公积金的把门外的共享单车挪走。

仅仅不到一年的时间，为什么会有这么大的差异？我们分析一下2015年的形势，就能找到买房最佳时机的特征了。

2015年年底的时候，全国房地产库存严重，政府降准（存款准备金率）、降息（降低存贷款利率）、降首付（首付最低两成），政府抱着"去库存"的心态鼓励大家购房。正是因为这样的政策利好，所以会让绝大部分人去买房，当买房的人一多，就会产生求大于供的情况，这样自然而然就会导致房价上涨了。

所以，在政府鼓励大家买房的时候，就是买房的最好时机，跟着政府的政策走，肯定不会亏。

2.7.2　向东建议二：房产中介的电话和小区里看房的人变多时

二手房中介是从事房地产交易的机构，他们在市场的最前线，他们会密切关注房地产的最新政策，也就是说，他们对楼市的走向和发展非常敏感，他们可以说是对"购房时机"判断最有把握的一批人。

怎么从二手房中介身上判断购房时机是否到来了呢？有两个特征，当你看到这两个特征时，你就可以出手了。

（1）你接到的中介的电话频次多了。因为二手房中介对购房时机的高敏锐度，当他们发现此时为购房的最佳时机时，他们会第一时间打电话或发信息告诉他们的客户。

（2）看到中介带客户看这个小区的房子变多了。如果是小区内的带看量增多，说明买房的人多，特别是之前一段时间不多，突然之间带客户看得多了。这个时间是一个很好时机点。

2.7.3　向东建议三：新房开发商打折促销力度最大的时候

每年的6月和12月是新楼盘集中打折促销力度最大的时候，纵观这一年，也许这两个时间点就是你买房的最佳时机。

2.7.4　向东建议四：刚需买房，有首付能力的时候

如果买房是为了结婚、为了小孩的读书教育、为了改善自己的居住环境而进行置换，这种购房需求就是刚性需求。我们回到文章的开头，不难发现10年前和现在的房价和收入比基本没什么大变化，所以你再等10年，也不见得能很容易的买到房。既然如此，那还不如早买，解决自己的刚性需求。

这就好像粮食的价格翻了一番，难道因为粮食的价格高，就不吃饭了吗？坐火车时，没赶上买票的那个车次，就不坐火车了吗？所以，买房的最佳时机不是10年前，也不是10年后，而是现在。当你站在10年后看今天的房价也许就会觉得不高了。

所以对于刚需的买房者来说，经济允许就出手吧，不存在最佳时机，钱凑够的那个时刻就是最佳时机。毕竟人的一生没有多少个几年或十年可以用来等待。

说起"刚需"，其实对于大部分普通家庭来说都是刚需。我们行业有一句话："五套以内都是刚需"——一套自己住，一套男方父母住，一套女方父母住，一套给孩子，一套用来收租。

每个人都想在房价的最低点买房，都想买进来后房价平步青云，但你不知道什么时候是最低点，也无法百分百预测你现在买的是不是最高点。你能做的就是刚好你有一定的经济条件，正好你需要房子，此时此刻就是最好的时机点。

2.8 典型案例：80%置换买房者，到底是先买后卖，还是先卖后买？

有一次在北京，举办一个沙龙活动时，结识了一位叫曾锋的学员，他和妻子在2017年的时候买了一套50平方米的一室一厅，当时贷款100万元。到了2018年，妻子怀孕了，两个人就非常后悔当时没有买两室一厅的房子，现在的一室一厅根本没法给宝宝一个单独的房间。

再三思量之后，他们决定把现在这套一室一厅的房子卖了，然后再买一套两室一厅的。但是当真正操作时，却出现了一个问题：如果先买新房，然后把老房子卖掉，那么当看中新房时，手上仅存的一点钱没法支付首付，如果先付5万的定金，万一老房子不能马上卖掉，那就违约了，5万元定金就打了水漂；如果先把房子卖了，再买新房，虽然解决了首付的问题，但怕新房随着时间的推移会涨价。

曾锋对于"先买后卖"还是"先卖后买"非常纠结。他把情况一五一十地和我说清楚了，然后问我该怎么办？其实，在房产置换时，"先买后卖"还是"先卖后买"是大家经常困扰的问题，而这两种选择，各有优缺点。

2.8.1 向东观点：先卖后买的优缺点

先卖后买的优点很明显，分别是以下两点。

（1）手握现金，即时下定。如果"先卖后买"，则意味着手上有现金，如果看中的房子可以马上下定金，不会让好房子溜走。

（2）首套优惠。若是只有一套房，卖出后，名下没房，再买新房算首套房，首付和贷款优惠多。如果要贷款，公积金贷款和商业贷款对首套房的首付款要求和利率都有优惠。

需要特别指出的是，目前，上海对于首套房的商业贷款的政策是"认贷认房"，什么意思呢？比如曾锋在 2017 年买的房子办理了贷款（包括公积金贷款和商业贷款），不管这个贷款是否还清，再进行商业贷款时，都算二套房。但是如果曾锋在 2017 年的时候，没有贷款，那么他把老房子先卖了，然后买新房时，他的商业贷款可以享受首套房的优惠利率了，以下是详细的《商业贷款审查表》。

《商业贷款审查表》

贷款记录情况	无住宅贷款记录 （包括公积金和商业贷款）		无住宅贷款记录 （包括公积金和商业贷款）		
在沪名下住房套数	无房	有一套房	无房	有一套房	两套及以上
套数认定	首套	二套	二套	二套	限购限贷
最低首付比例	35%	普通住宅 50%，非普通住宅 70%			
贷款利率	基准利率	基准利率上浮 10%			

而对于公积金贷款来说，在审查贷款资格时，只审查公积金贷款记录，不审查商业贷款记录。比如曾锋之前的老房子使用了商业贷款，而没有使用公积金贷款，那么曾锋将老房子卖掉，再购买新房时，将享受首套公积金贷款的优惠。而如果曾锋之前的老房子使用过公积金贷款，那么他的贷款利率都会上浮，以下是详细的《公积金贷款审查表》。

《公积金贷款审查表》

项目		首套房贷 （家庭在沪无房且无公积金贷款记录）	改善型二套房贷（家庭在沪有一套房，或名下无房但已使用过1次公积金贷款）		家庭在沪有两套及以上住房	已有两次公积金贷款跟或购买二套非改善型住房
			普通住宅	非普通住宅		
套数认定		首套	二套	二套	限购限贷	停贷
最低首付比例		20%（<90平） 30%（>90平）	50%	70%		
最高贷款金额	有补充公积金	60万/人	50万/人			
	无补充公积金	50万/人	40万/人			
贷款利率		基准利率	基准利率上浮 10%			

先卖后买，虽然可以"手握现金，及时下定"，并可能享受"首套优惠"，但是先卖后买有两个缺点。

（1）在寻找新房的过程中，新房可能会涨价，这样就无形中增加了自己的购房成本。

（2）在卖房后，需要先租房，直到找到新房为止，而房租也属于本次房屋置换的成本。

2.8.2　向东观点：先买后卖的优缺点

先买后卖，则是把看中的好房子先购买了，然后再把手头的老房子卖出，这样操作有3个优点。

（1）是可以先锁定喜欢的房子，避免被人买走。

（2）不用担心房价上涨。

（3）卖房后可以直接搬家，不用担心没房住。

但是先买后卖的缺点也是非常突出的。

（1）资金问题。先买房再卖房，需要在一定的时间内筹到钱付房款，若老房迟迟卖不出，可能会导致资金断裂问题，造成违约或者需要通过其他途径解决首付的问题。

（2）新房贷款需支付的首付和利息多。新买的房子若被认定为二套房，则贷款利率会增加，首付也需要增加。

（3）旧房交易成本增加。若在新房网签之后卖掉旧房，则旧房就不属于唯一住房，卖房时产生的交易税费增加，影响旧房对外出售。

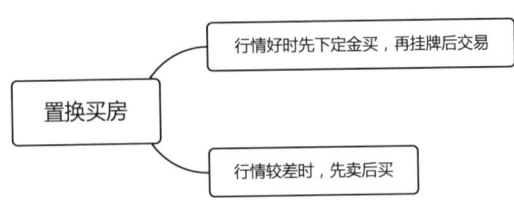

2.8.3 向东建议一：行情较好时，先下定金买，再挂牌，后交易

到底是先卖后买，还是先买后卖呢？其实这两个问题可以完美地解决。当整个房地产行情较好时，也就是房价会上涨时，可以先对新房下定金，锁定这套房源，然后约定一个月内去办理过户交易，而在这一个月内将老房子卖掉，这样即买到了好房，又可以尽可能满足"首套房"的要求。

在这样操作时，有以下三点注意事项。

（1）新房的定金要多，至少 20 万元以上。因为真正交易要到一个月以后，新房房东可能因为房价上涨而提高售价，或者有其他买家和你抢购这套房源而让房东动摇。如果定金较多，房东则不会贸然地违约了，因为他要赔偿两倍的定金，这样可以保障自己的利益。

（2）由于行情较好，所以不用担心老房子卖不掉，只是卖旧房时心理预期不要太高，若是遇到能尽快付首付的买家，要果断出售。很多人在卖房子的时候会陷入一个价格误区，觉得一定要高价卖老房，低价买新房，这种想法可以理解，但肯定是不可取的！你想想，哪有什么便宜都是你一个人来占？在我数十年的从业经验中，已经见过了上百位房东，就这样错过了置换的好机会。

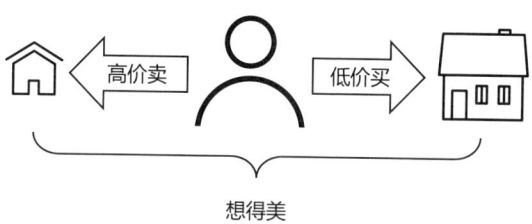

（3）老房子卖掉后，可以与老房子的买家协商，晚点交房，等新房到手后再将房屋交接，这样可以免去自己租房的麻烦。

2.8.4　向东建议二：行情较差时，先卖后买

行情较差的时候，也就是房价较为稳定，甚至出现下行可能，此时市场上的交易通常不活跃。此时我会建议"先卖后买"，有以下四点原因。

（1）市场交易不活跃，很可能老房子需要卖很久才能出手，现金拿到手的时间较晚。

（2）不必担心新房被人买了，因为行情较差时，市场上的交易也不活跃，房子的买家较少，心仪的房子被人选走的概率较低。

（3）在行情较差时，先把房子卖掉后，手握现金，许多新房的房东都会倾向于你，你的议价空间也较大。但也不能迟迟不下手，因为你不知道什么时候行情就好了，房价一下子就上去了。

（4）"先卖后买"可以尽可能地让你满足"首套房"的要求。

综上所述，如果你要置换房产，需要根据市场行情的变化来决定自己的操作，在行情较好时，千万不要"先买后卖"，取而代之的是"先下定，再卖房，再交易"；当行情不好时，则建议"先卖后买"。

3

挑小区

选地段的六个黄金指标

当确定了自己购房的预算之后,就可以根据自己的预算来选择小区,在这个环节中,并没有确定自己要具体买哪套房产,而仅仅是挑一些符合自己需求的小区。

在最终确定某个小区时,需要考虑小区的均价、学区政策、交通便利、周边环境、生活配套和物业设施。

3.1 小区均价：决定小区均价的五个关键要素

"老公，这个小区对口的小学是市重点，买这套吧。"

"嗯，但是太贵了，还是这个小区吧，虽然周边的生活配套还没有起来，但是交通还是挺便利的呢。"

"不要，那里连个商场都没有，平时逛街都不方便啊！"

这些对话经常发生在需要购买新房的夫妻之间，他们都在为选择自己心仪的小区而多方面均衡考虑。

那么哪些因素会影响小区的均价呢？很多人都说："市中心"的房价高，"郊区"的房价低。

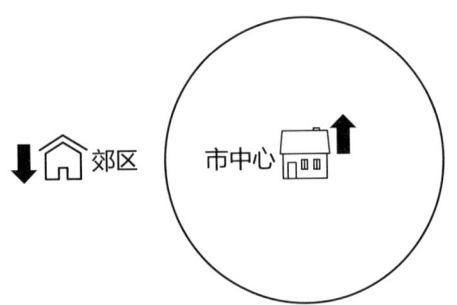

但是在近十年，在偏远的郊区也不乏出现上亿的高端豪宅，所以"市中心"等于高房价的等式并不成立。我认为，影响小区均价的要素主要有以下五个方面：学区政策、交通便利、周边环境、生活配套和物业设施。

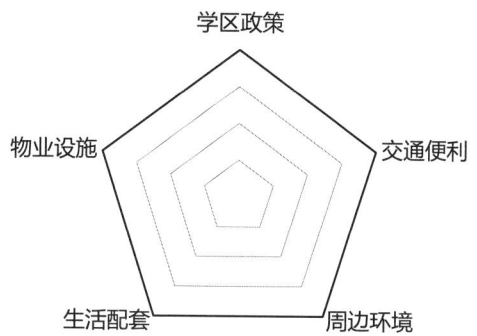

而我们所说的"市中心",不就是小区对应的学区比较好、交通很便利、周边环境较好、生活配套较齐全么?

想象一下,如果一个郊区的房子,对应的也是市级重点学校、就在地铁旁边,而且周边环境优美、生活配套齐全、物业设施也是全新配套,那么它的价格怎么会低呢?

所以决定一个小区均价的要素就是以上五个方面,我们购房者都希望自己购买的房产在以上五个方面都表现得满分,但是五个方面表现得越好,小区均价也会越高。

接下来,我将一一分析这五个方面,来让作为购房者的你进行评判,看看自己到底需要哪些方面。

3.2 学区政策：父母呕心沥血买的学区房，为什么被学校拒绝？

刘芳是上海人，在结婚的时候，双方父母给他们在宝山区购买了一套一百多平方米的房子作为婚房。

2010年，刘芳的孩子要上小学了，为了孩子能够接受更好的教育，她和丈夫多方打听之后，觉得徐汇区的教育质量不错，所以他们就把宝山区的房子卖了，在徐汇区买了一套六十多平方米的二手房。

2011年3月，各个区的学校开始报名，当刘女士带着孩子去办理入学手续时，却被告知她的孩子不能就读该区的学校。刘女士非常惊讶，振振有词地说："我房子就在这个学校对面！"而工作人员却告知她："去年政策调整，这个小区的房子不是对口这个学校。"

刘女士听到这个消息后十分失望，没想到自己千辛万苦置换的学区房，到最后竟然没有被划分在学区，这样的情形在很多买房过程中屡见不鲜。

"学区房"作为当今购房市场中的"香饽饽"，在购买过程中还有哪些坑呢？

首先我们来了解一下什么是学区房？

学区房，指某处房产所对应的学校质量较好，如果业主的孩子迁入"学区房"，那么就可以根据规定入读所分配的学校。

为什么学区房被人们追捧呢？或者说学区房的优势有哪些呢？

学区房的优势，概括起来，有以下四点。

（1）丰富的教育资源。

说起学区房第一时间想起的就是教育，这也成为家长选择学区房的理由。学区房有着丰富的教育资源、良好的学习氛围，而且在儿童心理学中表明，社会环境和教育对儿童心理起着决定作用。

（2）较好的安保措施。

学区房周边，政府会加大力度保证周边安全，而且也会控制噪声和空气污染，所以学区房的生活环境通常都较好。

（3）投资保险，升值空间大。

学区房投资优势比较大，当孩子毕业之后，完全可以把升值多倍的房子卖出去，这样可以做到教育投资获益，房产投资也获益的双利。

（4）离家近，节省接送时间。

政府在划分学区房时，都是就近原则。这也就意味着学区房的孩子上下学都离家很近，这样家长在接送孩子上下学的过程中可以节省很多时间，而且等孩子稍大些后，完全可以放心让孩子单独上下学。

既然学区房有这么多好处，那么在购买学区房时，有哪些注意事项呢？

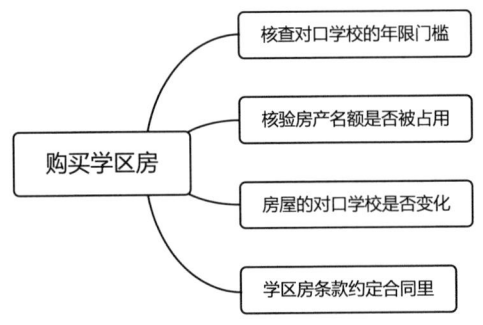

3.2.1 向东建议一：核查对口学校的年限门槛

部分区县和知名名校，除了有户籍要求之外，还对落户时间有要求，比如需要满足落户时间 3 年以上等。怎么才能知道这些信息呢？可以通过查看当地教育局官方网站进行查询，或者直接向对口学校询问。

3.2.2 向东建议二：核验房产名额是否被占用

部分学校只允许一处房产在若干年内有一人上学，如果原房主自己孩子或挂靠户口的孩子已经使用掉该名额，那么就算买了学区房，也无法顺利进入学校。如何查询名额是否被占用呢？可以去辖区派出所，找户籍警察查询名额。

3.2.3 向东建议三：房屋的对口学校并非一成不变

受生源人数影响，各省市教育部门会对每所学校招生区域的名额做出不定期调整，房屋的对口学校也会有变动，如果学校调整了地段，那么即使花重金买了学区房，原来的入学资格就失效了。这需要向当地教育局或学校进行询问。

3.2.4 向东建议四：口说的学区房无凭无据，一切以合同为准

这条是针对买一手房的购房者，现在的楼盘大多数都是卖期房，有一些开发商为了卖房子，会在宣传资料上说对口某某学校，要建什么教育配套，置业顾问也讲得言之凿凿，但往往口说无凭，写进购房合同才是最保险的。因此，必须在购房合同中一一落实，才有事后追究的依据。

购房前如果学校已经建成，或者本身就存在，那就更好办了。到学校实地考察一番，进行详细咨询，亲自摸清楚是否与开发商所承诺的一致。你需要关注一些细节问题，比如学校留给楼盘的名额够不够等。

3.3 交通便利：和生活息息相关的除了房子还有交通

张小姐刚参加工作两年，经朋友介绍，周末抽空去看了昆山花桥附近的房子，总价130万元左右就可以买一套一居室，她看了之后也很心动。可是她非常纠结：首先，房子总价很便宜，比上海便宜很多。而且，虽然花桥不属于上海，但是上海的地铁11号线从花桥直接通上海，11号线还可以和很多条轨道相接，非常方便。但是看房那天她自己坐地铁来回差不多花了3个多小时的时间，花在交通上的时间并不短，她心里有点纠结，自己该怎么选择？

对购房者而言，交通便利十分重要，住宅最大的功能是居住，但对居住功能影响最大的却是交通的便利性。为什么这么说呢？交通便利带来哪些好处？

3.3.1 向东观点：减少交通费用

即使看中的房子所处区域交通便利，购房者还应对出行的时间成本单独进行考虑。因为我们穿越城市的时间成本和交通成本正变得越来越昂贵。

3.3.2 向东观点：节约时间成本

我们每年需要上下班超过250天，开车、乘公交或乘地铁的上班族，如果平均一天有两个小时花在交通上，那么就有500个小时花费在交通上。这些时间成本对于正在事业成长期的年轻人来说太重要了。

3.3.3 向东观点：交通便利的房子升值空间更大

如果你买的房子是在地铁口步行5分钟时间，不管日后出租还是转售，可以有更多的客户，而且价格也会更高。

既然交通问题这么重要，那么买房时如何判断交通是否便利呢？

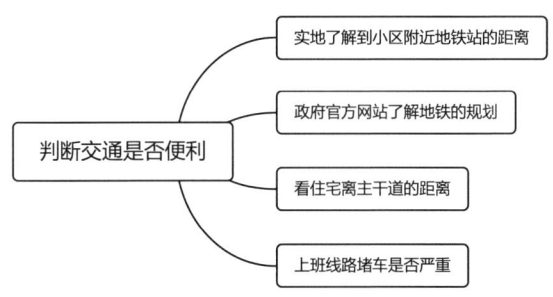

3.3.4 向东建议一：了解小区附近的公交车站点

前往工作地点附近的公交站牌，看看有几辆公交车可以到达房子所在的小区、去上班需要坐几站、公交车的运行时间是几点到几点、公交车的间隔时间是多久、是否有直达车、小区到中心区有没有直达公交车等。如果情况允许，那么最好亲自体验一下。

3.3.5 向东建议二：通过官方了解地铁的规划

实际查看自己工作地点附近是否有地铁可以到房子所在的小区、地铁的运行时间是什么时候，如果需要换乘地铁，那么两趟地铁的间隔时间是多久、从房子到地铁站要花费多长时间等。

如果地铁还没有开通，可以上网查看当地政府规划部门的相关官方网站，查看地铁的规划情况。

3.3.6 向东建议三：看住宅离主干道的距离

离主干道近，代表自己出行方便，打车也方便。

但是住宅离主干道并不是越近越好，合适的距离是 200 米左右，因为主干道的车流量大、噪声大、尾气污染大、扬尘也比较严重。

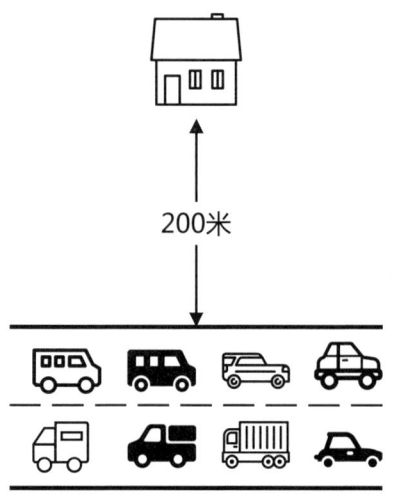

3.3.7 向东建议四：上班线路堵车是否严重

这是我们在买房时最常忽略的一点，以为买到了位于交通要道附近的房子，上下班等出行可能很方便。但现实却是位于交通要道附近的房子一天到晚都在堵车，我身边的一个朋友，住在上海的内环以内，早上 7 点 30 分左右的小区门口的路，基本上通行速度是在 8 公里 / 小时，比走路都慢。所以大家在买房时不仅要看房子所处的位置是否交通方便，还要看其位置堵车是否严重。

如何查看堵车是否严重呢？可以自己亲身在上下班的时间查看小区门口车流，或者直接向小区保安进行询问。

3.3.8 向东建议五：考虑未来几年的工作变动

我们的工作并不是一成不变的，如果买房后的几年内，有换工作的打算，那么选择交通发达的区域，会有很大的优势。交通便利的较大优势是去哪儿都方便。

综上所述，在挑选自己心仪的地段和小区时，需要考虑"交通便利"这个要素。需要综合自己、家人和孩子的上下学交通需要，不用追求热门板块，适合自己本身情况的，才是最好的地段。

3.4 周边环境：自住房周围有这六样东西，低于市场价20万元也不要买

刘先生于2006年的时候，在普陀区买了一套一手房，交房后他们细心地装修，交房不到半年的时间，他们就住进去了。

住了不到两个月的时间，他们感觉哪里有点不对劲，尤其是起大风的时候，他们在家里打开窗户能闻到似有非有的一些刺鼻的味道。后面他们在小区上下打听，才知道原来在这个小区马路对面有一个垃圾焚烧场。

刘先生周末的白天去看了一下果然如此，以前不是从这条路上下班，所以根本没发现。他很后悔为什么在买房之前没有打听清楚。房子一买进来，至少会住个十年八年，这个垃圾焚烧场造成的空气污染，长此以往对自己的身体健康很不好，而且会大大影响这个小区房子价格。

购房者在购买商品房时最先注意的是什么？是交通和小区内的环境。小区内的环境是购房者能直观看到和感受到的，但除了小区内的环境，购房者往往容易忽视的是小区周边的外部环境。如何能够规避刘先生出现的窘境呢？购房者在看房时，对小区周边的环境应注意哪些要素呢？

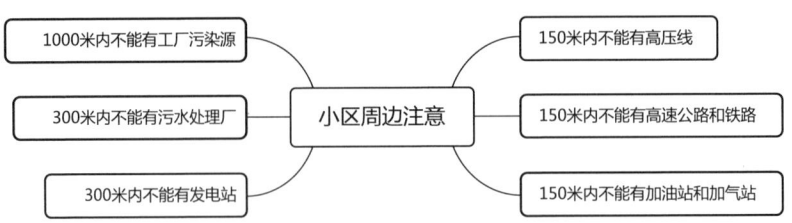

3.4.1 向东建议一：150米内不能有高压线

高压电线在城市居民用电负荷密集地区随处可见，特别是一些远郊新建

的房子。

高压线会对人体健康产生哪些影响呢？高压线中传输高压电流，高压电流产生的磁场对人体健康有所影响。

英国流行病调查人员得出结论：高压线对少年儿童的影响大，对成年人的影响小。居住在有电磁辐射下的儿童其白血病发病率为1/700，比居住在无电磁辐射的儿童发病率高出一倍。

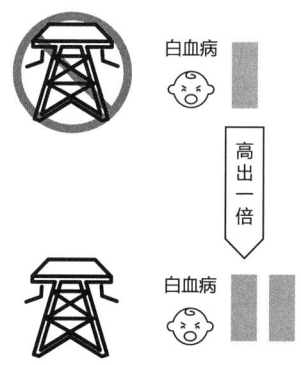

瑞典国家工业与技术发展委员会得出结论：15岁以下儿童如果暴露在平均磁感应强度大于0.2微特斯拉的环境中，则患白血病的概率为一般儿童的2.7倍以上；若磁感应强度大于0.3微特斯拉，则患白血病的概率为一般儿童的3.8倍。

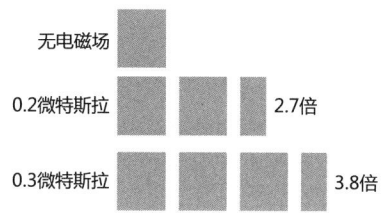

美国加州健康科学评价机构得出结论：电磁场能够在一定程度上导致儿童罹患白血病，成年人患恶性脑瘤、肌萎缩侧索硬化症、流产、自杀、白血病等概率的增加。

那么高压线离住宅多少米才安全？

有学者认为：高压线产生的磁场安全值为0.4微特斯拉，高于该值，儿童将面临患病风险。目前，进入居民小区的电压等级均为 10 千伏左右，最高为 110 千伏，11～132 千伏的高压线在十米范围内的电磁辐射强度才会超过 0.4 微特斯拉，所以，居民对高压电线的电磁不用过度担忧。但是高压线距离太近，也会出现因触电引发的安全事故。建议购房人选择房屋的时候，最好选择离高压线 150 米以外最为适宜。

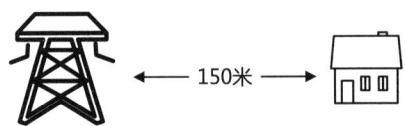

3.4.2　向东建议二：150 米内不能有高速公路和铁路

高速公路车流量多而且速度快，空气污染和噪声污染都很大，会导致附近居民日常起居受到影响。

而对于靠近铁路的住宅来说，火车的速度很快，高速来往的火车会产生很强的气流旋涡，并且汽笛鸣叫，使人不能安宁，对人身体健康不利。

所以建议在 150 米以内不能有高速公路和铁路。

3.4.3　向东建议三：150 米内不能有加油站和加气站

虽然目前加油站已经普及无铅汽油，且空气的自然流通及车辆来往所产生的气流会加速扩散油蒸气，对附近居民不会产生危害。

但是，加油站和加气站意味着大量的车流，而这些车流会带来空气污染和噪声污染。所以在房屋 150 米内，要尽量避免加油站和加气站。

3.4.4　向东建议四：300 米内不能有发电站

常见的发电方式包括：火力、水力、风力、核能发电、垃圾焚烧发电等，而最有可能靠近居民区的当属垃圾焚烧发电站。

垃圾焚烧不可避免会产生剧毒气体——二噁英，国际公认的致癌物质，但是如果发电站采用的是3T技术，二噁英的排放量基本能做到小于欧洲标准要求，不会造成空气污染。虽然目前没有证据表明垃圾焚烧发电站周边的癌症病人与发电站的排放物有直接关系，但是建议购房者最好与其保持300米以上距离。

3.4.5　向东建议五：300米内不能有污水处理厂

污水处理站的类型不同、周边环境不同，其安全距离也不相同。新建的污水处理站一般采用埋地式生态建设模式，建成后无臭味、无噪声，全部采用地下建设。较早时期建成的污水处理站，就不敢断言了，还得看环保部门的检测记录。建议大家买房时尽量在距离污水处理厂300米以上最好。

3.4.6　向东建议六：1000米内不能有工厂污染源

选房时关注范围尽量把握在楼盘周边1000米左右的工厂。由于排放不达标的工厂一般都选择晚上排污，所以可以在傍晚过后前往楼盘周边，闻一闻是否有刺鼻或其他奇怪的味道。此外多留心相关监测机构定期发布的空气、水质等质量报告，如果遇到自己不能确定的疑似污染源，可联系环保部门进行监测确认。

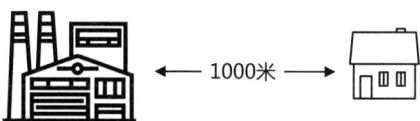

像这些对卖房不利的因素，一般情况下，房产中介是不会说的。所以在买房之前，自己亲自在小区周边1000米左右转一转，多向附近的居民打听一下。

除了询问居民外，可以在网上寻找业主论坛，从中寻找许多真实的信息。

3.5 生活配套：买房选择生活配套，就是选择未来的生活方式

买房时，到底在买什么？买房已经不再仅仅是买一片瓦遮头，让自己有栖身之地。买房是让自己上了一天班后，有一处安静的休息场所；买房是在周末可以享受附近的繁华。

买房，买的是生活环境，买的是可以满足自己对生活品质追求的周边生活配套，买的是一种生活方式。

我朋友的同学小林是一个90后，已经毕业工作三年了，在一次聚会聊天时得知他父母帮他首付买了一套90平方米的房子，虽然面积不大，不过他表示自己绝对够住了，就算将来结婚做婚房，这个两居室也是非常不错的。

小林非常理解地说："父母赚钱也不容易，不想拖累他们太多，房子面积不是重点，我们90后对周边生活配套更在乎。"

接着小林很自信地说："我们买房是为了居住和生活，如果孤零零的一幢楼或一个小区，周围什么都没有，那不叫生活。生活是与我们密切相关的方方面面，柴米油盐、周边环境等，因此购房前先考察小区周边的生活配套，包括餐馆、医院、超市、公园等生活必需场所。"

最近几年，90后成为购房群体的主力军，不少90后表示，他们对房子的大小并不是十分关注。

他们普遍在生活品质上有更高的追求，对于房屋周边的基础生活设施也就有了更多的要求。

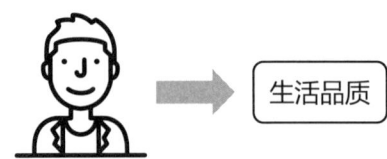

除了一些基本生活配套,像电影院、商场、KTV、酒吧、游戏厅这样的娱乐场所要列入考虑之中外,当然还要考虑这些配套与小区之间的距离。总之,买房最好选择小区1000米以内有24小时营业的休闲娱乐场所等的住宅,让下班后的生活依然丰富多彩。

其实不只是年轻人,像很多上门店来咨询买房的叔叔阿姨强调:"附近最好有超市方便购物,医院最好近一点,有公园可以早上打打太极,跳跳广场舞……"

现在随着人们生活水平的提高,买房的要求不再仅仅局限于"住",更多的要求在于"适宜居住"。如此一来对于基本配套的要求也就越来越高,基本配套设施逐渐成为购房者选房的一个重要参考标准。

那买房时什么样的生活配套是好的?

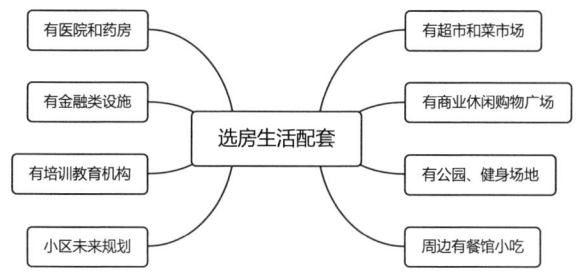

3.5.1 向东建议一:有超市和菜市场

生活中有许多快速消费品,比如纸巾、洗发水、洗衣粉等,需要频繁到超市购买,所以,超市可以说是小区周边最重要的配套之一。

另外,有不少购房者很喜欢下班之后在回家的路上买点菜再回家做饭的惬意生活,而这些都是需要一座离家较近的超市和菜市场才能满足的。

3.5.2 向东建议二:有商业休闲购物广场

房子附近有购物广场,就可以经常去逛街买衣服。购物广场内部一般还

会有电影院、儿童乐园等娱乐设施,可以和家人朋友一起去看电影,或者让孩子在儿童乐园和其他小朋友一起玩耍,使家庭的生活更加精彩。

3.5.3 向东建议三:有公园、健身场地

公园里的绿色植物多,公园附近空气也会比较清新。你可以在公园里散步,和邻居打个招呼,聊聊天,或者在公园里锻炼身体,比如跑步、跳绳、滑旱冰等。如果你养宠物,还可以让小动物在公园里释放自己的天性。

3.5.4 向东建议四:周边有餐馆小吃

有些单身人士家里是不做饭的,那么房子附近有餐馆就很有必要了。即使平时家里是做饭的,那也可以周末下馆子,改善下伙食。有些餐馆还提供外卖服务,离得近,送达也及时,饭菜还是热乎乎的。

3.5.5 向东建议五:有医院和药房

在医疗类配套上不仅应该有一所大型医院、小区周边的社区医院,最好还有 24 小时营业的药店。这些都是医疗类配套的重要组成部分。

但是住在医院旁边也不是件好事,因为医院时不时都会有急救车过往,会影响休息,所以一般在 1 至 3 公里为最佳。

3.5.6 向东建议六:有金融类设施

房子附近最好要有银行,这样存钱取钱比较方便,还可以办理其他业务。现在大家的工资大多数是直接划入银行卡了,所以小区旁边有一所相应的银行会让平时的存取款变得方便很多。

如果没有银行，那最好要有24小时自动柜员机的服务，这会免去我们存取款时漫长的排号等待时间。

3.5.7　向东建议七：有培训教育机构

所购买的设施房屋需要关注所对应的学区，这个问题已经在前文有所涉及，而对于生活配套设施来说，购买房屋的附近需要有培训教育机构。为什么这么说呢？现在大部分孩子上一些兴趣课，比如奥数、英语口语、跆拳道、钢琴和古筝等。如果教育培训机构就在附近，那么接送孩子将会非常方便。

如果孩子不上兴趣课，那么孩子的暑托班、晚托班等需要家长们每天接送。如果教育培训机构离得很远，那么就会导致家长接送孩子就像上下班通勤一样，非常占用时间和精力。

3.5.8　向东建议八：根据家庭需要进行取舍

生活配套设施当然越多越好，但是存在一个现实问题：生活配套设施齐全的房子价格贵；价格便宜的，配套设施又不齐全。而作为普通家庭来说，手上的资金有限，这就陷入了两难的境地。

因此，购房者在买房的时候，在考虑生活配套时，可以尽量选择自己最需要的生活配套设施。例如，家里有小孩，那小孩的培训教育机构是重点，其他的条件可以适当妥协；如果有老人，那么需要考虑周围的医疗设施，以及是否有公园进行晨练等。总之，我们必须根据家庭的配套需求进行选择。

3.5.9　向东建议九：了解房子所在区域的未来规划

既然生活配套设施齐全的房子价格贵，那么我们完全可以选择现在生活配套设施不齐全的"便宜"房子，等到若干年后，这个房子的生活配套设施就会慢慢齐全的。

那么，怎么保证自己购买的房子会在若干年后有齐全的生活配套设施呢？

区域规划是政府对地区或建筑目标的定位，说白了就是这个小区将来会发展成什么样子。了解区域规划将有助于我们了解该地区未来的生活配套。我们可以通过当地政府官方规划局来查询该地段小区的区域规划。

3.6 物业设施：买房一阵子，物业一辈子，好物业决定房子价值

王先生和梁女士刚刚参加工作不久，他们计划着今年买房，明年年底结婚。正赶上周末，两人便一起出来看看房子。

王先生在与销售人员沟通的时候，表示除了房价和地段外，其次就是小区的设施。主要包括休闲游乐空间、多功能运动空间、地下停车场、露天停车位等。

小区的物业设施，是区别小区与小区之间品质高低的一个重要的因素。我们在选择小区时，需要留心哪些物业设施呢？

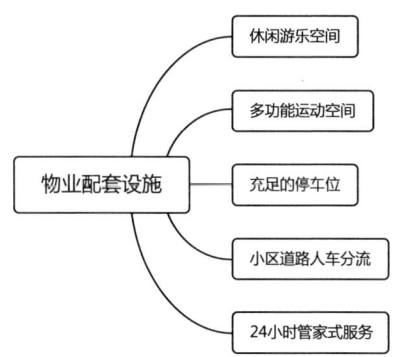

3.6.1 向东建议一：休闲游乐空间

现在普遍的家庭结构是一家三代人，离不开老人和小孩，如果小区有一个活动休闲场所，可以跳跳广场舞、健健身有利于老人的身体健康。

多功能儿童活动空间可以更方便社区小孩活动，有利于社区人与人之间的互动。

3.6.2 向东建议二：多功能运动空间

下班后想来一场运动让自己放松一下？如果小区内就有泳池、篮球场、健身房或者网球场，就可以很便捷地去运动。而且小区内有运动空间，可以减少自己懒惰的借口，运动完就可以马上回家，舒舒服服地洗个热水澡了。

3.6.3 向东建议三：充足的停车位

如今，车子已经成为普通消费品了。可是最头疼的莫过于停车了。在各大城市的不少居民小区里，公共绿地和马路的两侧、停满了车子，车主们时常为抢车位而发生口角。夜晚，小区内车头贴着车尾，行人穿行困难；小区外路边停车，还有贴条处罚、车辆被盗的风险，白天商场口、餐馆旁，停车见缝插针，让盲道成忙道……

因此小区的车位配比是衡量一个小区配套是否优质的一个重要标准。买房的时候，需要询问一下，车位比例是多少？有没有达到1∶1或者更高，为日后的出行停车提供方便。

车位比是什么呢？车位比就是指小区总户数与小区总停车位的比例，如果比如1∶1，那么代表每一户都会有一个停车位。如果是1∶0.5，那么意味着每一户只有半个停车位，也就是每两户只有一个停车位。

3.6.4 向东建议四：小区道路"人车分流"

"人车分流"就是将小区内的"人流"和"车流"分开。

"人车分流"的好处是汽车可以直接进入小区地下车库,"人流"和"车流"互不干扰。这样小区内没有汽车穿行、停放和噪声的问题,可大大提高小区安全和环境质量。

3.6.5 向东建议五:24小时管家式服务的物业管理

物业管理是一个直接影响生活体验的非常重要组成部分,但是很多人往往不重视。

对于物业,早已不单单是停留在"保洁"等方面,随着人们对生活质量的要求越来越高,现在对物业更注重"服务和实力"。现在评价一个楼盘是否是好楼盘,物业服务起着关键作用。

如何辨别一个好的物业呢?可以通过以下三个方面来进行选择。

(1)好的物业管理首次要看物业运营模式够不够先进、创新,经验是否丰富?

(2)物业公司的背景和品牌口碑如何?

(3)物业公司的服务理念和服务优势是什么?

优质的物业管理的确是一个很重要的配套指标,优质的物业管理可以保持整体物业的增值,同时其提供的人性化服务也可以让业主享受舒适地生活。

3.7 典型案例：一二线城市与三四线城市的选择密码

公司有一个客户老家是湖北的，前不久他把老家的房子卖掉置换到上海。在和客户沟通中，了解到他在5年前就有支付能力和条件在上海买房子。当时他选择回老家买了一套住宅和一套商铺，这几年三四线城市的房价没怎么变化，而上海却翻着倍地涨。眼看老家的房子最近半年终于涨了点，他说顺着这波行情，马上把老家的房子卖掉到上海来买房。

最近两三年的时间里，三四线城市的房价上涨也非常快。有的人因为在一二线城市限购或者因为价格太高买不起，只好退而求其次在老家所在三四线城市买房。

有很多人会遇到这样纠结的两个问题。

（1）顺着现在三四线城市的房价上涨，要不要把老家的房卖掉置换上海的房子？

（2）没有上海买房的资格，要不要去三四线城市买一套？

这样的纠结，根源是在于一线城市的房价涨幅高于三四线城市。

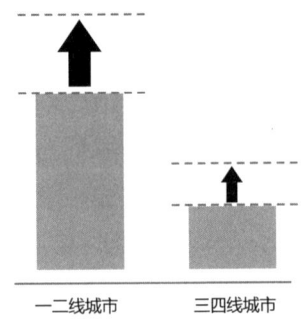

三四线城市房价上涨的现象，是短期还是长期？

人口向大城市集中的趋势是一种长期的趋势，而房价是由供求关系决定的，也就是说，需求量越大，房价越高。

最近两年来，中国出现了严格控制超大城市人口的这样的一些政策，导致有很多人在一线二线城市工作，却觉得自己未来在一线城市二线城市永远留下来的可能性并不大。

这个时候老家的亲戚朋友就鼓励说，你们回家来买房子，老家的房子比较便宜，反正你以后养老还要回来的，不如趁着今天你有储蓄，把老家的房子先买好。

于是有很多人在一线城市和二线城市工作，积累了一些财富加之所在的一二线城市又限购，索性就回到了自己的老家三四线城市去买房子，这可能也是这两年三四线城市房价快速上涨的原因之一。

那么买房该如何选城市呢？

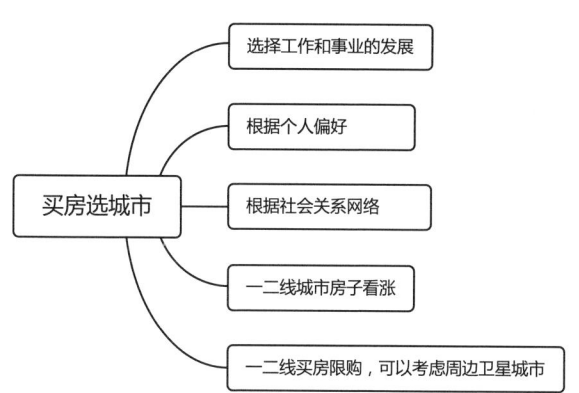

3.7.1 向东建议一：选择工作和事业的发展

在哪里买房子？就要看你是谁，你做了什么样的工作。

在大城市产业结构偏重在金融、文化、教育、医疗、会展、设计等这样的行业，还有尖端科技，我们可以把这些行业笼统地称为大都市型行业。

如果你的职业正好是在这些行业，你可能就会倾向于选择在大城市居住；因为这些高端行业聚集的人才更多，发展的前景更大，收入水平更高。

这个时候你能够获得在这些行业更好的发展机会，这可能就有利于你积累自己工作的履历和人脉资源，更好地实现自己的人生价值。

3.7.2　向东建议二：根据个人偏好

有的人特别不能忍受高房价和蜗居，而有的人就觉得如果住在一个四五十平方米的房子里也挺好，偏好就会影响到你的居住地的选择。

也有的人特别憎恨每天上班通勤要花一个小时。在全世界的一线城市，平均单程的上班时间在一个小时是非常普遍的现象。

如果你忍受不了这样的生活，我也奉劝你不要在大城市生活。

在大城市生活过的人，我想你肯定能非常明显地感受到在大城市生活比较丰富。比如说生活在上海的朋友，如果你是一个文艺青年，电影、话剧、音乐会、著名的画家画展选择基本上都会在这些大城市。

假如你是一个创业有为的青年，在这里，创业峰会资本论坛等各种会议，基本都是汇聚在一线城市。

又或者你是一个吃货，湘菜、粤菜、浙江菜、徽菜……全国各地的美食应有尽有。

3.7.3　向东建议三：根据社会关系网络

人是社交的动物。大学时的同学、工作时的同事、爱人……他们都可能会影响你选择在哪座城市。

总之，选择买在老家还是居住在一线城市，取决于你的职业、偏好，还有你的社会关系网络。

3.7.4 向东建议四：一二线城市房子看涨

我们买房子除了自住，我想每一个人都不希望自己的房子房价下跌，都是带有一定的投资性，不管是自住保值，还是投资增值，这主要看两个因素。

首先，一个城市的收入水平。收入水平越高的地方，或者收入增长速度越快的地方，它的房子就越有投资价值。

其次，人口的流动情况。如果一个地方是人口流入的地区，而且特别是流入的速度非常快，那么这个地方的房子的投资价值就比较高。

比如，最近几年深圳和杭州的人口是净流入最快的城市，房价就十分强势。相反，如果一个地方是人口流出的，那么买房就要谨慎了。

全世界范围之内，总的来讲，人口的流动趋势是从中小城市流向大型城市，特别是超大型城市。

即使在发达国家，哪怕一个国家的城市化进程已经完成了，人口仍然在向大城市和超大城市集中。因此，房价比较稳定的地方就是大城市和超大城市。

对于绝大多年轻人来说，能买得起一线城市的房子，就最好买一线城市，毕竟对于年轻人来讲在大城市有更多的发展机会。

3.7.5 向东建议五：一二线买房限购，可以考虑周边卫星城市

以作为一线城市的上海为例，如果你暂时限购，身上又有一定的资金，可以买在上海周边的卫星城市。例如可以先在昆山、太仓、嘉兴等城市买，因为上海控制人口，这些城市的房子会产生溢出效应，也就是很多人都会到这些卫星城市购买房产，所以这些地方的房产也会上涨。等到你的条件够了，再置换回上海，比把钱放在银行要增值保值。

当然现在买环沪和环京、环深的房子选择的时候要注意，不比早两年闭着眼睛买，现在地区分化严重。

总的来说，如果确实是买不起一线城市的房子，老家的房子买一套自住就可以；从投资角度来说，毕竟人口和需求放在那里，想想十年前到现在涨幅，不值得去投资三四线城市。

3.8 典型案例：300万元刚需——郊区新房 VS 市区老破小，哪种房子更值得入手？

上周一晚上快11点，有一个叫冯皓的朋友突然加我微信，留言是：向东老师，有急事速加！！！

我在想，到底是什么问题这么着急加我？

情况是这样的，他大学毕业在上海工作好几年了，结婚三年，宝宝2岁。现在准备在上海买首套房，手上大概100万元的现金，预算买300万左右的房子；于是他和妻子开始每天关注各大网站的楼盘房源信息，或是到售楼处和中介公司实地看房源。

看了三个月左右，冯皓同时看中了两套房子：一套是位于繁华地段的两室一厅，面积60平方米左右，总价310万元。这套房子过一个马路，不到5分钟就是购物中心，而且出门就是地铁站，还有十几路公交车。这套房子的地段吸引了冯先生，但是美中不足的是这套房子的户型不太理想：房子两室一厅不是自己特别喜欢的类型，小区是20世纪90年代的房子，房型是一南一北，中间有一个小厅，而且楼距太近，只有在正中午的时候才有阳光照进来。

另一套房子是在郊区的新房。面积80多平方米，价格315万元；而且完全是现代化的格局，空间又大，给人的感觉非常舒适。

不过那个地段有点偏，离小区最近的暂时只有规划中的地铁，现在上班要走20分钟才能到地铁站，并且小区的周边商场也没有人气。

这两套房子价格都在他们的预算范围之内，冯皓和妻子陷入矛盾和争执中，不知道要如何选择。所以加我微信希望我能给一些建议。

我直接拨通了他们的电话，让他们来说一下自己的想法。

妻子的观点：房子虽然老一点，小区对应的学校好一些。她认为对于有孩子的家庭来说，小孩的教育是最重要的，因此买房首先要考虑的就是孩子教育的问题，涉及孩子的教育往往会牵扯到两个方面，一方面是学区的选择，另一方面是课外补习班的选择。

市区里的房子对应的学校相对来说会好一点，而且附近补习班也很多，如果住到郊区，那么可能连补习班都没有。

同时，每天接送孩子也是需要很多时间的，如果住得比较远，接送孩子的时间就会跟我们工作的时间相冲突，这样自己通勤加上接送孩子，每天都会耗费大量的时间。如果住的离核心区相对近些，那么每天都可以节省很多时间，可以把这些省下来的时间用在工作、学习和提升自己的职场竞争力上，从而赚更多的钱。

冯皓则认为他们是要给孩子良好的教育环境，首要的第一任务是得有良好的经济条件支撑，从前十年的上海楼市的涨幅看：上海的人口结构正在变得越来越年轻化，对于市区的小房子，又老又破，可能接受度会比较低，以后不容易出手。

我听完他们两个人的观点后，认为他们讲的都没有错，只是观点和角度不同而已。

我们先来简单分析一下，俗话说："只要地段好，烂房也是宝""宁要闹市一摊位，不选市郊一门面"。由此可见，买房子地段当然很重要。

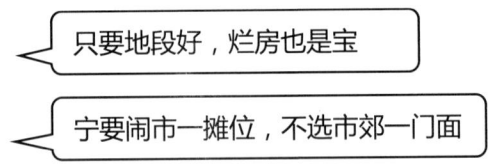

对于大部分购房者来说，地段成为他们决定买不买的决定性因素。

现在你会发现随着城市中心的土地越来越稀缺，为了缓解城市中心的交通、医疗、教育的问题，城市不断地向外围扩张，开发商不断地在一些有潜力的郊区拿地造城。

十年前的上海是"宁要浦西一张床，不要浦东一套房"，但十年后现在看浦东的房价并不比浦西便宜。

那对于首次购房者，首套房是买郊区新房还是市区老破小（房龄老，装修破，面积小）呢?

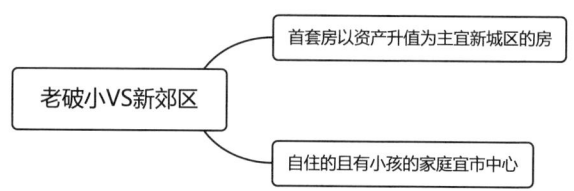

3.8.1 向东建议一：首套房以资产升值为主宜选择新城区的房子为主

对于绝大多数家庭来说买首套房，除了自住还希望能投资升值，这就是前文说的"先上车"。从投资潜力看，郊区新房比市区老破小的升值潜力更大。

当然在选择郊区新房时，位置不能太偏，一定是10分钟步行时间内规划中有地铁，周边有商场或购物中心的生活配套规划。

那你一定会问，上下班通勤时间会很长，那该怎么办?

的确，购买首套房时，可能正处在事业和工作快速发展的黄金阶段。如果此时住在郊区，来回的路上就要花三四个小时，显然这时间成本太高了；而这三四个小时自己可以用来读书、健身、学习，毕竟对自己的投资也是很好的投资。

两全其美的方法是：可以在有升值潜力的新城区买房子，先出租。用这租金再补贴一点，在离公司上班一小时路程内租房子。这样每天就能节省很多时间了。

3.8.2 向东建议二：对于自住的且有小孩的家庭，宜选择离市中心近一点

市中心的老破小，升值的空间相对来说有限，但保值性会更好。而且像

上文冯皓爱人说的，教育是一个不能忽视的问题。如果把孩子的教育也看成是一种投资，那么市中心的老破小，升值空间也不会低。

所以，如果决定买老破小，那么最好是买学区房，好学校的学区房对于像北上广深这样的大城市而言，永远都是稀缺的。

对首套房在郊区新房还是市区老破小的选择上，主要看你自己处在哪一个阶段，以及你买房的主要目的是什么。如果是首套房，那么我建议还是买升值空间大的郊区新房。如果是为了孩子的教育，那么还是买学区较好的市中心的老破小。

买房是一个千人千面的事，没有最好的房子，最适合你的才是最好的。

4

选房屋

帮你精准确定房屋的六大维度解析

在确定了某几个小区之后,接下来就要确定小区中的哪个房屋是你喜欢的了,而在确定房屋这个环节中,需要考虑房屋类型、房屋价格、楼层选择、居住面积、房型朝向和装修家电这六个要素。

而对于房屋类型来说,除了常见的普通二手房和一手房外,还有经济适用房、动迁房、小产权房、法拍房和商住两用房这五种特殊的房屋类型。下面我们就来一一进行讲解。

4.1 房屋类型1：经济适用房，我有没有资格买？

由于近年来房价的涨势一直都很猛烈，吴锋（化名）看到房价一直上涨，但手上的钱又不多，于是便想赶紧买一套房子以备后患。他通过朋友认识了拆迁户刘达，刘达在一处地段拥有经济适用房的购买权，但是购买面积和价格现在都没有具体的规定。吴锋由于购房心切，便私下里与刘达协商，让刘达把经济适用房转让给他。

在商量之后，吴锋花了50万元，让刘达将购买经济适用房名额转让给他，并签订了一份《经济适用房转让买卖合同》。当天合同签完，吴锋就转账给刘达20万元整，剩余的尾款30万元等到经济适用房买到手之后再付清。

吴锋觉得这笔交易太值了，买这套房子只用了50万元，附近的商品房的价格是90万元。

过了两个月的时间，当吴锋拿着转让的房号去办理经济适用房时，却被房管部门拒绝了。

原因是吴锋与刘达在签订《经济适用房转让买卖合同》之前，并没有经过本市住宅管理中心的购房资格审查，所以此合同是无效的。这回可让吴锋傻了眼，又不得不找到刘达协商；刘达也并不是要欺诈吴锋，最后把20万元退给了吴锋。

这件事看似吴锋没有什么损失，但是实际上在这两个月期间，该地段附近的房价每平方米涨了500元，吴锋错过了两个月前的购买时机。

那么，到底经济适用房能不能买卖，在买卖的过程中应注意哪些问题呢？

我们先来看一下什么是经济适用房？经济适用房是指根据国家经济适用住房建设计划安排建设的住宅。由国家统一下达计划，用地一般实行行政划拨的方式，免收土地出让金，对各种经批准的收费实行减半征收，出售价格实行政府指导价，按保本微利的原则确定。

经济适用房是指具有社会保障性质的商品住宅，具有经济性和适用性的特点。经济性是指住宅价格相对于市场价格比较适中，能够适应中低收入家庭的承受能力；适用性是指在住房设计及其建筑标准上强调住房的使用效果，而非建筑标准。

经济适用房是国家为解决中低收入家庭住房问题而修建的普通住房，这类住宅因减免了工程报建中的部分费用，其成本略低于普通商品房，故又称为经济适用房。

以上内容来自官方的文件说明，不管经济适用房的来源和性质是什么，对于我们普通老百姓来说，用一句话来概括：经济适用房就是便宜！

为什么经济适用房买卖会受限制，主要有以下几个方面的原因。

既然经济适用房便宜，那一定会有很多人去抢购，所以国家在对购买经济适用房的资格上，有着明确的要求。而本文开头的吴锋和刘达做错了什么呢？

第一，经济适用房的购买资格有严格的要求。刘达拥有购买资格，而吴锋却不一定有，需要经过本市住宅管理中心的购房资格审查才可以确定。

第二，经济适用房的交易有严格的规定和限制。经济适用房是国家为了解决特殊的社会群体住房问题而开发的保障性住房，交易远比普通住房的交易要严格得多。只有居住了五年以上的经济适用房才能够按照市场的价格重新出售和交易。刘达和吴锋通过私下约定将争议房屋买卖，完全不符合经济适用房的相关规定和政策要求。

第三，根据我国《合同法》的相关规定，私下进行经济适用房买卖所签署的合同是没有法律效力的。

所以，吴锋与刘达签订的所谓《经济适用房转让买卖合同》是不符合相关的法律和法规的，当然会被房管部门拒绝。

那到底要具备什么样的条件才能申请经济适用房呢？

每个地区申请经济适用房的条件各不相同，以上海为例，在上海购买经济适用房条件如下：

（1）家庭成员在本市实际居住，具有本市城镇常住户口连续满3年，且在提出申请所在地的城镇常住户口连续满两年。

（2）家庭人均住房建筑面积低于15平方米（含15平方米）。

（3）3人及以上家庭人均年可支配收入低于6万元（含6万元）、人均财产低于15万元（含15万元）；两人及以下家庭人均年可支配收入和人均财产标准按前述标准上浮20%，即人均年可支配收入低于7.2万元（含7.2万元）、人均财产低于18万元（含18万元）。

（4）家庭成员在提出申请前5年内未发生过住房出售行为和赠与行为，但家庭成员之间住房赠与行为除外。

如果你并不在上海，怎么能够知道当地的经济适用房申请标准呢？你可以到当地的房管部门了解细则。

4.2 房屋类型2：一个买动迁房亏损100万元的购房者的血泪史

王磊是一个小企业主，他是做水产生意的，通过几年的努力和积累后，手上攒了100多万元。在2013年4月的时候，他准备买一套房子，有两个目的，一是他看着上海房价不断地往上涨，想买一套房子投资，另一个是儿子以后结婚也要用。

买房的钱是有了，但是买房的资格不够。当时上海买房的条件是需要社保满两年，而他的社保刚刚交了半年左右的时间。王磊一方面担心房价再等一两年还会上涨，所以想尽早买。但是社保不满足要求，怎么办呢？

就在这时，他听朋友说可以先买动迁房，买动迁房可以先签协议，然后过两年再去交易中心过户，他听到这个消息后，又跑到房产公司去咨询。他把自己的情况和房屋中介说之后，得到的答案和朋友说的一样，并且他问的这个房屋中介周边就有这样的动迁房小区——绿地新桥城。

这个小区刚好交房一年多的时间，按照当时的法规，动迁房需要满三年才能交易，也就是再过两年就可以上市买卖了。如果买了这里的动迁房，等两年后交易时，他的社保也满两年了，时间非常吻合。王磊心里很高兴，心想：这样一来，可以提前买到房子，不用担心房价上涨了。关键动迁房的价格还比市场价便宜20%左右，当即他就决定购买动迁房。

第二天开始就去房产公司看房子，经过不到两个月的看房比较后，他看中了一套房子，报价145万元。经过房屋销售人员几轮磋商，王磊最终以140万元的价格定了下来。

因为是动迁房，暂时不能贷款，双方约定首付款120万元，余下的20万元，等两年之后能交易过户的时候再付，签好合同付完首付款之后，房东把房子交给王磊。

王磊如愿以偿地拿到房子，激动之情溢于言表。

事情发展到这里，过程很完美，但是还没有结束。

两年时间很快过去了，也就是2015年，王磊的社保已经满了两年，看到2015年房价的上涨，当时140万元买进的房子，2015年的时候已经差不多涨了100万元，市值接近240万元。

王磊心里乐开了花，心想自己两年之前的决策是多么的明智！

于是王磊通过原房屋公司联系房东交易过户，但联系了房东三次，房东都以不同的理由推托——一次说是生病了，一次说是在国外旅游，一次又说是公司加班太忙。到第四次的时候，王磊开始意识到房东有问题，最后房屋中介销售员去房东家找到房东，并且让双方见面，最终房东以家庭意见不合拒绝过户，并说愿意把钱退给王磊。

王磊瞬间心情一落千丈，反复沟通后无果，王磊把房东告上了法庭。经过大概一年时间，期间经过一审、二审……最后的结果是法院支持房东，把钱退给了王先生，赔偿了10万元左右，无奈和绝望之下，王磊不得不把房子退给了房东。

看到这里，大家可能会对房东恨之入骨，而为王磊打抱不平，为他感到难过。

在我看来，王磊这两年可谓是损了夫人又折兵！

首先错过了这两年快速上涨的房价，错过了资产升值保值的最好时期。当时如果是在上海买房，基本能增值100万元，如果在上海周边买房，虽然增值没有上海高，至少也得有五六十万元。

其次是自己120万元的现金给别人用了两年的时间，而获得的回报只有10万元，年回报率低于同期的理财产品利率，如果把这钱放到自己的水产生意上也许可以赚得更多。

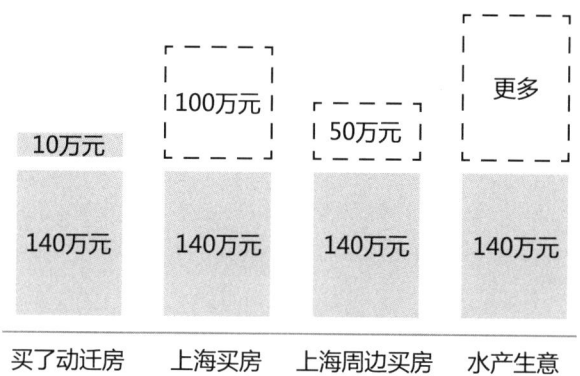

为什么买动迁房不能马上过户？

在这个问题里，有两个关键词，一个是"动迁房"，一个是"马上过户"。

什么是动迁房？所谓动迁房就是拆迁安置房。是因为城市规划、土地开发等原因进行拆迁，而安置给被拆迁人或承租人居住使用的房屋。

因为其安置对象是特定的动迁安置户，该类房屋的买卖除受法律、法规的规范之外，还受地方政府政策的约束，所以和一般的商品房交易有很大的不同。

为什么不能"马上过户"呢？以上海的动迁房为例。如果动迁房办理了产权证，则产权证满3年后才可交易，如果动迁房未办理产权证，则需要协议满3年和开发商的大产权证也满3年才可以交易。

只有符合这样条件的动迁房才能和一般的商品住宅一样自由交易买卖。也就是说王磊购买的动迁房在没有到3年时就进行了私下的交易，是不受到法律保护的。而且王磊当时咨询房产中介时，没有遇到一个负责任的房产中介，并没有如实告知购买动迁房的风险。

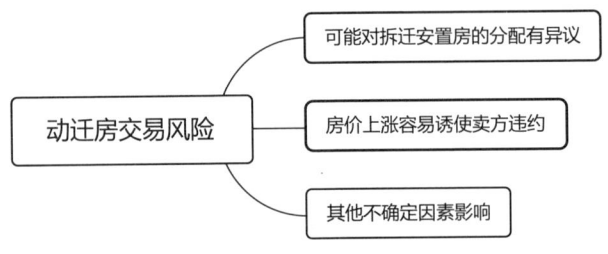

4.2.1 动迁房交易风险一：家庭成员内部可能对拆迁安置房的分配有异议

动迁房的动迁协议上并不是一个人的名字，而是被拆迁人家庭中所有人的名字，如果在办理房产证时，那么需要所有人同意签字才可以。如果有一个人有意见，就没有办法交易。

4.2.2 动迁房交易风险二：房价上涨容易诱使卖方违约

按照政策的规定，卖房者要差不多在 3 年后才能够将房屋过户给买房者。在这漫长的 3 年时间里，房价的走势无论是谁都难以预料。受市场因素的影响，当房价大幅上涨之后，经常会有卖房者为了追求自己的利益，有意反悔。

动迁房的买方是无法从买卖合同中获得足够的保障的。因为房屋的归属最终取决于过户情况：谁最终取得了拆迁安置房的所有权证，谁就是房屋的所有权人。

4.2.3 动迁房交易风险三：其他不确定因素影响

因交易时间漫长，有很多种不确定的因素会发生。比如卖房者为谋取更大利益，可以一房多卖，也就是同时和多个人签订合同，收取多份房款。我就听到过一个现实的例子，一套拆迁房卖给了两个人，第一个买家合同已经签了、房款已经付了、房子也已经装修过了，人都住了两年了，可是最终房东将这套房子过户给了另一个人，那个人就上门要求他搬离。因为法律规定完成过户手续的买方将依法取得房屋的所有权，并有权要求原来的购房者搬出拆迁安置房屋。

除了"一房多卖"，还有一种可能，因为卖房者自身债务纠纷，导致房屋被债权人申请法院查封。比如章安瑞（化名）因为投资失败而欠了1000万元的债款，在此时，他就可以将动迁房私下卖给任何一个人，然后获取房款。

在债权人索要欠款时，章安瑞无力偿还，债权人会将章安瑞告上法庭，并将他所有财产查封，包括他名下的动迁房。此时，购买章安瑞房产的那个购房者，将无法正常获得该房屋的所有权。

你一定会觉得这样的"奇葩"事件毕竟是个别现象，但我碰到的这样"奇葩"事件并不在少数。

朱云君（化名）在获得拆迁房的时候已经55岁了，刚住进拆迁房里，就突发心脏病去世了，而他的儿子朱晓龙（化名）就把这套刚拿到手的动迁房私自卖给了他的好朋友。

朱晓龙把房子卖给自己的朋友并没有反悔，但是朱晓龙还有个孪生妹妹，也就是说他们兄妹二人都有这个房子的继承权。而他的孪生妹妹不愿意把这套动迁房卖掉。所以导致这次动迁房的房屋交易陷入了卖房人的家务当中。虽然买房人可以选择通过诉讼来解决问题，但这期间耗费的时间和精力可想而知。

4.2.4 向东观点：为什么还是会有人冒险买动迁房？

既然买动迁房有那么多的不确定因素，你一定会很疑惑：有这么多的风险，为什么还是会有人冒险买动迁房？

（1）动迁房都是现房。

（2）部分安置房地理位置优越，小区配套较完善。

（3）动迁房的户型适中，两居70～90平方米，三居100平方米左右，而且大部分为多层建筑，这类户型是市场上较受欢迎的刚需户型。

（4）动迁房价格较低。动迁户主拿到的房子成本低，加上这些安置房没有产权，价格普遍会比市价低 20% 至 30%。

正是因为上述这些优点，才会有那么多人冒险，所谓富贵险中求。

而我的建议是：不管动迁房的优势如何，购买风险过高，从买房的角度来说，如果你有足够多的选择，不建议买不能直接交易的动迁房，没必要承担那么大的风险。

4.3 房屋类型3：买小产权房的四大风险

2005年10月，杨乐毕业后来深圳工作，刚来深圳的前两年，手头上也没有什么钱，一直租住在城中村的房子里，这种房子是当地深圳人自己建的，俗称为小产权房，租这样的房子比租公寓或商品房便宜，同样大小的房子公寓房要3000元/月，这种小产权房只要不到1500元/月。

杨乐工作三年以后，手上积蓄大概20多万元，她萌生了买一套房子的想法。主要考虑到两个原因：第一，虽然自己租的房子比公寓房便宜，但经过三年的递增后，每个月要付2000多元的房租，这也是一笔不小的开支；第二，她很想把妈妈接到深圳来一起住，以报答养育之恩。

她开始寻觅适合自己的房子，首先她考虑了离她上班近的房子，可是市中心的房价太高了。如果买到远郊，房价是低了，可是上班路程太久了。

有一次交房租给房东的时候，和房东闲聊之余，房东听说杨乐想买房子，而他刚好因为工作的原因要出国几年，正想处理一部分深圳的资产。

房东说："我正想把这套房子卖给我朋友，你要是想买，可以优先考虑。"

杨乐一听，立刻产生了兴趣，但是她心里有一些顾虑。

问房东："这种房子不是商品房，没有房产证，可以买卖吗？"

房东回答道："我好朋友李强上个月，以30万元的价格卖掉了一套，有正规合同的，买卖合同我还看过。我是因为要出国，不然也舍不得卖；你买最合适，你住的也习惯，价格不高，以后都不用交房租。"

杨乐想想也是有道理，30万元的价格可以在深圳买一套属于自己的房子，这样就可以早点把妈妈接过来，杨乐心动了。

于是，杨乐和房东签订了《房屋买卖转让合同》，房价款约定28万元，双方协议签订后，杨乐把自己手头的25万元和问同事借的3万元一次性全部给

了房东，房东拿到钱后便出国了。

三年后，杨乐接到通知，说该房屋因征地被划入拆迁范围，杨乐所住的这套房子可以拆迁补偿400多万元，杨乐感觉天上掉馅饼了，激动得一个晚上没睡，心想当时自己买下这套房子是多么的正确。

正当杨乐兴奋之时，她接到原房东的电话，说要解除之前签的合同，让她在1个月内把房子退出来，并且愿意把钱退给她。杨乐当然拒不退还，于是杨乐将房东诉至法院。

经法院审理的结果是，杨乐与房东签订的房屋买卖合同无效，杨乐需退还房屋，房东除归还28万元房款外，额外补偿了杨乐5万元。

为什么杨乐房子没有拿到，拆迁补偿款也和她没有关系呢？为什么杨乐和房东签的这套房子的《买卖转让合同》无效呢？因买卖的房屋所占用的土地属于集体土地，也就是俗称的"小产权房"，是不能办理正规的房屋过户手续的，没有房屋过户手续，法律上当然是不给予保护的。

到底什么是小产权房呢？小产权房是指在农村集体土地上建设的房屋，未办理相关证件，未缴纳土地出让金等费用，其产权证不是由国家房管部门颁发，而是由乡政府或村政府颁发的，亦称"乡产权房"。而"小产权房"通常只能在本乡范围内农村集体经济组织成员之间进行买卖。

买小产权房者到底有哪些风险？基本有以下四点。

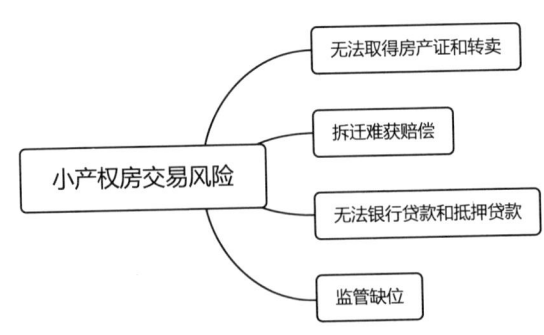

4.3.1 小产权房交易风险一：无法取得房产证和转卖

小产权房不能向非本集体成员的第三人转让或出售，即购买后不能合法转让过户。小产权房拿不到正式的房产证，因此并不构成真正法律意义上的产权。也就是说小产权房只有使用权，没有所有权。

这也就意味着购房者并没有房屋产权，法律也不会保护购房者的权益，因此小产权房也就无法合理上市，无法转卖。

4.3.2 小产权房交易风险二：拆迁难获赔偿

因为目前的法律法规不允许在集体土地上进行房地产开发，不允许集体土地上建设的房屋向本集体经济组织以外成员销售，所以一旦国家决定对该集体土地予以征用或对集体经济组织成员予以拆迁，小产权房购买者可能因其并非合格的购房者而被排斥在补偿范围之外，无法享受有关补偿或优惠条件，小产权人的权益无法保护。购房人并非合法的产权人，所以无法得到对产权进行的拆迁补偿，购房人会面临既无法取得房屋，又不能及时索回房款的尴尬境地。前面案例中的杨乐就是如此。

4.3.3 小产权房交易风险三：无法进行银行贷款和抵押贷款

因为小产权房没有不动产权证，因此银行是不给予贷款的。若需要购买小产权房，则需要一次性交清房款。不仅买房不能贷款，即便买完房，也不可以拿房子做抵押到银行进行贷款。

4.3.4 小产权房交易风险四：监管缺位

乡产权房屋的开发建设没有明确的规定加以约束，开发建设的监管存在缺位，对购房者的利益有一定的影响。同时，开发单位的资质没有，房屋质量和房屋售后保修难以保证。

综上所述，不要被小产权房的超低价格所吸引，也不要被房东拿出来的《房屋交易合同》所欺骗。购买小产权房的风险很大，对于购房者来说，显然不适合。

4.3.5　附录：小产权房买卖合同为什么无效？

《中华人民共和国土地管理法》第六十三条："农民集体所有的土地使用权不得出让、转让或者出租用于非农业建设；但是，符合土地利用总体规划并依法取得建设用地的企业，因破产、兼并等情形致使土地使用权依法发生转移的除外。"我国房地产管理法规定，房屋的所有权和该房屋占用范围内的土地使用权同时转让、抵押。

也就是说我国对于房屋的转让实行的是房地一体政策，这是我国房地产交易中普遍遵循的法理。基于房地一体政策，小产权房的买卖必然会导致房屋所占用土地的使用权发生转移，而这与《中华人民共和国土地管理法》的规定是相违背的，《中华人民共和国合同法》第五十二条第五项规定："违反法律、行政法规的强制性规定的，合同无效。"所以小产权房买卖合同因违反法律的强制性规定而无效。

4.4 房屋类型4：不限购、价格低的法拍房背后隐藏的巨大风险有哪些？

自从2016年上海限购政策由两年变成五年后，很多人没有资格买房，一时拍卖房变得很热，那两年房价上涨也快，很多刚需购房者被拒之门外，无奈之下，很多想买房的客户了解到买拍卖房不限购。

我有一个客户关强，原本在2016年春节和妻子商量好年底结婚，计划4月份社保满两年之后就买房。为此过完年之后，就开始看房子，万万没想到的是2016年3月限购政策由两年调整为五年，意味着关强按政策来说还要等三年。关强和妻子看到这个消息的时候，感到特别绝望，所有的计划都被打乱了，怎么办呢？他们多方问中介打听咨询还有没有什么办法可以在上海买房？中介说，可以买拍卖房，不限购，而且比市场价还便宜。

王先生一听，感觉在绝望中看到了一丝希望，年底就要结婚，房子是一定要买的。于是在中介的协助下找到一家叫易信拍卖公司，准备参加拍卖，他看参拍的是一套嘉定新城65平方米两居室，拍卖价130万元，关强看到价格确实是低于市场价，经过几轮的拍卖，最终以160万元的价格竞拍成功。

关强心想，这个价格还在自己的付款能力范围之内，但是接下来关强遇到了两个让他头疼的问题：第一，过好户准备交房的时候，里面多出来一个租客，并拿出一张10年的租房合同拒绝交房，说买卖不破租赁。关强又找到法院，和拍卖公司从中调解，经过几个月反复的协调，租客的要求是要补贴12万元，声称他把房租全部支付了，最后协调到8万元才把里面的租客弄走，最终拿到房关强才算轻了一口气，虽然多花一点钱，但总算是拿到房子了。

第二，因为房子是2000年以前的老房子，贷款只能贷45%，除了支付正常的二手房税收外，另外还要交一个3%的拍卖所得税，另加1.5%的贷款担保费，按照他们原本的计划和预算少了近20万元，他们只能硬着头皮去借钱。

什么是拍卖房？所谓拍卖房是指法院拍卖的房产，一般是因为业主无力偿还债务，而被债权人经由各种司法程序向法院申请，强制执行拍卖的房屋。拍卖房包括了业主因无法按时偿还银行房贷而被强行拍卖的房子，包括因涉及刑事案件而被司法机关没收的房子。另外，还包括了因民间借贷，把房产作为抵押，到期不能还款而被借款人要求法院按程序拍卖的房子。

为什么那么多人买拍卖房？购买法拍房可以避开限购令。法拍房的面积大小以及所购区域、买房人本地或是外地户口、购房资格等在法拍房面前都不受影响，均可参与法拍房竞价并购买。

成交价格低于市场价。根据人民法院关于财产拍卖的规定，人民法院确定的保留价，第一次拍卖时，不得低于评估价或市场价的80%。而房子一旦出现流拍，就会再次降价。

虽然法拍房可以避开限购令，但是它却存在五大致命问题。

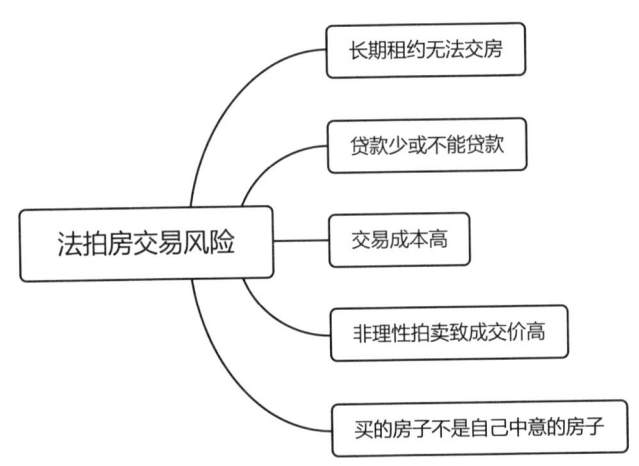

4.4.1 法拍房交易风险一：有长期租约，无法马上入住

购买法拍房的最大风险就是无法及时交房入住，经常有被执行人为了避免房屋拍卖，而恶意与第三方签订长期的房屋租赁合同，5年、10年甚至是

20 年不等；而基于"买卖不破租赁"的物权原则，新的购房者无权以房屋所有者的身份要求此前的租赁者搬离，这便导致客观上买到房屋却无法入住。

4.4.2 法拍房交易风险二：贷款少或不能贷款

有很多的拍卖房不可以贷款，要一次性付款；如果贷款，那么需要担保公司担保，需要支付 1% ~ 3% 的担保费用。

4.4.3 法拍房交易风险三：交易成本高

除了需要正常缴纳二手房的交易税外，还要缴纳给担保公司 1% ~ 3% 的担保费、拍卖所得税 3% 等，总计下来交易成本不低。

4.4.4 法拍房交易风险四：非理性拍卖导致成交价格变化的风险

像上海、北京等一二线城市限购，买拍卖房的人不在少数，起拍价虽然低，经过激烈的竞拍，到最后价格其实并不比市场价格低多少。大家通过法拍途径买房，无非是看中价格稍微低于市场价，但有些时候，竞拍过程你争我夺，可能最终导致成交价高于市场价。

4.4.5 法拍房交易风险五：买的房子不是自己中意的房子

由于法拍房数量有限、选择较少，如果购房人因为贪便宜而买下房屋，可能会遇到房屋地理位置、户型、朝向、周围环境、配套设施等不尽如人意的问题，而这些基本需求在低价的诱惑下可能会被抛到脑后。

如果你真的想买法拍房，那么需要注意以下事项。

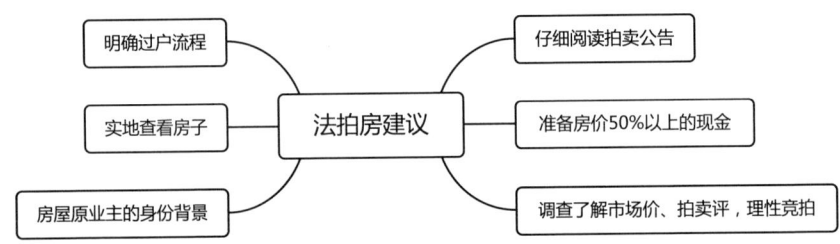

4.4.6 向东建议一：仔细阅读拍卖公告

仔细阅读拍卖公告，了解拍卖要求以及标的物信息，以防止最终拍卖成交后出现"物非我所需""风险未核实"的情况。

4.4.7 向东建议二：准备房价 50% 以上的现金

准备现金要在房价的 50% 或以上，特别是拍卖一些比较老的小区，贷款很难。

4.4.8 向东建议三：调查了解市场价、拍卖评，理性竞拍

买拍卖房，很大一部分的原因是拍卖房低于市场价，在竞价的时候，设定自己的最高价。拍卖现场的环境很容易让人失去理性，建议拍卖的时候，带一个朋友陪同一起过去，当超过某一个价格时，让朋友及时提醒你。

4.4.9 向东建议四：房屋原业主的身份背景

被抵押或者被没收房屋的人，大多是因为债务人无法履行到期债务，导致被债权人起诉、查封抵押房产，最终被法院强制执行拍卖，大部分是由于投资失败、资金链断裂或者沾染高利贷跑路的人，如果遇到流氓房主，可能会返回来闹事、找麻烦，后患无穷。

4.4.10　向东建议五：实地查看房子

司法拍卖的房子想看房可没那么方便，不去实地考察看房，很可能遇到存在建筑瑕疵的房产，而法院对房子的瑕疵是不担责的。去看看，也能了解到房子是不是存在对外出租了或者是被占有的情况；如果房子里有人住，可以和租住的人了解一下房子的实际情况，最好去小区的物业或周边的邻居打听了解一下房子的情况。

4.4.11　向东建议六：明确过户流程

（1）购房者首先要确认法院是否解除了该房产的查封。
（2）准备好相关材料，用书面方式寄给有关部门。
（3）如果是当事人自愿履行判决或裁定的，由当事人共同到登记机关办理过户登记；当事人一方不履行判决、裁定义务的，由银行向法院提出强制执行申请，登记机关根据法院的强制过户判决或裁定协助执行通知书办理过户；可让法院出面协调建设局和国土资源局的关系，依法办理房产过户手续，取得房产证。

4.5 房屋类型5：首套房不碰"不限购""不限贷"的商住两用房背后的真相

胡强和妻子小敏是典型的沪漂一族，从外地来上海一直租房子住。工作了几年后，在双方父母的资助下，两人准备在市区买一套房子。

由于两人都是非沪籍，又没有5年完整纳税证明，不能买商品房。一天，胡强夫妇出去办事经过一个楼盘，被一处新建楼盘的大幅宣传语吸引，上面写着"不限购、不限贷，轻轻松松买套房"。

两人赶紧前往售楼处打听，接待他们的售楼员语气坚定地告诉他们，公司开发的是商住两用房，这种房既不限购，也没什么房贷限制，唯一的缺点是产权只有40年，比一般的住宅项目要少30年，但它的优点真是太多了。

售楼员声情并茂地给他们介绍了商住两用房的优势。

（1）这种房是按照住宅设计的，业主既可以在里面办公，也可以用来居住，非常适合居家办公人员和自由职业者。

（2）现在已经有许多像您这样的小白领购买我们的楼房，他们就是看中了商住两用的功能。

（3）如果您在公司上班，这里就是您的温馨小家。

（4）如果有一天您想自己创业，您就可以把这儿布置成公司这样商住两用功能的住宅，性价比非常高。

（5）如果有一天您买其他房子了，还可以把这套房子出租，这种商住两用的楼房是最容易出租的；其次，小区正处于闹市区，交通便利。

（6）单价相比同地段的纯住宅项目便宜很多。

另外，楼房的户型是Loft型，这种户型可以把房子分成上下两层，上面居住，下面活动、休闲，买50平方米相当于买80平方米，这么好的房子您上哪儿找啊？

听完售楼员的介绍，胡强夫妇有点动心了，虽然房子的产权只有40年，可是房子的优点实在是太多了，而且说不定几年后他们就有钱换套大房子，谁还管40年后房子会怎么着啊。两人当即决定购买其中一套80平方米的房子，与开发商签订了购房合同。

第二年，交房后他们又花了好几万元装修，虽然不奢华，但却十分温馨。入住后不久，胡强发现这套商住两用房与当初售楼员所宣扬的相差太远了，住在这里的体验实在是糟糕透顶。

从住的方面来说，最明显的是上下楼不方便。

楼道里的电梯是按照居民楼的规格建造的，没有货运电梯道，结果所有进出楼门的人及货物都挤在这唯一的电梯里，上下班的、送外卖的、送饮用水的、发宣传单的。如果进出都是人还说得过去，让他恼火的是，经常有成堆的不知从哪儿来，又送到哪儿去的货物，也占用着电梯上上下下，弄得电梯多次超负荷运载。

楼道里整天充斥着不同风格的音乐，晚上十一二点了依然有人在楼道里大声打电话。此外，由于多数住户是个体经营，习惯于晚上营业，结果整晚开着的霓虹灯、广告牌、射灯等灯光，严重影响睡眠。

更让他担心的是公寓的安全性越来越差，为了商户的便利，楼道门整天敞开着，快递员、推销员，以及一些其他外来人员随便进入楼道里，楼道和墙壁上经常被乱涂乱写及贴小广告。

居住环境如此不堪，从商也一样不好。胡强多次听到商户们抱怨自己公司形象严重受到居民的影响，公司里总是飘着一股浓浓的油烟味，楼道里有人穿着睡衣趿着拖鞋走来走去，左邻右舍时不时会传出小夫妻的吵架声、婴幼儿的哭闹声，这些情况都让前来洽谈业务的客户误以为公司不正规而退出合作。

胡强和妻子商量着把房子租出去，可是又舍不得自己精心布置装修的房子让给他人住。于是他们决定卖掉，他们去周边的中介一问，发现这种商住房因为转让的税费很高，市场上很少有人接手，就算有人买价格也不高，算上装修成本还要亏钱。胡强夫妇不知道该如何是好。房子自住不舒服，租掉又不舍，卖掉价格又低。

他们十分后悔买了这种商住两用的房子，不但把他们工作几年的积蓄全部搭进去了，而且还借了好几万元的债。

看到这里，可能有人会问："为什么商住房卖掉税费比普通住房高？为什么这种房子没有人接手？"

我们先来了解一下什么是商住房。

商住两用房一般是指房地产公司为了规避风险，将依法批准的商业建设用地改作居住土地使用，以商务公寓或酒店式公寓的形式推出。由于这种房子实质上属于商业性质，所以不属于限购令调控的范围，特别是在实施限购政策的大中城市，越来越受到购房者的青睐。

但随着人们生活水平的提高，住户对"家"的私密性要求也越来越高，由此商住两用房的矛盾越来越凸显。

虽然开发商宣称商住两用房是既能办公又可以居住的一种新产品，无论是置业还是投资都是最好选择，无论自住还是出租都很便利。但是对于以居住为主的购房者来说，显然不是最好的选择。商住两用的房产存在以下的缺陷。

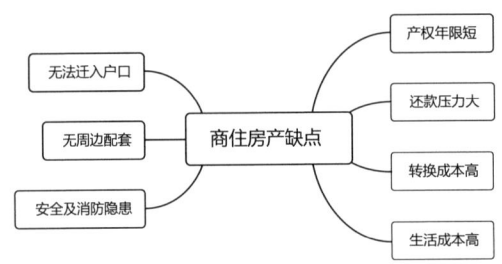

4.5.1　商住两用房产缺陷一：产权年限短

商住两用房的产权一般只有40年或50年，根据《物权法》第一百四十九条规定："住宅建设用地使用权期间届满的，自动续期。非住宅建设用地使用权期间届满后的续期，依照法律规定办理。"所以相对于普通住宅，商住两用房的隐性成本其实很高。

4.5.2 商住两用房产缺陷二：还款压力大

按揭贷款实行的是商业用房标准。商住两用房首付50%，远高于首套普通住宅的35%，贷款利率为普通住宅的1.1倍，且贷款年限最多为10年。这就意味着每个月的月还款额将会很高。

4.5.3 商住两用房产缺陷三：置换成本高

转手时不实行税费按照商用来计算，税种要多了好几项，商用转让还要征收营业税、土地增值税（差额的20%~50%不等），这也就是说在出售商住两用的房产时，买家会多付出很多税费，从而会影响购房者的意愿。

4.5.4 商住两用房产缺陷四：生活成本高

商住两用的房产，实际属于商业用地，其各方面的生活成本较高。比如居民的电费是1元/度，而商住两用的电费是2元/度。比如办理电信宽带，普通住宅是500元/年，而商住两用的价格是1000元/年，物业费和公共维修资金也要比普通住宅高，这些费用造成商住两用房在日常生活中产生的成本比普通住宅高出很多。

4.5.5 商住两用房产缺陷五：无法迁入户口

商住两用房一般无法迁入户口，这意味着即使周边区域内有较好的教育资源，子女因户口不能迁入也无法就近入学。

4.5.6 商住两用房产缺陷六：无周边配套

根据相关规定，非住宅项目一般不强制性要求设计配套服务设施，例如学校、商业、居委会等,也就是说不会被强制配套幼儿园、学校、医疗机构,以及相应的养老服务等。而这无形中造成了业主生活、学习上的不便。

4.5.7　商住两用房产缺陷七:安全及消防隐患

大多数商住两用项目都是酒店式公寓设计,一梯往往容纳很多住户,不仅出入不方便,还潜藏着安全隐患。

此外,在建筑材料上,标准商业楼由于电和天然气的用量较大,防火规范要比普通住宅严格,但是对于商住两用房,由于开发商对其规划用途报的是住宅,因此按住宅消防标准审核,这就意味着用普通住宅的消防标准来建设商业楼,存在非常大的安全隐患。

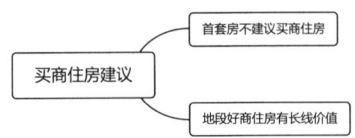

4.5.8　向东建议一:首套房不建议买商住房

首套房通常用于自住,而商住两用房存在着产权年限短、还款压力大、置换成本高、生活成本高、无法迁入户口、无周边配套和安全消防隐患的问题,所以首套房不建议购买商住两用房。

4.5.9　向东建议二:长期投资,商住两用房有较稳定回报率

如果你自住的需求解决了,手上有闲置的资金,这些钱没有合适的用处,可以考虑商住两用房。

例如,我们在5年前做一个酒店式公寓项目,13号地铁线附近,总价50万元至80万元,租金的年回报在5%至8%,非常稳定。比存银行或买投资理财产品要好很多,相对比较稳定和安全。

4.6 房屋价格：影响二手房价格的因素及"一房一价"二手房如何优中择优？

如果确定自己不买经济适用房、动迁房、小产权房、法拍房和商住两用房这五种特殊的房屋类型。那么购买的二手房房价是由哪些因素构成的呢？

"当初开盘的时候去售楼处看过，但总觉得离我现在住的地方太远。现在公司搬迁，回过头再去买那里的二手房，没想到价格比当初上涨了将近9000元/平方米。"林峰走出中介门店，无奈地摇摇头和中介说。

林峰家住嘉定城区，自己在普陀区上班。今年春节后，他所在的公司入驻普陀区，他也随之到了普陀区上班。每天上下班高峰堵车，让他着急上火。"别看只有十几公里，却要经过近30多个红绿灯，正常开车就要45分钟，加上堵车，起码要1个小时。"

最近，他和妻子商量，原本打算在普陀区购买一套二手房，但是普陀区的房价实在太高，他们只好选嘉定区和普陀区交会处，他们看中了一套建筑面积为100平方米的2室2厅1卫的二手房，得房率很高，楼盘又新，林峰和妻子都挺满意。但是一问价格，却让他有些不敢出手。"每平方米要价4万元，比开盘时每平方米高出9000多元，购买这套房子，我要比之前多掏90万元。"林峰很后悔地表示，开盘时自己就来看过，但是由于生活在嘉定，没有立马在普陀区这边购房，现在要多掏这么多钱，实在心疼。随后，林峰又看了普陀区和嘉定区附近几个楼盘，发现该区域现在的二手房每平方米报价已经比开盘时高出7000元至9000元不等。

林峰感叹道："跟一手房不同，二手房价格参差不齐，同一小区、同样面积、同样户型的房子，价格却不同。"

为什么同一个小区内，会导致二手房价格参差不齐呢？除了房东自身的价格设定外，最主要的就是房龄、房屋楼层、居住面积、房型朝向。

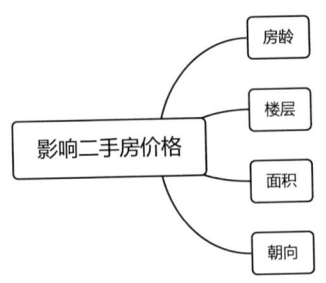

（1）房龄。

很多人喜欢购买新房，退而求其次是选购二手房，所以房子房龄就显得十分关键。一般来说，房龄在3年至5年的二手房最受欢迎，房子报价也普遍较高。

我朋友住的小区是2014年竣工的，房价41000元/平方米，和这个小区一路之隔的小区房龄是2009年的，房价在38000元至40000元/平方米，价格相差1000元至2000元/平方米不等。

（2）房屋楼层。

在二手房市场里，一些优质楼层和滞销楼层的差价可能比新房开盘的差价要大得多，但是一些优质的区间楼层可能差价很小。

有些房子不仅卖不出别人的价格，反而还很难卖，其实跟楼层有着重要的关系。

比如说同一栋楼的房子，面积大小差不多，房型一样，但是10层和2层的价格往往是十几万的差距。

对于多层来说，一般3层、4层价格最高，其次是2层和5层，价格偏低的是6层和1层。

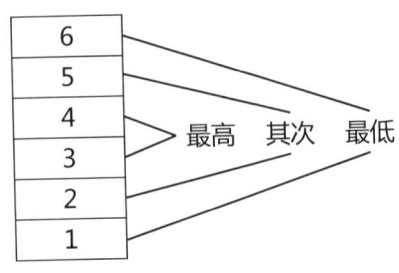

对于高层来说，8层至19层是购房者最喜欢的，价格也相对高一些。

19层以上，价格相差不大，因为楼层已经达到了一定高度，涉及的采光面及景观度差别不大。

（3）居住面积和户型朝向。

选面积和户型就是控制总价的关键所在，很多时候也是影响流动性和直接溢价能力的王牌参考系。

户型设计方正，房子利用率高，南北通透，采光通风好，空间布局动静分开，能满足居住需求，这样的房子，即使户型面积不大，在市场上也是十分抢手的。

在2016年，国家二胎政策放开之后，促使房地产市场的户型优化进行一次大规模的升级，三房和四房成为市场主流；房型设计越来越合理，在相同面积上通过户型优化和面积赠送，做足功能。

例如，昆山有一个楼盘设计89平方米三房两厅两卫的神户型。

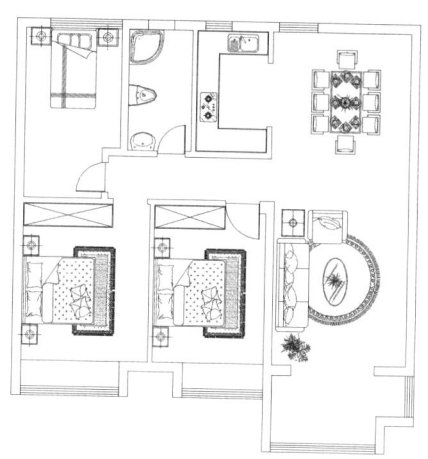

这就是产品升级和发展趋势所致，在未来，面积小，功能全的小三房和小四房是大量刚需的主流购买户型，合理地做好面积控制就意味着总价控制，意味着单价溢价能力。

（4）装修家电。

如果一套房子装修得不错，并且装修时间在5年以内，房东保养得不错，那么这套装修房的价格会比同类型的房子要高一点，而这高出来的一点，就是装修的费用。如果房东把房子里的家具也一起打包卖给购房者，那么在房价中，还会包含这些家电的钱。

除了二手房外，现在很多一手楼盘都是精装修带家电的，购房者只要领包入住即可，房价中都会包含一部分装修和家电的钱。

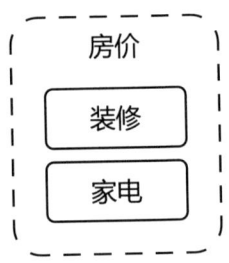

下面，我将对"房屋楼层""居住面积""房型朝向""装修家电"这几个方面进行详细讲解。

4.7 房屋楼层：买房如何找到价值最大的黄金楼层？

面积多大？得房率多少？楼层是否合适？底层是否潮湿？顶楼的房屋是否漏水？电梯井的声音是否嘈杂？这些不但影响日后生活，还会影响房屋的升值空间。

"向东老师，上海的房子成交量是不是又上去了，你快帮我想想办法把嘉兴区的房子卖掉。"小木在电话那头焦急地和我说。

小木是我在外学习时认识的朋友，她准备把嘉兴区的房子卖掉，然后在上海再买一套，但是房子从去年挂到今年有小半年了，但就是一直卖不掉。

我了解了一下房子的情况，房子是不带电梯的多层三居室，总面积120平方米，楼层是顶楼，我一听，觉得问题来了，顶楼、面积大、总价高，而且没有电梯，也难怪挂了小半年也没有卖掉。

我问她："小木，你为什么当时买顶楼的房子，而且不带电梯的？"

她回答："当时买的一手房，销售说六楼送一层阁楼，觉得划算，当时小区也没有什么房源，就这样买了。"

很多客户在买房子的时候，对楼层的选择标准不是很清晰，导致在买房时选错楼层，影响后续的居住和置换。

房子楼层的类型分为多层不带电梯和带电梯的，到底该如何选择楼层，应从以下几个方面来考虑。

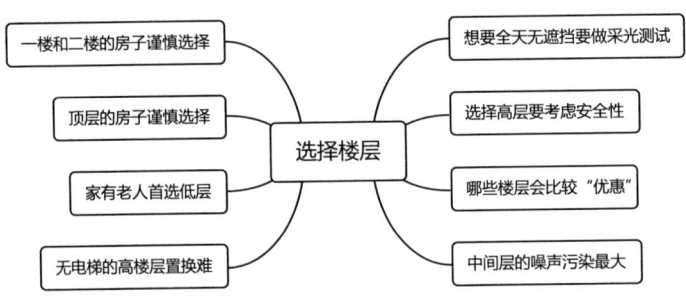

4.7.1 向东建议一：想要全天无遮挡，就要做采光测试

买房时，都希望买到从早到晚都能晒到阳光的房子。虽然现实中这样的房子不多，但是肯定接受光照的时间越长越好。

自己购买的房子采光如何？不能听信房东和中介的一面之词，比如你是夏天中午去看的房子，肯定是能晒到太阳的，因为夏天日照最高，可到了冬天就不一定了。

从采光的物理角度来说，采光遮挡通常来自南面楼房的阴影，而南面楼房的阴影取决于太阳的位置、自己房屋所在楼层、遮挡楼房的楼高，以及楼栋间距。

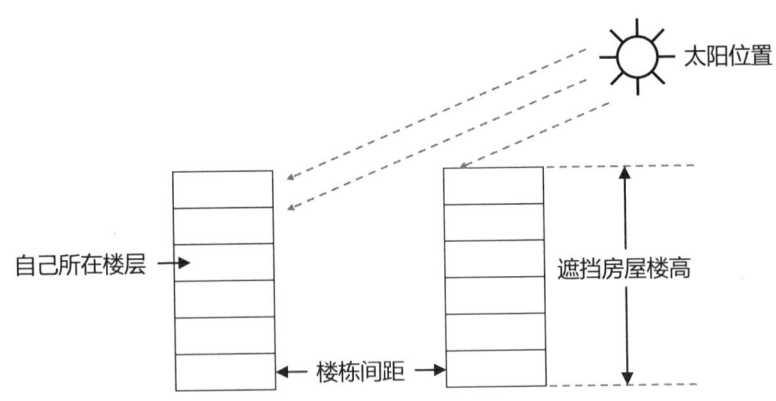

如何快速判别所选房屋是否 365 天全日照无遮挡呢？最好选择在日照最低的冬季，检查上午、中午和下午三个时间点的房屋采光。

如果现在是夏天,该怎么检查呢?同样在这个时间点,看看阳光照到几楼,比如你看的房子在 5 楼,而在夏天下午 2 点的时候,太阳正好照到 5 楼,4 楼都照不到,那么可以肯定的是,在冬天 5 楼的房子是没有日照的。

4.7.2 向东建议二:选择高层要考虑安全性

之前杭州绿城项目纵火事件一度闹得沸沸扬扬,人们在谴责当事人的同时,也开始关注高层建筑的安全性问题。楼层过高,一旦发生火灾,会面临施救困难的问题。因此,在购买高楼层的房子时,一是要跟开发商确认安防措施,另外也要注意做好防火措施。

4.7.3 向东建议三:哪些楼层会比较"优惠"

看过房子的人都知道,楼层跟房价有着密切的关系,同一栋楼,楼层越高,房子的单价也就越高。同一栋楼同一户型的房子,不同楼层总价就可能相差几万元甚至几十万元。所以楼层越低越优惠。

除了"楼层越低越优惠"这个常见的观念外,根据民间习俗,我们国人对数字中的 6、8 特别偏爱,但是讨厌 4 这个数字,非常不吉利。西方人就对 13 和 18 这两个数字讨厌。如果你对数字不在乎,那么选择这些所谓不吉利的楼层反而会有一定的价格优惠。

4.7.4 向东建议四:中间层的噪声污染最大

在选择楼层时,会考虑两种污染源:空气污染和噪声污染。

一般人会普遍认为 8 层到 10 层空气不好,灰尘较多,买楼层最好在这个之上。但是据相关的测试结果,楼层是不存在所谓的固定扬灰层的,这个只是一种说法,并没有科学测定。在空中没有污染源的情况下,楼层越高,空气相对越干净。

噪声污染成为影响人们正常生活的最重要的污染源之一。对于那些临近主干道或者地下车库出入口的楼栋来说，在选择楼层时要注意规避噪声污染。按照噪声的传播特性及有无遮挡物的情况，楼栋接受噪声的情况如下：中间楼层噪声最大，低楼层和高楼层接收到的噪声反而小。

4.7.5　向东建议五：一楼和二楼的房子谨慎选择

为什么说一楼和二楼的房子要谨慎选择呢？首先，一楼的房子潮湿，特别是像上海、广州这样的沿海城市，空气通常都会很潮湿，一楼的湿度会特别的大。

除此之外，一楼的噪声最多，因为不管是乘电梯还是走楼梯，都必须经过一楼，必定会有人说话等，会产生噪声污染，对自己的生活造成困扰。

而二楼存在的问题就是在于排水排污，通常一栋楼的下水道，最容易堵塞的楼层就是2楼。为什么不是一楼呢？因为一楼是直接接到总排水管的，而二楼则成了整栋楼排水排污的最后一关。如果一旦发生堵塞，洗澡水都排不出去，连马桶都堵住了，这会极大影响正常生活。

一楼和二楼还有隐私性的问题，如果一楼和二楼的卧室有公共步行道，那么任何在小区里散步的居民，只要一抬头，就能看到你在书房或者卧室里的一举一动，甚至当你在看一部动画片的时候，说不定步行道上就聚集着一大帮小朋友呢。

所以，一楼和二楼的房子要谨慎选择。

4.7.6　向东建议六：顶层的房子谨慎选择

顶层的房子视野最开阔，采光也很好，私密性又强，有时候还会送阁楼，为什么说要谨慎选择呢？

的确顶层的房子优点很多，但是它的缺点却更显著。

（1）太阳直射楼顶，夏天会特别热。

（2）如果出现屋顶漏水，那么顶层是直接受害者。

（3）电梯井离顶层最近，噪声污染较为严重。

所以顶层的房屋要谨慎选择，而除了顶层外的高层，则没有这些缺点，而且还具有视野开阔、采光好、私密性强的优点。

4.7.7　向东建议七：家有老人，首选低层

如果家里有老人，就不宜选过高的楼层。如果没有电梯，那么上下楼将会很不方便；如果有电梯，很多老人在乘电梯时就会有眩晕感；如果有轮椅，进出电梯也并不方便。

高层的住宅大多有落地窗或者飘窗的设计，部分老人如果通过窗子往下望，也容易产生眩晕的感觉。

4.7.8　向东建议八：无电梯的高楼层，较难脱手

如果买入无电梯的高层房，就要想好以后谁来接盘。像上述的小木的案例一样的困境，有孩子和老人的家庭基本上都望而却步。甚至有"无电梯高楼层比一楼更难脱手"一说，如果想出手，就只能降低房价。

4.8 居住面积：如何用最少的钱买到最大的面积？

李叔叔今年60岁了，现在居住的小区是20世纪90年代的老房子，住在5楼，上下楼很不方便，他想置换一套电梯房，看了几个楼盘，他发现一个问题。90平方米的电梯房和自己的80平方米的房子，感觉实际面积差不多，他认为很不划算。

他又去看了没有电梯的房子，同样是差不多90平方米的房子，看上去要比有电梯的大多了。可是他这次置换的目的就是想换个带电梯的，毕竟上了年纪，上下楼方便很重要，可这带电梯的实际使用面积不高，这该怎么办呢？

案例中为什么电梯房的实际面积要比没电梯的房子低呢？这就不得不提到"得房率"了。

得房率指可供住户支配的面积（也就是套内建筑面积）与每户建筑面积（也就是销售面积）之比，它是衡量一套住房实际使用面积高不高的参考因素。

$$得房率 = \frac{套内建筑面积}{销售面积}$$

简单来说，得房率 = 套内建筑面积 / 销售面积。
套内建筑面积 = 套内使用面积 + 套内墙体面积 + 阳台面积
销售面积（也称套型建筑面积）= 套内建筑面积 + 分摊的公用建筑面积
所以总的来说，得房率 =（套内使用面积 + 套内墙体面积 + 阳台面积）/（套内使用面积 + 套内墙体面积 + 阳台面积 + 分摊的公用建筑面积）

$$得房率 = \frac{套内建筑面积}{销售面积} = \frac{套内使用面积+套内墙体面积+阳台面积}{套内使用面积+套内墙体面积+阳台面积+分摊公共建筑面积}$$

举个例子，小明买了一套房，房产证上建筑面积为100平方米，经过测量，套内建筑面积为80平方米，那么得房率为（80÷100）×100%=80%。

通过以上公式可以看出，拥有"电梯"的电梯房，由于公摊面积中包含了电梯，所以公摊面积更大，这也就意味着得房率较低。

而一般来说，非电梯房的建筑物得房率为88%左右，电梯房的建筑物得房率为72%左右，而办公楼则为55%左右。

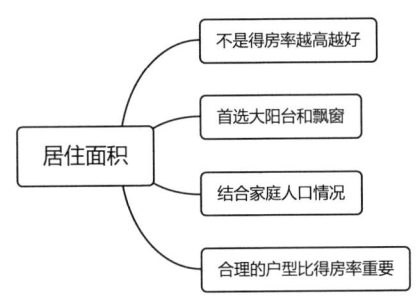

4.8.1 向东建议一：不是得房率越高越好

买了100平方米的房子，却只使用70多平方米的面积，得房率的高低一直是购房者心中的一道坎。它和购房者的切身利益息息相关，很多购房者把高得房率作为买房的重点考查内容，认为只有高得房率的房子才是性价比最高的，其实不然。

得房率和公摊面积有着直接联系，与小区的相关配套密不可分，如果得房率过高，相对的公共部分的面积就会越少，那么就有可能会影响到楼梯的宽度、大堂的舒适度、电梯间的数量等，所以楼盘的得房率也需要一个度。

如果得房率过高，这也就意味着公摊面积减少。比如拿较为常见的一梯两户和一梯四户来作比较，从得房率来说，一梯四户的得房率将会更高，因为一部电梯的面积被四户人家平摊，自然得房率就高了。而一梯两户和二梯两户，从得房率来说，一梯两户的得房率更高，因为一个电梯比两个电梯的公摊面积要小很多。

得房率虽然提高了，但是由于人多电梯少，在上下班高峰期，业主们就要长时间等电梯,这样居住起来就会感觉拥挤、压抑、不方便。

有些楼盘为了提高得房率,将过道、走廊造得非常狭窄,业主搬家时搬运家具、大家电等物品就会很不方便;有些楼盘为了提高得房率,压缩了消防通道的空间,这样会造成潜在的安全隐患。一旦发生火灾等特殊情况,狭窄的通道会阻缓人流通过的速度,使人们无法迅速疏散。

但是得房率太低,这就意味着实际使用面积少,而我们买房子支付房款时,是按建筑面积来算,也就是说,我们也支付了"公摊面积"的费用,如果"公摊面积"过大,显然不划算。特别是一些高端楼盘,在一楼会设立富丽堂皇、面积较大的大堂,这样会让整个房子感觉非常气派,但这些都是属于"公摊面积",最后都会让业主的得房率降低。但是如果没有宽敞的大堂,怎么能突显小区的档次呢?

所以,不能片面地看待所谓的高得房率或者低得房率,主要还得看公摊面积设计得是否科学合理。

4.8.2 向东建议二:首选大阳台和飘窗

在建筑面积计算时,绝大部分的阳台和飘窗只算一半的面积,有的阳台甚至是不算在建筑面积内的,这也就意味着实际面积要大出很多,在装修的时候,这些面积可以充分利用,这样整套房子的使用率就高了。

4.8.3 向东建议三:结合家庭人口情况

因为电梯要占用一些公摊面积,所以没有电梯的得房率自然会比有电梯的高,那么是否要电梯呢?这取决于家庭人口情况了,如果家里有老人,上下楼不方便,那么可以选择有电梯的房子。如果家里成员较多,想增加人均使用面积的话,那么可以选择没有电梯的房子,这样在生活中,使用空间会更大。

4.8.4 向东建议四：合理的户型比得房率更重要

得房率意味着实际使用面积，而实际使用面积真的可以"使用"吗？如果房型交叉，存在一些难以使用的"三角形"区域，那岂不是也无法使用吗？比如下图所示。

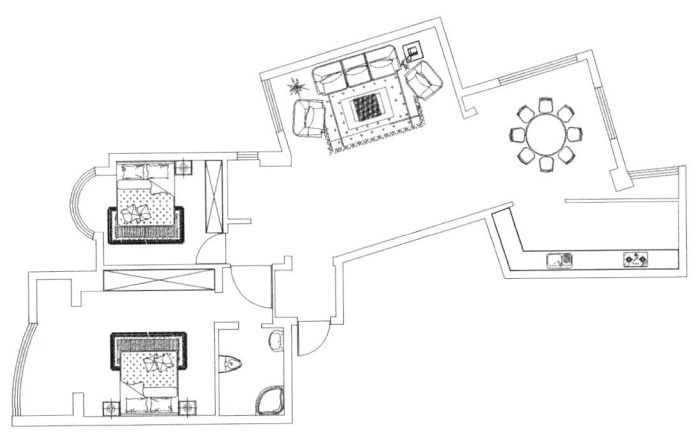

所以好的户型，在得房率总体不变的情况下，可以使得室内面积使用率更高。例如，同样一套 100 平方米的房子，户型设计合理可能是一个 3 室 2 厅 1 卫，若是户型不好，做一个 2 室 1 厅 1 卫可能还感觉空间不够。

4.9 房型朝向：教你看懂这些图，买房看一眼就能识别好户型

房屋的可使用面积决定了入住后的舒适性。户型是否方正？房屋卧室是否朝南？是否全明？是否南北通透？这些因素影响着房屋的装修布局、采光、空气的流通性、房屋的风水等，都会影响将来的房屋升值空间。

王小姐最近有一个朋友通过微信公众号联系我，她准备在松江泗泾买套房自住，通过三个月的看房，她看中了两套房子，都是小三居的户型，面积80平方米左右，她把两套房子的户型发给我，不知道哪套房型好。

第一套房子的价格230万元，第二套房子的价格242万元，她老公倾向于第一套，毕竟价格便宜了12万元；而王小姐则觉得第二套房型更好一些，两个人陷入了争论中。

她问我两种房型哪种更好，第二个户型多花12万元值不值？

这两套房在同一个小区，所以区域规划、配套什么的都是相同的，唯一不同的就是户型。而户型有多重要呢？对于自住的房型，购买之后每天都会有很多时间在房子里，户型的好坏影响着每天的生活。

如果户型选得好，空间利用率会更高，居住的舒适性及便捷性也会更好。

如果户型买得不好，不但空间浪费，还会影响到家庭的生活、睡眠和学习读书质量等。

那么在回答王小姐这个问题之前，我们先来了解一下，好户型的十一大特点。

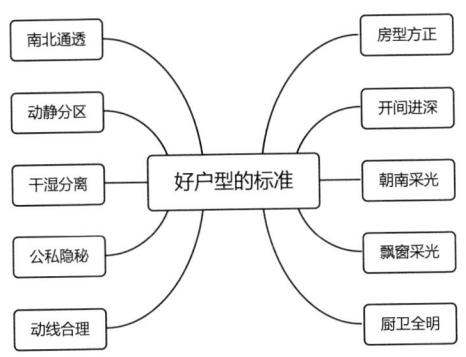

4.9.1 向东建议一：房型方正

房型方正是房型规则的简称，不规则的房型不仅使用麻烦，空间利用效果差，装修也会麻烦很多。

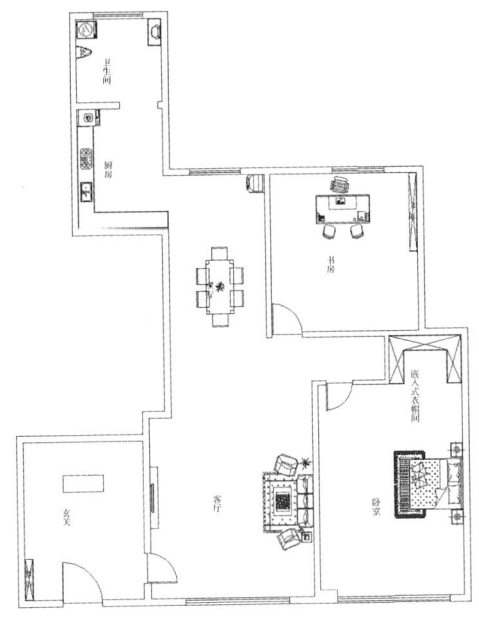

在选房过程中，需要观察户型是否规则，如果是一手房，可以查看房型图，如果是二手房，可以查看房产证后的房型图。如果户型规则，比如正方形，或者对称户型，那么实际生活中使用的面积大，利用率高。

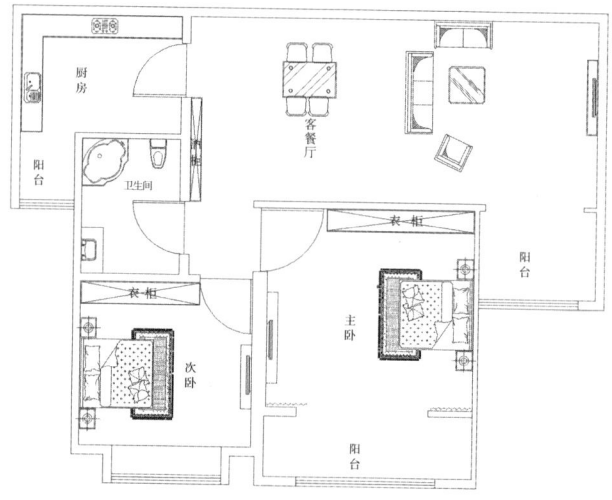

4.9.2 向东建议二：开间进深

好户型除了房型整体方正之外，还需要每个房间的开间和进深都合理。那什么是开间和进深呢？

一般情况下开间指户型东西之间的距离，进深指户型南北之间的距离。也可根据房间门的朝向来确定开间和进深，房门进入的方向的距离为进深，左右两边距离为开间。

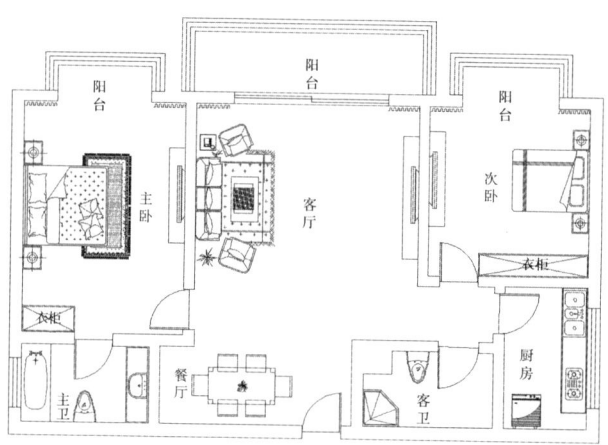

开间小、进深大，则会影响户型采光通风；开间过大、进深太小，采光通风虽然好，但不利于房间保温。开间和进深的比例在1∶1或2∶3比较合适，方正的户型可以做到采光通风与保温两者间的平衡。

4.9.3 向东建议三：朝南采光

太阳从东方升起，西方落下，房型中如果有更多空间朝南，也就意味着有更多的阳光。

客厅是主要的会客区域，也是居家主要的活动区域，如果客厅朝北，则冬天会比较阴冷，尽量不要选择。

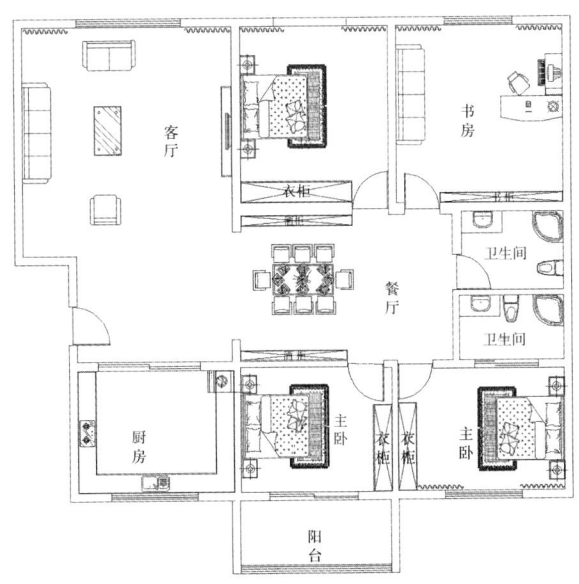

除了客厅之外，要尽量有更多的房间朝南，这样可以让房间四季都能照到太阳，如果没有房间朝南的户型，也尽量不要选择。

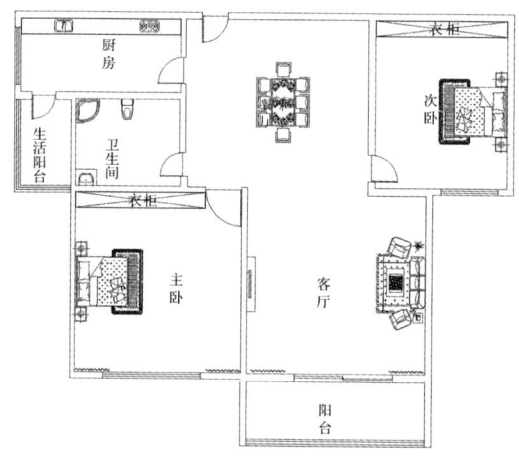

4.9.4 向东建议四:飘窗采光

飘窗是介于窗户和阳台之间的一种选择,在产证中算一半面积,甚至不算面积,但是可以让房间看上去更大,而且采光也更好。

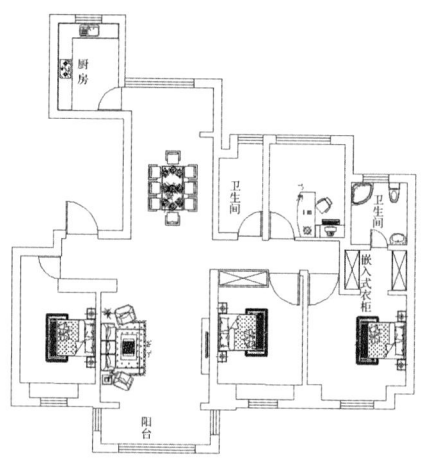

4.9.5 向东建议五:厨卫全明

厨房、厕所是湿气比较重的两个区域,要尽量做到独立采光通风,也就是避免暗厨暗卫,当然,最好是各个空间均可以自然采光的全明户型。

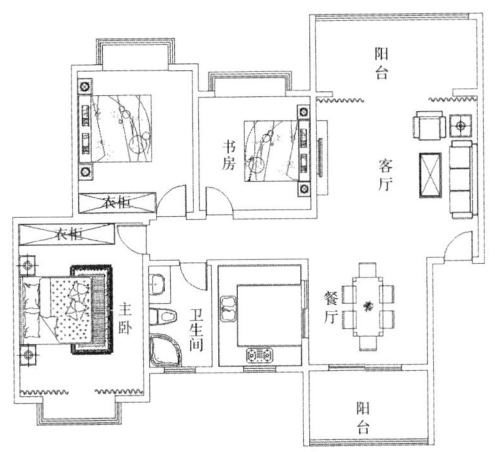

简单说,就是看厨房和卫生间是否有窗户。厨房没窗户呛自己,卫生间没窗户湿气出不去。

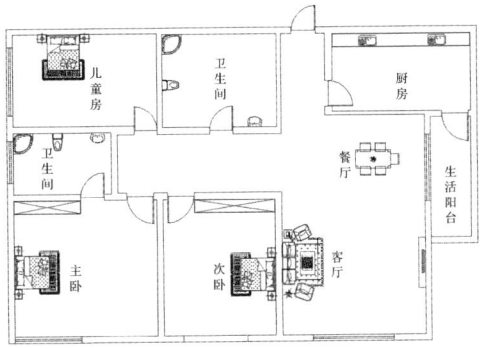

买房时最理想的户型是同时满足各方面的有利因素,但是因空间利用及其他相关因素的影响,大部分户型无法做到同时兼具。

4.9.6 向东建议六:南北通透

为保证户型通风效果良好,要尽量做到南北通透,什么是南北通透呢?并非南北都有窗才叫南北通透,要看窗户之间能否形成对流,也就是同时把南北的窗打开,可以明显感觉到房屋内的对流空气。

4.9.7　向东建议七：动静分区

"动静分区"，有"动"和"静"，分别对应的就是"动区"和"静区"。

动区是指客厅、餐厅、厨房、客卫、阳台等人们活动较为频繁的区域；静区是指卧室、书房、主卫等主要供人休息的相对安静的区域。两者分离，可以使娱乐、家务、休息、学习互不干扰。

比如家人在厨房做饭，而你在书房办公，如果动静分区的话，那么家人切菜、炒菜的声音也不会影响到你的工作。

通常情况下，房间的一般动区离入户门较近，静区离入户门较远。

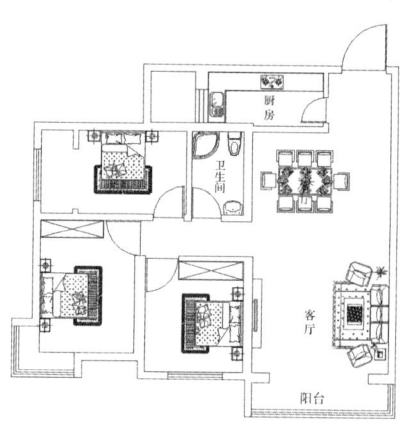

4.9.8　向东建议八：公私隐秘

公私隐秘中"公"和"私"，也就是"公共区域"和"私密区域"。公共区域指的是客厅、餐厅等公共活动空间。私密区域指的是卧室、书房、卫生间等较为私密的空间。

公共区域需要隐秘么？当然需要呀，比如你正从家出门，正好对面的邻居也出门，你希望他站在门外就对屋内一览无余吗？显然是不希望的，所以需要在玄关处有所遮挡。

私密区域，则更加需要隐秘了，避免在公共区间随便瞟一眼就可以看到私密空间。

4.9.9 向东建议九：干湿分离

干湿分离中有"干"和"湿"。

"干"指的是没有大量水产生的空间，比如卧室、书房、客厅、餐厅、洗手台等。

"湿"指的是大量水产生的空间，比如厨房、卫生间等。

需要尽量将卫生间和洗手台分开，因为如果吃完饭需要洗手，你不会希望洗手台旁边有个马桶吧？

4.9.10 向东建议十：动线合理

在房屋居住过程中，不同区域之间走动的线路，称之为"动线"。户内主要有三类动线，分别是居住动线、家务动线和访客动线。

居住动线，可以理解为进入卧室和书房的线路

家务动线，可以理解为进入厨房和餐厅的线路。

访客动线，可以理解为房客进入客厅的线路。

为了不影响家人在房屋内的走动，也为了提升便捷性，动线之间交叉部分越少越好。

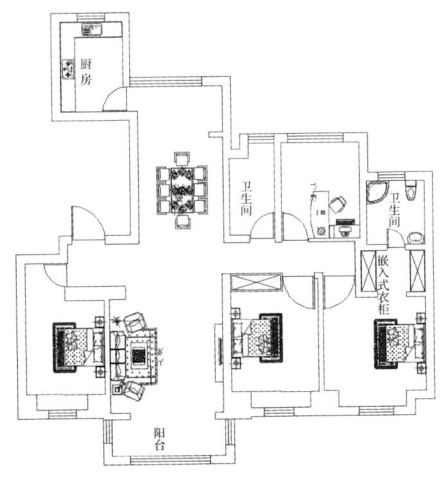

综上所述，我们了解了户型的标准，再回到开头王小姐的案例中，面对下面两种户型的选择？

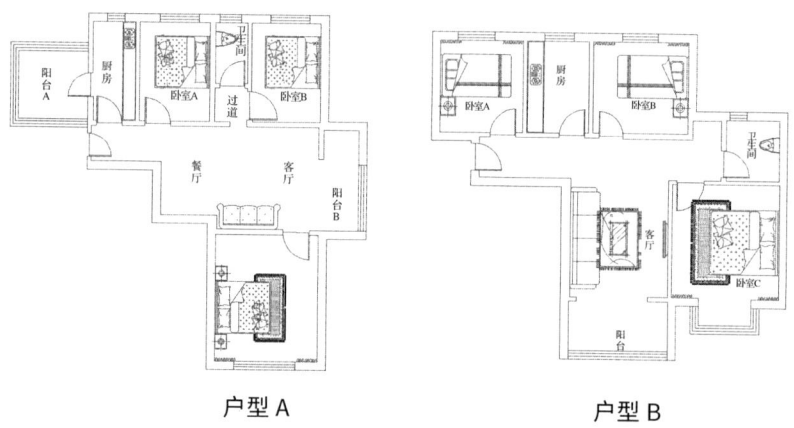

户型 A　　　　　　　　　　户型 B

左边一张称为户型 A，右边这张称为户型 B。

（1）户型 B 比 A 更加方正，室内的面积使用率更高。

（2）户型 B 厅朝南，采光更好，白天活动的空间大部分时间在厅里，南北通风厅住得更加舒适，相比 A 户型，还多了一个朝南的房子。

所以就王小姐的这个案例，B 户型相比较而言更有优势。

如果你的付款能力够，那在你付款能力范围内买你能买到的最好的户型，这是因为以下几点。

（1）好的户型虽然贵一些，但住得更舒服。

买房不像买一件衣服，穿一次不喜欢可以不穿或干脆扔掉都可以，但房子买进来，短则三五年，长则一二十年，多十几万元可以住得更舒服，肯定是值得的。

（2）好的户型买得高，以后置换卖得也贵。

市场上既然挂的高出 10 万元，说明有需求，值这个价格，你现在虽然买得高，但以后置换卖得也高。王小姐多出的这些钱相当于存在银行一样，不但没有损失，反而相当于投资。

在户型的选择上，最终选择时还要大家结合自身生活习惯综合均衡利弊，从而选到适合自己的房子。

4.10 装修家电：买二手房是选择随心所欲毛坯房还是省心省力的装修房？

每一个家庭买房的需求和目的不一样，而且每个人在买房的时候，都会把自己想买的房子理想化，我们在买房的时候，都希望买到十全十美的房子，不但交通要好、价格要便宜、环境要优美……但现实和理想总会有差距，世界上没有十全十美的房子，就像世上没有十全十美的爱情一样。

刘娟（化名）2016年买房子的时候，因为考虑到自己工作忙的原因，没时间装修房子，所以就决定买一套装修好的二手房，这样可以省掉装修的时间和金钱的成本。

通过看房、谈价、谈判……通过四个月左右的交易时间，她买到了新梅花苑老小区20世纪90年代的房子。

拿到房子也顺利地住进去了，住的第一个月发现下水道时常堵塞，她一个月前后找物业来回维修四次才算勉强修好，又过了不到两个月，有一天下班回来，发现家里"哗哗"的水声，推开门发现厨房的下水道爆裂，家里到处都是水；她立马又投诉到物业，又找到中介联系原来的业主，因为早已经交房业主那边联系三四次都置之不理，无奈之下只好自己花钱修管道。

经过一次又一次的下水堵塞，反复维护的过程让刘娟十分后悔，想想当初还不如买个毛坯房，自己装修哪怕简单点，至少不用像现在这样，花的时间和精力更多。

很多首次购房者都在面对毛坯房和装修房时不知道如何选择。我们从费用支出、精力耗费、噪声扰民、环保健康、装修质量和装修个性化这六个维度来对比一下装修房和毛坯房。

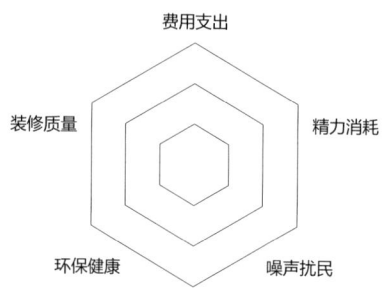

4.10.1 选择指标一：费用支出

对于绝大部分的购房者来说，都是需要住进装修房里的，所以在购房者面前就有两条路，一条是直接买装修房，一条是买毛坯房，然后再自己装修。这两条路单从费用支出的指标来看，哪个更合算呢？

同一区域，毛坯房与装修房相比，毛坯房的单价要比装修房的低一些。虽然很多装修房项目以"免费送精装修"来吸引购房者，实际上，很大一部分的装修费直接被加进了房价。

比如毛坯房的总价比装修房的总价低20万元，那么购房者自己装修，会不会超过20万元呢？很多购房者并不是装修方面的专家，不能很精准地估算，而我的建议是问朋友。

首先在你众多朋友中，找到一套你比较欣赏的装修房，然后问你的朋友装修花了多少钱，这样你就能很清楚地知道自己花在装修上大概会多少钱，就可以很明确地知道自己该买装修房还是毛坯房了。

由于每个地区、每个楼盘，对于装修部分的溢价是不同的，有的楼盘，很简单的装修，会比毛坯房多出30万元甚至100万元。而有些楼盘，会和毛坯房价格相近，那是因为开发商统一装修，装修材料相当于是以团购的价格买到的。

4.10.2 选择指标二：精力耗费

装修房与毛坯房相比，装修房的装修在入住前已经完成，购房者可以直接拎包入住。毛坯房则要自己装修，装修过程费时费力费心。

毛坯房在装修过程需要自己费心费力，尤其是自己装修，总会不放心。而在装修方面，多数置业者都是外行人，所以在选装修公司、购买建材、装修搭配、装修监理等方面容易吃亏。

4.10.3　选择指标三：噪声扰民

如果选择购买装修房，那么在购房者入住之前就装修妥当，可以完全避开装修造成的扰民。而毛坯房则需要数月的"噪声期"，会给邻居造成影响，可能还会造成邻里矛盾。

4.10.4　选择指标四：环保健康

不管用多好的材料，我们都会把装修好的房子"空关"一段时间，这样可以尽可能地让装修材料中的有害物质挥发，更有利于我们的身体健康。

而已经装修好的房子，就不需要再"空关"了，它可以大大降低我们的时间成本和"空关"带来的房租成本，也保证了我们的健康。

4.10.5　选择指标五：装修质量

如果购买的是一手装修房，由于装修房的装修是开发商量产的结果，一个楼盘项目共有几百套房子，那么装修质量可能会存在一定的问题。如果购买的是二手装修房，那么房屋的装修质量完全取决于房东。而对于很多购房者，是没有办法鉴别房屋质量的，对于一些隐蔽工程，包括电线、水管等，都很难进行查看。而毛坯房可以选择自己装修，装修质量有保障。

此外，毛坯房交房标准国家有强制性标准，而精装修房却没有，购房者是得不到保障的。

4.10.6　选择指标六：装修个性化

由于毛坯房是简单粉刷之后就交给购房者了，所以，购房者可以根据自己的喜好对房屋进行装修。包括可以改变房屋的格局、个性化、环保化的装修，房屋的可塑性较高。

装修房则已经完工，购房者购买后倘若不喜欢装修风格，又要拆了重装，很麻烦。有时候二次改造花费的金钱和精力，不比从毛坯房直接装修花得少。

装修房和毛坯房各有其适宜人群，购房者应该先明白自己的实际情况，再决定入手装修房还是毛坯房。

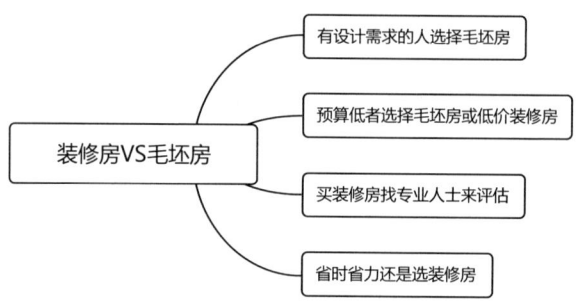

4.10.7　向东建议一：有设计需求的人选择毛坯房

如果你是一名设计师，或者对自己的住房有特殊的装修要求，那么毛坯房绝对是首选，可以根据自己的喜好进行装修改造。

4.10.8　向东建议二：预算低者选择毛坯房或低价装修房

如果手头紧，预算低，装修的钱没有怎么办呢？

有两种方法，一种是可以购买低价的装修房，这样装修费用与房价合二为一，购房者选择贷款买房的同时，相当于用贷款来装修。对于刚需族而言，变相减轻了购房压力。另一种是购买毛坯房，通过对装修每个环节严格把控，来降低装修成本。

4.10.9　向东建议三：如买装修房，找专业人士来评估

如果买装修房，那么这个房子的装修值多少钱呢？房东说这房子花了50万元装修，到底是真是假呢？作为购房者的你，可以找自己熟悉的装修师傅或者好朋友实地查看。

首先罗列清单，把所有能看到的硬件，比如橱柜、灯具、灶具、地板、插座面板等进行记录；其次检查其隐蔽工程，把开关插座打开，检查电线的品牌，到厨房水槽下方，检查水管和阀门的品牌。然后一一寻找价格，就能大致估算出这套房子的价格了。

4.10.10　向东建议四：省时省力，还是选装修房

如果你每天奔波在工作、生意场地，时不时还要出差；如果你是外地购房者，因为人生地不熟，自己装修困难多；如果你是二次置业、经历过第一次置业时的装修辛苦，想省点力气，那么装修房是你的首选，因为装修至少得花一两个月时间，在这期间，需要你事无巨细地进行监工。选择了装修房，你只需打包自己的物品"领包入住"即可。

4.11 典型案例：如何快速找到真实有效的房源信息？

吴天君（化名）刚从大学毕业，被一家 IT 公司录用后，想在附近寻找一间房子安顿下来。他打开某网站和一些找房 App，从琳琅满目的房源信息中，根据自己的需求精挑细选——价格要在 4000 元/月以下，面积不用太大，但是装修要好，朝向要好。

他看到了一个符合自己要求的房源信息，找到里面经纪人的电话，打电话给经纪人："喂，你好，请问你登记的这套 3500 元的房源，装修蛮干净的，而且楼层也很适合我，什么时候能看房子？"

经纪人："不好意思，这套房子上午刚刚租掉了。"

"这么快呀，那你再帮我看看有没有其他的房源。"

挂掉电话之后，吴天君又接着开始寻找下一套房源。

他打开一套装修简洁干净的房源图片，标题显示"地铁 5 分钟，首次出租，要求租客好干净，3800 元价格可谈"。

他立马有打电话问："那套 3800 元，简单装修的房子，能看房吗？"

经纪人电话回答道："真不好意思，这套房东给亲戚住了，我这里还有一套……"

吴天君心想：怎么那么不凑巧？

无奈之下，只好耐心地继续看信息，突然一套房源跳到眼前，房源标题上显示"房东刚挂，有钥匙当场看房，价格 4000 元，家具家电全配"。

吴天君心里琢磨这套有钥匙，又是刚挂的应该还在吧。

"你好，问一下网上你挂的那套有钥匙，家具家电全配，价格 4000 元的房子，下班之后能看房吗？"

经纪人回答："房子还在的，你下班后过来可以看的。"

吴天君心想总算找到一套可以看的房子。

下班之后，他第一时间来到经纪人门店，找到联系好的经纪人。经纪人拿上钥匙，开始带他看房了。

刚进房间，他疑惑地问："这套好像不是我在网上看到的房源，装修比图片上的要差很多啊？"

经纪人振振有词地回答道："网上的照片是房子之前装修拍的，现在能保持成这样已经不错了。"

吴天君感觉很失望，可谓是乘兴而来，败兴而归。

他很困惑：找个房子怎么就这么难啊？

这是大部分人找房人的痛苦经历。

当你在网上看到房源信息打电话咨询的时候，对方要么说房主出差看不了房子，要么就说这个房源刚刚成交了。进而再推荐其他相似的房源给你，接着不停地给你打电话推荐其他的房源。租房是这样，买过房子的人我想也是深有体会。

> 房主出差了，看不了房。我这儿有套新的房源……

> 这个房源刚刚成交了。我这新出来一个好房子……

对于买房和租房的人来说，寻找适合自己的房源是一件非常浪费时间的事情，如果没有一个快速有效的寻找渠道，那么会直接影响到自己工作和生活。

假如你现在租的房子马上要到期了，哪怕你工作再忙，都得抽时间去找到自己的下一个住所；比如你计划10月1日结婚，从3月开始着手买房，期间需要经历选房、签合同、交易过户和装修等一系列事项，满打满算也得半年，如果选房的时候找不到适合自己的房子，那么会影响到你的终身大事。

如果你知道如何快速地找到真实有效的房源信息，那么可以为你带来以下这些好处。

（1）当租的房子到期之后，别人可能要提前一两个月出去找房子，但你可能只要一周的时间，大大降低了你的时间精力、来回交通成本，也不会时常请假而影响自己的工作。

（2）如果你要是买房结婚，那么除了可以降低时间、精力的成本外，缩短交易周期，提前拿到房子和装修，有充分的时间通风空关，不但不会影响婚期，也不用担心甲醛对家庭健康的损害。

（3）如果你是置换买房，那么在买卖之间能顺利衔接，不用担心先卖掉了却没及时买到自己要住的房子而导致这中间空白期没地方住。

（4）如果你是投资买房，那么你比别的竞争买家有更快下手的机会，要知道在房价上涨的时候，时间就是金钱，提前半小时，多挣20万元的事是常有的。

随着智能手机的普遍，手机找房、AI智能看房等确实让找房变得十分便捷。通过手机找房在方便我们的同时，也给我们带来了不少困扰——信息泛滥，增加了识别真实信息的难度，而且可以说在网络上你找不到百分百匹配的房源，为什么呢？

（1）价格普遍低于市场价。

房产经纪人发布的房源信息是有成本的，为了能够排在众多房源的前面，他们需要做竞价排名，客户的每一次点击可能在3元至8元不等；有时候，一次点击达到十几块钱都有。

花这么高的成本是为了能够让客户看到信息，并且接到客户的电话。那么这时候，同一套房源，一个标价800万元，一个标价780万元，你会点击哪个呢？绝大部分人当然选择780万元。然后房产经纪人的目的就达到了——他接到了客户的电话。所以房源的价格普遍低于市场价。

（2）房源图片会有不同程度的美化和修饰。

好看的东西容易让人产生信任。图片好看的房源客户更喜欢。所以网上的大部分房源信息的照片会有不同程度的美化和修饰，这和我们自己美颜拍照发朋友圈吸引朋友点赞一样，这是房产经纪人吸引客户的方式。

既然房源价格和图片不完全真实，那么如何识别网络上房源的真实性呢？需要做到"三个检查"。

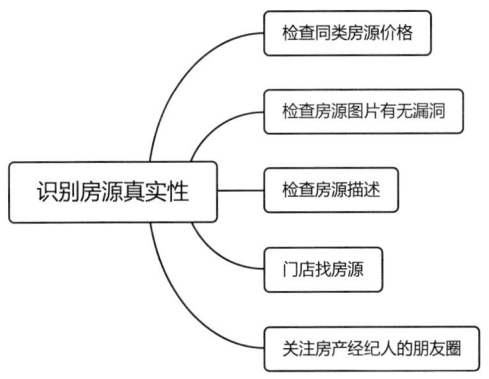

4.11.1 向东建议一：检查同类房源价格

找房的时候应该学会做对比，每个小区都有一个合理的市场成交价。某些正规房产网站不仅有每套房的历史成交价，而且还有每个小区的月成交均价。

不要被"跳楼价""便宜"这些字眼的房源信息所蒙蔽，如果平均成交单价是40000元/平方米的小区，某套房源的单价只有28000元/平方米，那么这套房不是有问题，就是弄虚作假的。在查看房源时只要稍微留意一下同小区同面积的成交价就能分辨房源的真假。

4.11.2 向东建议二：检查房源图片有无漏洞

现在网上的房源大部分都放有房间照片。我们在找房的时候务必仔细检查，有的照片是跟实际房子严重不符的。

比如一套40平方米的房子放一张看上去50平方米大的客厅照片，或标明三层的房子照片窗户外一看是高层等情况，这都是很明显的漏洞。

当看到这些精美照片时，急于找寻好房源人很容易会被误导，其实只要冷静地思考，就能很轻松地发现这种"图不符实"的虚假房源广告了。

4.11.3 向东建议三：检查房源描述

如果你打开一个经纪人的房源店铺，描述都是同样的或非常相似的房源信息——每个业主的卖房原因都是要出国？每个降价的原因都是看中别的房子，急于抛售？你想想哪里有这么巧的事？

通过检查同类房源的价格，检查房源图片的漏洞和房源描述这三点，就可以快速地辨别房源的真伪了。

"三个检查"是辨别房源真伪，那有没有办法能直接找到真实有效的房源呢？根据我这些年的从业经验，有以下两个方法推荐给大家参考。

4.11.4 向东建议四：门店找房源

网上看到的信息，只是房产经纪人吸引客流的一种方式和渠道而已，他们通过"高品质、低价格"的噱头，目的是吸引你给他打电话，得到你的联系方式，吸引你上门给你推荐其他的房源，这样的方式虽然听上去不怎么舒服，但这和经纪人行业竞争激烈、行业管理不规范有很大关系。

为什么上门店找房源最为靠谱？中间省去了吸引你进店的过程，你都找上门来了，还有必要说一套假的房源吗？所以大多数经纪人公司，在门店的房源展板上展示的房源，是这个门店（区域）内比较优质的房源和重点推荐的，这类房源无论是从房源本身还是价格来说基本都是真实的。

当你确定了买哪个区域的房子后，安排一个周末的时间，在这个附近找三五家房产公司，关注门口白板或橱窗里的房源信息，这是最直接有效的方式。

4.11.5　向东建议五：关注房产经纪人的朋友圈

到了经纪人门店以后，如果房产经纪人要你加他们的微信，那么这时候你千万不要拒绝，对于真正想买房的你来说，真实有效的信息越多越好，不要怕被骚扰，毕竟上百万元甚至上千万元的投资多一个选择不是坏事。

加了房产经纪人微信后，你就可以看他们的朋友圈了，他们的朋友圈里信息会不会也是假的呢？一般不会。因为房产经纪人的好友都是熟悉的客人和朋友，他们没必要对熟悉的客户发布虚假的信息来吸引他们，毕竟都已经是好友了。

所以房产经纪人一般在发布关于房产的朋友圈时，都特别重视，信息内容大都是性价比高的楼盘信息。

在 2018 年年底，我公司接到了一个房东要卖掉自己的房子的信息，因为急着移民，所以低于市场价 15 万元。我的业务员就把这条信息发到了朋友圈里，她的一个客户刘健（化名）看到后，第一时间就联系这个业务员，当天晚上就马上过来看房，然后当场就毫不犹豫地定下来了。因为在此之前他已经看了十余套房子，对周边的行情特别的了解，知道这套房子远低于市场价。而如果不是通过关注朋友圈的话，那么刘健也许就不会看到这套远低于市场价的房子了，这几分钟的刷朋友圈时间，节省的可是整整 15 万元。

通过"三个检查"，你可以辨别网上的信息真伪，通过"门店找房源"和"关注房产经纪人朋友圈"，你可以找到真实的房源。通过这些方法，你就可以找到称心如意的房源了。

4.12 典型案例：选个靠谱的中介，买房帮你省掉20%的钱

David是我在交大读书时的同学，在一次年会上，他和我说，他在2016年买房的时候，先通过网上看房对比，然后找到了一家中介公司的业务员张强，一开始，张强很热情地介绍房源，带他看了差不多一个月的房子，终于看中了一套。

张强让David付一笔意向金，David通过一个月时间的了解接触，觉得彼此还有一定的信任度，于是就付了50000元意向金让张强去和房东谈。

过了一周，张强这边迟迟没有回复，只是告诉David房东在外地没有回来，还要等几天。于是David又等了一周，他来到张强的公司问这套房子到底能不能谈。

没想到张强说："这个房子卖掉了，我一直在帮你找其他房子。"David一听很生气："卖掉了为什么不早我和说，让我白白等了半个多月的时间，这期间我看了其他的房子也不能定，就等你这边的回复。现在房子本来就是往上涨的，一天一个价。"

David十分后悔找到这个中介，觉得他效率太低了，浪费了他的时间和精力，甚至浪费了很多金钱，于是他就马上要回了50000元的意向金，并且把张强的电话从手机中删除了。

在买房的过程中，中介在这期间承担的角色是不可取代的，"中介"是我们日常生活中用的俗语，专业名词是"房屋经纪人"，是在房屋、土地的买卖、租赁、转让等交易活动中充当媒介作用，接受委托，撮合、促成房地产交易，收取佣金的自然人和法人。

凡是从事房地产销售工作的都属于房地产经纪人，一些资深的房地产经纪人，符合相关考试条件的，可以考取房地产经纪人资格证。

4.12.1 向东观点：优秀房产经纪人的四项职业素养

一个优秀的房产经纪人，需要有以下四项职业素养。

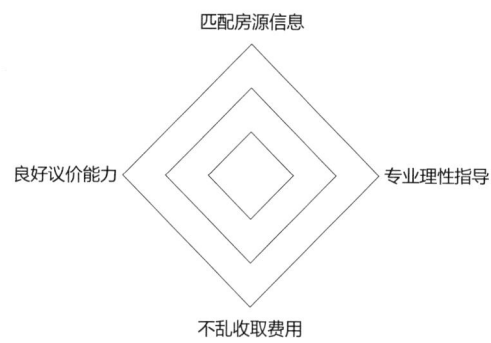

（1）匹配房源信息。

专业的经纪人能够根据客户的经济承受能力和个人喜好更快提供匹配的房源信息，而不是一个劲儿地让客户买更大更贵的房子，这样可以节省双方的时间和精力。

（2）专业理性的指导。

专业的经纪人会在客户情绪化的时候，给予客观的建议，让你看清楚房子的优点和缺点，帮助你判断这套房子是否值得买？应该如何还价？让你不至于盲目冲动消费。

（3）不乱收取费用。

专业的经纪人会提供合同、法律、估价、贷款、产权过户等的全程一条龙服务，除了中介费外不会收取其他费用，会让客户更快更顺利地买到心仪的房子。

（4）良好的议价能力。

沟通能力好的经纪人能够代表客户的利益，对谈判过程进行控制与把握，和卖主进行有效沟通，让你以理想的价位买到房子。

由此可见，一个优秀靠谱的经纪人，既能让你省时、省力、省心地找到好房子，不但不乱收费，还能帮你砍价，省下数万甚至是数十万元。那么如何选择靠谱的经纪人呢？

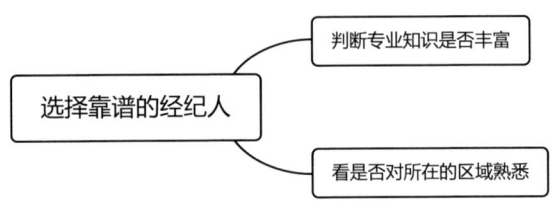

4.12.2　向东建议一：判断专业知识是否丰富

专业的经纪人能够给你提供专业的信息，让你买到更合适的房子。你可以通过询问经纪人房价行情、房屋交易情况、购房政策、税费计算等问题来检验经纪人的知识是否丰富，专业的经纪人会对答如流，有理有据。不专业的就会表现得支支吾吾，所答非所问。如果碰到不专业的经纪人，那么你就可以要求换一个经纪人，或直接换一家房产中介机构。

4.12.3　向东建议二：看是否对所在的区域熟悉

专业的经纪人能提供给客户比较全面的区域背景信息，也会及时告知楼盘房源的价格变动，让你了解行情。你可以询问经纪人在房产附近的配套设施，如环境、交通、学校、治安等方面，来判断他是否是一个专业的经纪人。

4.13 典型案例：房屋产权 70 年到期后怎么办？

在 2017 年的"两会"上，中国政府网联合 27 家网络媒体共同发起"我向总理说句话"建言征集活动，有 2131 万网友投给了"房屋产权 70 年到期后怎么办？"

我相信，在中国远不止这 2131 万网友对房屋产权问题有困惑。

张志刚是一位地地道道的上海人，到 2018 年的时候已经 60 岁了，现居住在普陀区曹杨新苑的一套两房里。随着儿子到了适婚的年纪，他决定将这套两房留给儿子结婚用，自己在附近再买套小户型的房子，预算 130 万元左右。

考虑到自己慢慢步入老年了，身体不是特别好，需要考虑医疗的便利性，同时还不能离他儿子住的地方太远，因此他们目标地设定在普陀区中心医院附近。经过了几番研究之后，医院附近的在 130 万元以下的房产，大部分都是八几年的老房子。

看了不下 10 套房产后，他在真如新村看中了一套房子，面积 38 平方米，房产所在的楼层和户型都很满意，总价也在预算范围之内，于是他在房屋中介的带领下，约好业主准备购买这套房子。在检查房屋基本信息的时候，他看了房东的房产证，上面赫然写着：房屋建造时间是 1983 年。然后他就有点犹豫了——产证上写是使用权是 70 年，按现在这套房子的建造时间来算，这套房子使用权是到 2053 年，今年是 2018 年，只剩下 35 年的使用期了，房子到期了怎么办？会不会被收回去了？如果被收回去了，那么买这套房子就不划算了。

张志刚的情况在很多人身上都会发生，那么 70 年产权到期之后，到底会怎么样？房子还是不是属于自己的呢？

为了解决这些问题，我们首先需要搞清楚以下几个问题。

4.13.1 向东观点一：房屋产权 = 房屋所有权 + 土地使用权

一般来讲，房屋所有权的期限为永久，因为它是私有财产的一种，受到法律保护。而土地使用权的期限是有年限的。根据《中华人民共和国宪法》规定，我国土地是归国家和集体所有的，土地使用权出让时，国家根据开发商开发的类型不同，出让的年限也不同。

（1）居住用地 70 年；
（2）工业用地 50 年；
（3）教育、科技、文化、卫生、体育用地 50 年；
（4）商业、旅游、娱乐用地 40 年；
（5）综合或者其他用地 50 年。

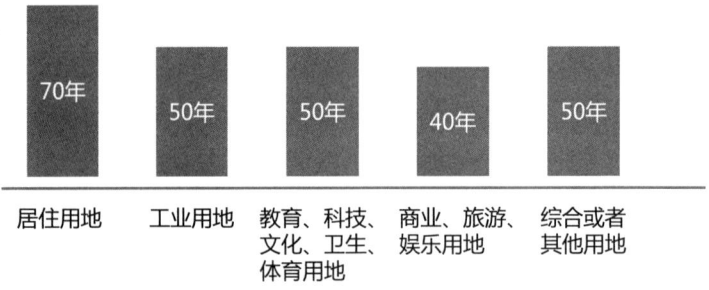

也就是说，谁购买的各类商品房的房屋所有权永远归属谁，只要房子没有完全毁灭，产权人就一直享有拥有权。但是土地使用权有 40 年、50 年、70 年等，会有到期的问题。

4.13.2 向东观点二：房屋产权中 70 年、50 年和 40 年的区别

房屋产权中的 70 年、50 年和 40 年有什么不一样呢？只有年限上长短的区别吗？其实他们的区别非常大，可以归纳为三点区别。

| 户口 | 生活成本 | 贷款条件 |

（1）户口。

产权为70年的房子属于住宅类，是可以落户口的，而产权为50年或者40年的房子属于非住宅类，一般来说是不能落户口的，而户口就意味着医疗、社保、教育等方面，子女也就不能划分到相应的学区内就近入学。

（2）生活成本。

70年产权的住宅，在水电费上是按照民用标准收取，价格相对较低，而非住宅性质的50年或40年产权的房子，则是按照商用标准来收取，价格基本是民用标准的一倍，并且一般不通燃气。

（3）贷款条件。

70年产权的住宅可以使用公积金或商业贷款，而购买非住宅性质的50年或40年产权的房子，不能申请公积金贷款。

通过以上三点的分析后，相信你对70年产权到期之后的房屋归属心中有底了。而且在2016年11月，中共中央国务院出台了《关于完善产权保护制度依法保护产权的意见》中提出要研究住宅建设用地等土地使用权到期后续期的法律安排，推动形成全社会对公民财产长久受保护的良好和稳定预期。

在2017年3月15日上午十二届全国人大五次会议闭幕后，国务院总理李克强在人民大会堂三楼金色大厅，会见中外记者并回答记者提出的问题。

李克强总理对于"房屋产权70年到期后怎么办？"的这个问题做了这样的回答："中国有句古话：有恒产者有恒心。网民们实际上也是群众，对70年住宅土地使用权到期续期问题普遍关心可以理解。国务院已经要求有关部门做了回应，就是可以续期，不需申请，没有前置条件，也不影响交易。当然，也可能有人说，你们只是说，有法律保障吗？我在这里强调，国务院已经责成相关部门就不动产保护相关法律抓紧研究提出议案。"

国土资源部原部长姜大明接受采访时也曾表示，居民购买住房，其财产权会得到法律的有效保障。

房屋产权=房屋所有权+土地使用权，而房屋所有权是归房主所有，土地使用权的问题，国家也已经明确表示不用担心。所以就算年限到期，房子依然是你的，买房时咱们完全不用担心产权到期的问题啦。

4.14 典型案例：警惕！买到低于市场价15万元的房子可能是"凶宅"

黄小刚在这个城市已经打拼十多年，事业也小有成就。最近妻子怀孕了，黄小刚的父母答应前来照顾儿媳妇。

为了避免长时间居住在一起影响婆媳关系，黄小刚决定在自己家附近买一套二手房给父母住。黄小刚在一家中介公司看到了一套合适的房源，因房主出国急用钱故低价出售。黄小刚觉得很不错，就随同中介去看房。房主当场便说若觉得不错，可以即时交易，好为自己出国争取时间。

双方去中介门店谈价格，房东挂牌350万，黄小刚试着还了335万，没想到房东很爽快地答应了，声称："若不是急着出国，我肯定不会那么便宜卖的。"黄小刚高兴地当即付了2万元定金，与房主签订了购房合同，后面签约过户、贷款等相关的流程都很顺利。

两个月的时间就过户交房，黄小刚拿到房子后，准备简单装修一下，到小区物业那里备案时，工作人员随口问道："那房子买得便宜吧？"听对方这么一说，黄小刚觉得其中必有隐情，在他的一再追问下，对方才告诉他这套房子是"凶宅"，曾租住在此的一名女子死在房子里。

黄小刚听后不寒而栗，但将信将疑。他打电话给房主，房主仍像以往一样热情，当听到他询问房子里是否发生过凶杀案时，房主热情的态度明显转向冷淡，支支吾吾地没有直接回答，似乎在掩饰什么。

之后，黄小刚从当地居委会、派出所证实了此事。黄小刚以对方故意隐瞒房子的不良信息为由，要求撤销原来的交易合同并退款。原房主一开始表示愿意与他协商解决，但就是不同意退房。在协商无果后，黄小刚将房主告上法院，要求解除购房合同，责令对方退还购房款并赔偿损失。

黄小刚认为房主是在故意隐瞒房屋的真实情况，其行为严重违反诚实信

用的民法原则,已经构成了欺诈。

根据合同法的相关规定,双方所签订的房屋买卖合同属于可撤销合同。对此,原房主辩称凶杀案在当地的报纸和电视台都曾报道过,自己没有故意隐瞒真相。而且凶杀案发生后房子没再租,自己也曾在里面住过,并未觉得对一家人的生活有任何不良影响。

法院经审理后认定出售"凶宅"的房主隐瞒事实,构成欺诈,最终判令撤销双方购房合同,房主退还购房款并做了相应的赔偿。

黄小刚虽然最终拿回了房款,但是浪费了自己的精力,而且在这段时间里,房价又上涨了不少,其实还是亏了。那么怎么才能辨别"凶宅"绕过这个坑呢?

先来看一下"凶宅"的定义。基于民间忌讳,一般说来,凶宅是指发生过住户非正常死亡的住宅。

我曾咨询过一个从业十年的律师朋友,目前司法部门对凶宅是如何判定的?他表示在他受理的这类"凶宅"交易纠纷案例中,司法部门也没有统一的判例。

一些法院支持了买房人主张退房请求,理由是卖方隐瞒真相违背公平交易原则。《民法通则》第七条规定:"民事活动应当尊重社会公德,不得损害社会公共利益。"作为卖房者,如为了将房屋卖出或为了卖高价而故意隐瞒"凶宅"事实,违反民事活动中的诚实信用原则。

《合同法》第六条规定:"当事人行使权利履行义务应当遵循诚实信用原则。"房主应当在合同签署前就将凶杀案件告知购买方,否则就构成了欺诈,合同视为可撤销的合同。

也有一些法院不支持合同无效。理由是法律上未有条款要求房主告知房屋是否属"凶宅",而且"凶宅"只是民间的一种说法,目前并无公认或权威的界定。法律法规也没有关于"凶宅"的规定。现实生活中,每间房子都不可能避免发生过生老病死,如果照此定论,那么每间房子都应算"凶宅"。买主以"凶宅"为由终止合同,法院可以不予支持。

所以,如果购买了"凶宅",那么最终判决也是没有定论的,有时会支持买房人，有时不会支持买房人，而按照民俗和生活常识来说，发生过命案的所谓"凶宅"确实是人们不愿购买的，这并不是封建迷信，而是朴素观念和善良风俗，除了"死人"外，类似这种不吉利的因素还包括：业主吸毒、欠高利贷、有法律纠纷、和租客矛盾不搬走等诸如此类的问题。

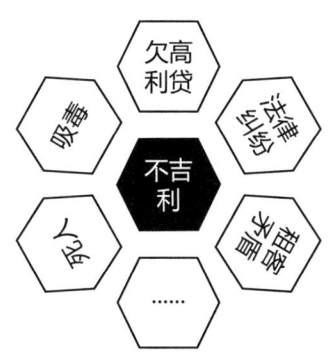

相信在购买房产时，任何人都不想买到这种不吉利的房子，那么在选购二手房时怎样做才能避免呢？

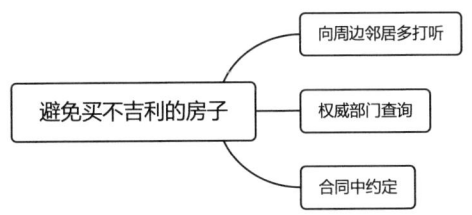

4.14.1 向东建议一：向周边邻居多打听

可以向周边的邻居了解一下关于房子的情况。购房者除了要查看住宅本身的情况外，最好向左邻右舍去打听，一个小区发生大事，同一个小区的人肯定会知道一些，特别是小区的物业居委会，对小区内邻里之间发生的矛盾冲突会有相关登记。

4.14.2 向东建议二:权威部门查询

如果打听到一些不吉利的情况,那么可以向小区所在地的公安部门核实是否发生过意外事件。

在 2015 年时,我公司曾经卖过一套房子,业主非常消瘦,到签合同那天,业主迟迟未到,电话怎么打也打不通,后来通过邻居听说那天来了一辆警车把他带走了,然后我就陪着购房人去了派出所询问,通过民警得知,业主因为吸毒被抓了,并且关押在了戒毒所。客户当即表示把合同解除了。

4.14.3 向东建议三:合同中约定

在签署的买卖合同当中,明确约定要求房东告知有可能影响到该房屋居住及交易价值的重大事项,比如近期是否发生凶杀案件、房屋周围是否有不适合居住的情况及因素等。这样的约定可以让卖方意识到隐瞒此类信息的风险,也可以让买方在纠纷后的维权时获得更多主动权。

买卖合同当中应当约定,如果房主没有如实告知,那么购买方有权解除本买卖合同,并且要求房主承担违约责任。

4.15 典型案例：年轻人婚房预算有限，怎么选才能买到更合适的婚房？

婚房，顾名思义，就是用于结婚的房子。结婚和买房是人生的两件大事。在当下，房子成了结婚的标配，这是中国人传统的家庭观念决定的，有了自己的房子才意味着能真正地独立成家。

王东，来自安徽农村，2015年来到上海，靠着自己的努力在城市里一直打拼，和现在女朋友张娟已经谈了三年恋爱，两个人的感情很好，女孩也特别活泼开朗，在物质上从来没有要求过王东做什么。

眼看到了适婚的年龄，但因为房子的事情，婚期一直没有定下来，张娟的父母认为："结婚连一套房子都没有，婚后怎么生活，住哪里呀？"张娟的父母不想让自己的女儿跟着王东过租房子的生活。两个人还因为这个事情经常产生不愉快。

一提买房子，王东也是一肚子的苦水，自己刚刚参加工作两三年，手里的积蓄不多，暂时还不够买房的首付。如果再向父母索要，那他更加不忍心了，因为从小家里面为了能让自己上大学，已经很不容易了；父母为了能给自己挣点学费，农闲之余还经常去建筑工地做小工，现在父母终于看到自己读完大学，参加工作，父母肩上的一座经济大山终于卸下了。自己实在不忍心再跟父母说要钱买房子的事，加之父母年龄都近60岁，没有那么多的力气再去工地挣钱了。

所以，私下里王东就和张娟及其家里商量，看能不能晚两年再买房子，张娟父母一开始是不同意的，在张娟的极力说服之下，最终同意了。

经过两年的努力他们两个人手上有了50万元左右的存款，可是这点钱，在上海买房还是不够首付，但既然答应了要在两年内买房子，就一定要做到。无奈之下只好向家里年迈的爸妈和亲朋好友借了20万元，总共70万元左右的首付款，小两口终于开始看房子了。

他们看了两个月的房子，首先看的是离他们上班的地方相对近的房子，比较靠市区，经过比较，王东看中了一套梅二小区60平方米的一房，房子是装修过的，但毕竟是在老小区，装修时间8年左右，装修风格有点传统，但看上去还是比较舒服干净的。

王东看后还是蛮中意的，装修老一点，可以自己简单地翻新改动一下，把家具家电换一换，自住还是适合的。最关键价格刚好在自己的预算范围之内，而且这个小区对应的学校还不错。

但是张娟心里却不愿意，心想自己买房用来结婚的，不但小区那么老，户型是小户型，而且装修还是别人装的，怎么看都感觉不喜欢。

王东和张娟陷入争执。在张娟的要求下，王东还是陪张娟去看了宝山美兰湖附近的新楼盘，张娟看着新小区不但环境好，面积大，户型新潮，而且毛坯房没有人住过，可以按自己的要求重新装修。

此时，小王却很犹豫：首先新楼盘周边没有什么学校，结婚之后小孩读书怎么办？其次房子是毛坯房，重新装修固然好，但是这样买房的成本又上去了，本来现在准备的这些钱是自己全部的积蓄，而且还让父母借了不少。最后，新房交房时间还要等，这样算上交房后再装修，婚期还要等一年多时间。王东和张娟再次陷入了纠结和争执中……

买房要考虑的因素有很多，不同的需求，考虑的因素不一样，那对于结婚买房的王东和张娟来说，到底要如何选择？

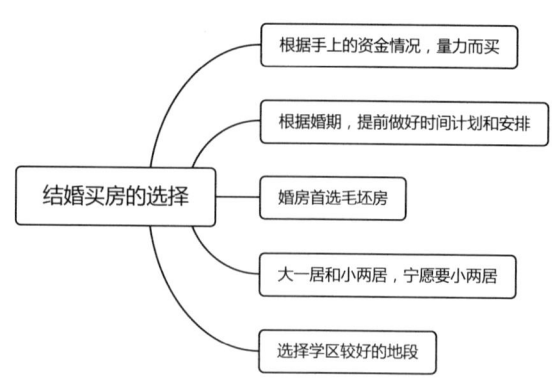

4.15.1 向东建议一：根据手上的资金情况，量力而买

即将结婚的年轻人收入普遍不高，积蓄也相对较少，除了买房的首付款外，还需要支付接下来的装修费用、筹备婚礼和购置家具家电等一系列的费用。

这些费用对于结婚来说都必须考虑的，如果手上资金预算有限的情况下，那么可以优先买房，其他的相关事情可以适当往后推迟。

4.15.2 向东建议二：根据婚期，提前做好时间计划和安排

有很多准新婚夫妻是在定下婚期后再出来看房的，这个时间的确定要根据你拿到房的周期来算。

例如，以上海买二手房来说，看房一般需要2至3个月，贷款交易过户要3个月左右，如果买的是毛坯房，那么装修期要2个月，再加上通风"空关"的时间，至少要提前6至9个月做准备。假如你购买的是期房，售楼员会告知一个大概的期房交房的时间，但由于工程进度会受到许多外在因素的影响，延期交房的事件时有发生。

一旦事先定好了婚期，那么所有的婚礼安排的重中之重就是婚房了，如果因为房子耽搁了婚期，那么这样会导致家庭矛盾，从而失去了买婚房的意义了。

4.15.3 向东建议三：婚房首选毛坯房

为什么婚房首选是毛坯房呢？首先对婚房来说，要的就是"喜庆"，毛坯房的装修风格和功能使用上可以按夫妻双方的要求设计，而且可以自己把控装修材料和质量。

以我十几年的经历，绝大部分人准备结婚买房的家庭都首选毛坯房，毕竟是结婚，新装修的房感觉一切都是新的。

但是也有少部分家庭因为预算有限，或因为工作的原因没有时间装修，像这种情况买装修好的房子也未尝不可。只不过在选择时，要选择装修时间在

5年以内房子，这样的装修看上去不会太陈旧，在住进去之前适当进行翻新和小的改动，然后把家具之类的软装全部换成新的，这样看上去就和新装修的房子没有什么大区别了，这样确实省时省力省钱。

4.15.4　向东建议四：大一居和小两居，宁愿要小两居

在婚房的选择上，如果可以选一个房间大一点的一居室和房间小一点的两居室，如果预算相差不是很大，月还款能力还可以的话，那么最好买一个两居室，哪怕房间面积小一点，最好有两个房间。

为什么要两个房间呢？因为对于婚房来说，居住的时间一般在5年以上，这期间意味着可能要迎接宝宝的到来，父母照顾小孩需要多出一个房间，如果为了孩子再进行置换，不但浪费钱，更浪费精力，而且新置换的房子，如果需要新装修，那么装修造成的空气污染有碍于孩子的发育。

当然，如果实在买不到小两居怎么办呢？可以选择买那种厅比较大的可以改成小两居的大一居。

4.15.5　向东建议五：选择学区较好的地段

很多人在结婚后，很快就会面临生孩子以及子女的就学问题。而房子和对应的学区息息相关，通常公办学校的学区都就近分配，也就是说，孩子会被分配到附近的学校，孩子上下学不仅安全而且省去了家长接送的时间，可以让家长将更多的精力投入到工作中。

买房子没有十全十美的，每个人买房的需求点不一样，考虑的因素侧重点不一样，结婚应该从以上五点重点考虑。我们再回到开头王东和张娟的问题，他们的婚房应该着重从手上的资金、孩子的教育、房型和事业发展情况而定。

砍房价

房价高攀不起？这六招教你砍出低价房

当已经锁定了自己心仪的房屋之后，如何能够降低房东的心里预期？如何能够把房价降低？如何能够让自己分分钟剩下数十万元呢？

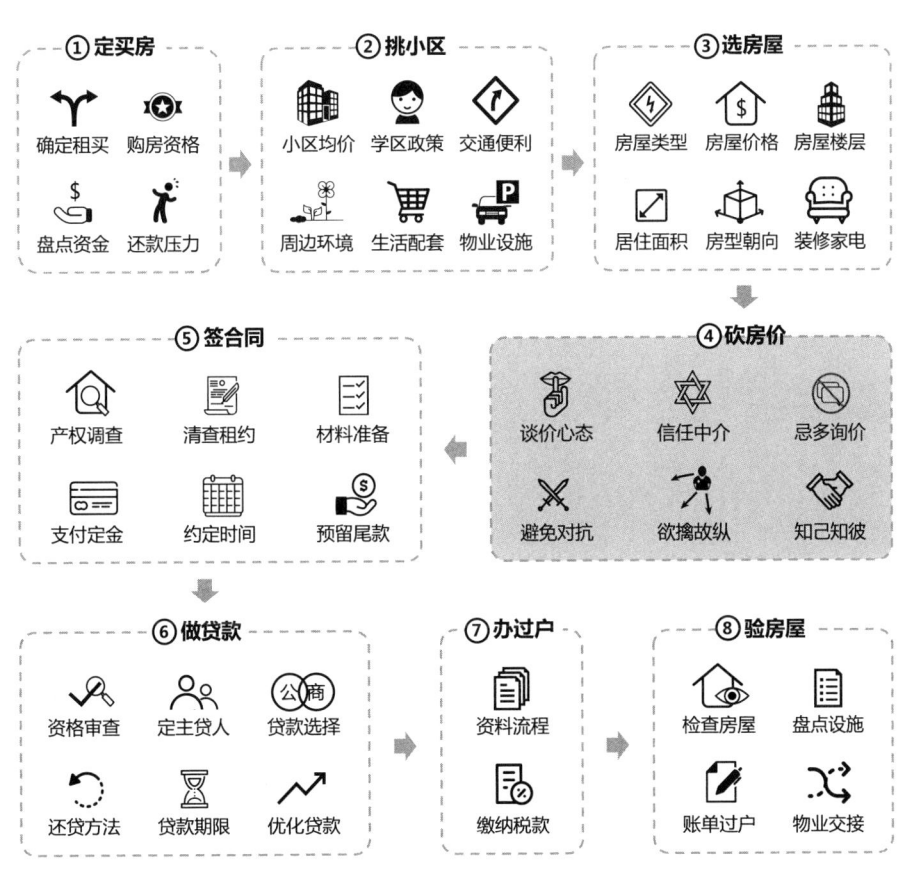

5.1 谈价心态：适合你的价格才是最好的价格

两年前，有个客户朱先生看中了一套房子，房东要到手价340万元。小区位置很好，房子也在小区的正中间，楼层也不错，电梯房，总高14楼的8楼，房子装修3年，据房东说花了20万元，但是朱先生一口咬定要320万元。

我问他为什么呢？他说他的朋友在一个月前，同一个小区买的一套面积差不多的房子只有320万元。所以他认为320万元是非常合理的，心想才不到一个月的时间要多20万元，心里很不平衡。

殊不知，这个月的房价本来就涨得很厉害，更何况这套房子的位置、楼层和装修都要比他朋友那套要好很多。二手房一房一价，好的房子稀缺，比小区的市场均价卖得高一些很正常。

经过一周的谈判，朱先生只出到330万元，本来还想再周旋一下，可想不到第二天就被其他的客户以340万元的价格买走了。当他知道后十分后悔，因为这是他所看的房子里最满意的一套房子。最后，他花了340万元买了这个小区的另一套房子，虽然位置不错，但是装修很差，他买完之后，还是念念不忘："早知道这样，我一周前就该把那套满意的房子买下来！"

5.1.1 向东观点一：自己喜欢又刚好买得起，就是合适的价格

什么价格是合适的价格呢？低于市场价的才是合适的价格吗？那么低于市场价多少才是合适的呢？

什么价格是合适的？

如果买家不断地压低价格，最终让自己心仪的房子被其他人买走，自己什么都得不到，那么还有什么"合适"可言呢？

我认为，合适的价格是能买到当前市场下合适自己的房子，而刚好买得起，这样的价格就是最好的价格。

最好的价格 = 适合自己 + 买得起

买卖市场随行就市，有它的市场价格，房东卖房之前去中介挂牌的时候，一定会了解行情价，询问现在市场上能卖什么价格。

中介一般会把最近成交的价格和业主说，在定价的时候，为了给客户还价的空间，一般会比市价高 1% ~ 3% 不等。

例如，李四有一套房子想卖，他会问中介，这个小区现在是什么价格？A 中介会说："我们最近的成交房子的价格 40000 元 / 平方米左右。"然后会询问房东详细的楼层、位置、装修等情况，如果房东的房子各方面比较好，如装修不到 3 年、位于小区中心位置，那么一套面积 100 平方米的房子，建议挂牌价是 410 万元。

因此，房东在中介挂牌的价格基本都是合理的。而对于买家来说，能在有限的房源中，找到适合自己的房子就已经非常幸运了，如果这套房子的价格自己也能接受，那就是更幸运的了。

5.1.2 向东观点二：不要看过去，要看将来

绝大部分购房者都会犯一个认知错误，那就是在看房价时，只看过去，他

会说："我一个朋友之前买的价格才 20000 元 / 平方米，怎么现在要 25000 元 / 平方米，太贵了！""三年前我租这个小区的时候，两房总价 250 万元，现在要 350 万元，等房价跌了再说。"诸如此类的话，我听得太多。

假如你以这样的心态，根本就买不到房子。你会很痛苦，特别是有人几年前本来想买房的，因为当时相差一点价格没有买而耽误了时间，后面房价快速上涨后，又观望，谁知道越等房价越高。

我印象深刻的是之前遇到的一个客户王小姐，我刚接到她看房的时候，当时她要买的小区均价不到 10000 元 / 平方米，带她看房看了半年，每次都因为价格相差一点，想再等等看，谁知道一等就是一年过后，后面再联系的时候，当初她买的小区的房价已经涨了一倍。

因此，买房不能总是停留在以前的价格，因为你再怎么后悔，谁都没有办法让时光倒流，你越想会越痛苦、越焦虑，而是要以自身实际情况，买到适合自己且价格能承受的房子就是最好的，用发展的眼光看待买房。

5.1.3　向东观点三：不要太贪心

人性的弱点中，有一个是"贪心"，购房者希望价格越低越好。这种想法是人之常情，但是不能太贪心。

举个例子，吴阿姨看中张先生的房子，张先生因为要出国，卖房子有点急，因为吴阿姨是一次性付款，所以张先生一再退让。价格从开始的挂牌价 255 万元，一路往下降，252 万元、250 万元、248 万元……245 万元。

其实同小区同类型的房子，成交价都在 270 万元左右，如果 245 万元成交，已经是捡了大便宜了。但是吴阿姨还不满足，心想这个房东急着卖，价格还可以再下来，希望能以 240 万元成交。房东心想：早点把房子卖了，出国可以安心。降点可以，但是不能贱卖呀，已经比市场价低了很多了，房东在 245 万元的基础上又让了 2 万元，243 万元成交，并答应把自己的房间里的东西送给对方。但吴阿姨死咬着 240 万元。这时房东生气了，感觉自己已经做出了这么大的让步，对方竟然得寸进尺，最后放下一句话，甩门而去："我就是不卖给你了,250万元也不卖。"

这样的场景司空见惯,每一个人都有自己的价格承受的底线也就是临界点,一旦过了这个点,会伤到人的自尊心。

综上所述,能在有限的房源中找到适合自己的房子,已经是幸运的了,如果售价和小区内的平均售价持平,没有高于平均售价,那就是更幸运了。当然如果你运气好,房子的售价低于市场价,那快点下手,别犹豫,这是可遇不可求的。

5.2 信任中介：和中介建立统一战线才能百战不殆

张女士是一家公司的销售主管，现在自己住的房子是一套两居，家里三代同堂，准备把现在的房子卖掉，在同一个小区换一套三居的。她到小区门口的安家房产登记出售，业务员小刘热情地接待了张女士。

小刘在接下来的时间，一直带张女士看同一个小区的三居，看了两个月的房子，看了好几套，一直没有满意的。

这个周末，小刘约了张女士看房，这套面积108平方米，价格420万元，而且房子装修不到五年，业主当时自己花了半年的时间亲自买材料装修的，平时爱护保养得很好，可拎包入住。

张女士看过房子，心里其实很满意，但可能是出于自己做销售的职业敏感，没有表现出来，她一方面不知道中介公司有没有报高价格，其次不知道房东现在的底价是多少？

于是她在看房的过程边看边说："这个房子卫生间太小，装修看着不错，但风格太老了，我们买进来，还得重新再装修。"诸如此类的话，随后表示，要是价格合适的话，可以勉强考虑一下，接着问房东："你什么价格可以卖？"

当时房东说，让客户有意向先和中介谈，有急事出去，也就没有细谈。

第二天，张女士让小刘约房东到公司，大家坐下来见面谈，张女士很自信地说："只要你把房东叫过来，接下来就我自己来谈。"

双方见面后，张女士就开始说，这个房子虽然装修看着好像还可以，但是房子厨房太小了，地板颜色太暗、墙上有脱皮……讲了半小时，挑了很多房子的毛病，最后出价390万元，一下还了30万元。

房东听了之后，脸色很不好看，其实心里很不开心，但顾及是一个小区的，碍于情面，又不好说什么。前后谈了不到1个小时，房东就说回去再考虑一下。小刘把房东送到门口，房东说："我这房子要不就不卖给她，如果她一定要买一分钱不能少！"

很多客户在看中房子后，总认为中介会报高价格，不敢轻易相信中介。于是在谈判的时候，想和房东面对面谈，最后谈得不开心或价格没有谈好，而导致自己看中的房子没法成交或高价成交。

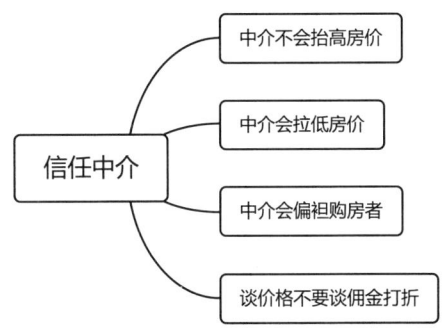

5.2.1 向东建议一：中介不会抬高房价

很多购房者都会觉得中介大都是骗子，中介希望房价更高。我们理性地分析一下，中介最希望的是什么呢？当然是成交，因为只有成交了，他们才能拿到中介费，如果抬高房价，很可能导致房子被其他购房者买走，而自己得不到任何中介费。

再详细算一下，上海中介的中介费一般是卖家和买家各1%，以一套300万元的房子来说，中介费是 300 万 × 1% × 2=6 万元。

如果中介把房价抬到305万，他能得到多少呢？305 万 × 1% × 2=6.1 万元。

只是多了1000元而已，但是为了这1000元，而会丢掉6万元？

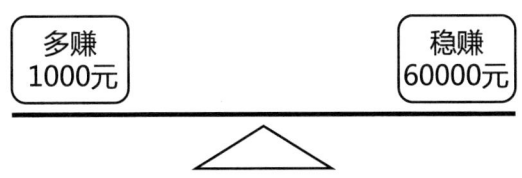

中介肯定不傻，所以中介是不会哄抬房价的。

5.2.2　向东建议二：中介会拉低房价

我们再继续计算一下，以一套 300 万元的房子来说，中介费是 300 万元 × 1%×2=6 万元。

而如果以 290 万元成交，那么这套房子的中介费是 5.8 万元。

如果房东和购房者都能接受，那么就可以马上签合约，省去了可能被其他中介的客户买走的可能，中介何乐而不为呢？在获得 5.8 万元中介费和失去所有中介费之间，他会选择哪个呢？

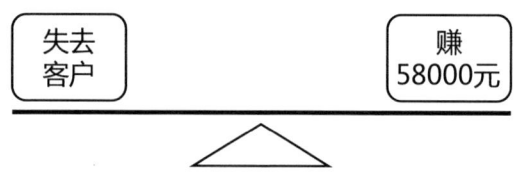

5.2.3　向东建议三：中介会偏袒购房者，而不是房东

中介不但不会抬高房价，而且还会拉低房价，为的就是能够尽快促成这笔交易，让自己拿到中介费。

而在这个过程中，还有一个非常重要的被很多人忽视的因素：中介会偏袒购房者，而不是房东。为什么这么说呢？

房东卖完房子之后，就不会和中介有任何联系了，但是购房者呢？购房者可能会把买来的房子出租，这时候就需要中介了；也许过了几年，房子要再次出售，这时候又需要中介了。这意味着购房者才是中介将来长期有业务关系的客户，所以中介当然会偏袒购房者，而不是房东。

5.2.4 向东建议四：谈价格的时候不要和中介谈佣金打折

如果提了打折，那中介会不会尽心尽力？就算打折，能便宜多少钱？

举个例子，一套 200 万元的房子，上下家各一个点的佣金，买家就 2 万元的中介费，就算打个折能便宜几千块；如果中介尽心尽力，那么从 200 万元的房价上帮你谈下来点比谈佣金可划算多了。

但是如果你和中介谈了佣金的问题，那么他就会想，换一个人买这个房子，我的佣金就可以不打折，所以他就不会尽心尽力地帮你拿下这套房子了。

当然，为了让中介更有动力地帮你谈价格，可以给中介个人奖励，比如你算下来，自己的出手价格（包含房价，税费，中介费）是 500 万元，那就和中介说："我出 495 万，如果你能把价钱谈到更低，那么中介费我会多出，反正我拿出来 495 万。"

5.3 忌多询价：一房多问，让购房者多损失5万元

刘生和妻子准备把自己现在住的房子卖掉，这是一套50平方米的一居，家里孩子渐渐长大了，想换一个两居的。

他们在附近的中介挂牌出来，不到半个月时间，就有一个买家看中并且付了定金，签了合同，合同中约定要在5个月内交房。

他们利用周末的时间看房，这一看就看了快两个月，期间看中过两套房，但都没有谈好；最后通过房产中介看中了一套金华小区的房子，这套房子面积是80平方米，在看房当场刘生问房东："现在这套房子最低什么价格？"

中介抢着给刘生报价说310万元，房东在旁边也没有说什么。回来的路上中介人员表示："这是房东的最低价格，原本挂牌是315万元的，我和房东深入沟通过，最低这个价格可以卖。"

刘生听中介说着，心里却想着刚刚为什么中介要抢着帮房东回答，这里肯定有猫腻。

当中介问他能出什么价格时？他想了想后出价290万元，中介一听这个价格后，明确表示这个价格太低房东不会卖的，让他回去再考虑一下。

刘生回来后不甘心，你谈不下来，说不定别人可以谈下来！于是他在网上联系了几家中介公司，寻问这套房子的价格，经过一番电话询问后，这套房子有报315万元的，也有报价308万元的，甚至有报价305万元的。

这个时候如果你是刘生你会相信谁?

我不知道你会相信谁,但是我能肯定的是你会认为第一家中介报高价格。

刘生和那个给他报价305万的房产中介联系,让他联系房东,双方见面谈,刘生抱着很大希望和房东见面,心中还窃喜,总算找到一家中介可以帮他买的价格低一点。

双方落座见面后,房东当场态度坚定地表示现在的价格是318万,很自信地说:"这两天有好几个中介的客户和我谈,现在成交量那么好,价格低了我不卖。"

刘生一听,当场崩溃,他原本想找中介可以帮他价格谈低一点,怎么会价格高这么多?价格落差那么大,而且感觉被这家中介骗了,当天就没有谈成。

刘生回来的路上后面仔细一想,才猛然醒悟:他这套房子曾问过好几个中介,这些中介肯定都会去问房东,房东一天接到好几个客户的意向,肯定会以为有好几个客户都想买他的房子,所以心里预期就提高了,可谁知实际真正想买的只有一个客户。

考虑几天后,他最终又找到带他看房的第一家中介,约同一套房子,最终以315万的价格买下来,原因是房子确实适合他,其次是交房的时间眼看就要到了,也没有时间再看其他房子了。

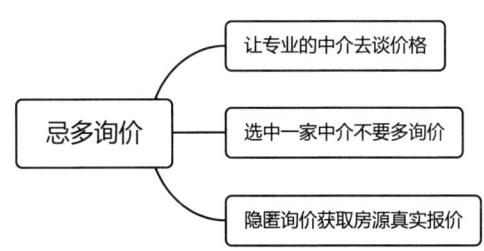

5.3.1 向东建议一:让专业的中介去谈价格

现在买房绝大部分都要通过中介,为什么呢?正是因为他们的"专业"。

他们掌握的信息更多、更专业，而且在上一节中也说到了，中介是会偏袒购房者的，所以要信任他们，让专业的人做专业的事，让中介去谈价格。

而作为购房者的你，起到的作用只是一个辅助和配合。在合适的时间出面就可以了，中介会告诉你该怎么砍价，怎么和房东说，甚至在什么时间和房东打电话，都会详细地告诉你。毕竟，中介为了能够做成这笔单子拿到佣金，会全力以赴、想尽办法的。

比如上个案例中，为什么中介张三抢着给刘生的报价说310万元呢？也许房东和中介张三说好了："我的底价是310万，不能再低了。"如果房东给刘生报价，那可能就是315万元了，然后让刘生慢慢还价，最后310万成交。

而中介张三直接报价310万元，房东不会怪他，而刘生慢慢还价，如果还到了305万元，那房东也是能够接受的。

这只是中介在促进房产交易过程中的一个非常常见的小技巧，作为购房者来说，只要记住中介是帮助自己的谈判专家就可以了。

5.3.2　向东建议二：选中一家中介，不要多询价

案例中的刘生，为什么最终多花了钱呢？因为他询问过多的中介了。

例如你看中一套房子，你一天问三家中介，中介听到你询价肯定是想买，同行都想做生意，于是他们都会和房东联系。你想想，如果你是房东，一天接到好几个中介打电话问这套房子，都说我有诚心的客户想买，那么你会怎么想？

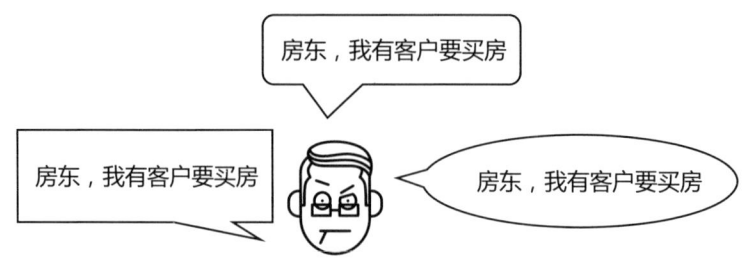

你肯定会认为，现在行情这么好，这么多的客户想要买我的房子，是不是我的价格挂得太低了？于是上调价格，出价格高者得。

就像上述的案例中的情况一样，刘生因为问多个中介，所以导致房东涨价，最后只能自己买单。

5.3.3 向东建议三：通过隐匿询价，获取房源的真实报价

购房者在买房的过程中，会担心中介报高价格；市场上确实会有一些中介人员报高价格的情况，甚至有些不道德的中介报高价是为了吃差价，所以，客户在付定金前想货比三家，这很正常！但是房子和其他的商品不一样，这个"货"很稀缺，同一套房子业主可能同时多家公司挂牌，但业主只有一个。最终能决定价格的不是中介，而是房东本人！

那么怎么样知道房子的大概价格呢？

举个例子，假如你现在看中 A 小区的 23 号 501 室的房子。

问法一："我看中 A 小区的 23 号 501 室的房子，你们这边卖什么价格？"

问法二："请问 A 小区有 4 楼以上的两房在卖吗？"

这两种问法的结果有什么区别呢？你会选择哪一种呢？

问法一，简单直接，但是中介马上就知道你对房子的意向了，这时他会认为，你已经看过这套房源了，他会误以为你是其他中介询价的，所以不会把你当作客户，而给你虚报价格。

问法二，隐晦，但是中介会把你当作一个正在找合适房源的客户，这时他会把这个小区 4 楼以上的房源报给你，一般一个小区里在卖的房子基本上就那么几套，他报给你的房源十有八九会有看过的那套，那么价格就出来了。

5.4 避免对抗：和房东对抗性沟通的结果就是买不到房

李叔叔在中介的陪同下，去看刘阿姨的房子，这是一套装修好的两居室，面积76平方米，总价360万元，房子是电梯房的三楼，装修有5年。

李叔叔走进房子里，首先用眼睛环视了一眼说："这房子的面积怎么感觉一点都不像76平方米，得房率好低啊。"

他走进左边的卫生间说："这个卫生间怎么这么小，洗澡都不方便。"

刘阿姨一开始热情解释说："这个小区的卫生间都是这个面积，但我们空间利用得不错，你看看我们装修的时候，把外面的小阳台打通了，肯定够用的。"

李叔叔从卫生间经过客厅走到阳台，看到墙角有点水印刮了一点皮马上提高声音说："这个墙不会是漏水吧，这个小区建的房子质量怎么那么差？"

刘阿姨在一旁激动回道："怎么可能漏水？我们又不是顶楼，阳台墙角刮风下雨的时候，有点雨水很正常。"

王叔叔左右看看阳台说："阳台面积不大，没封起来很不安全，进来小偷怎么办？"

刘阿姨一脸不开心，很没耐心地回道："你瞎说什么？又没在小区里住过，你怎么知道不安全，我们这个小区治安好着呢。"

王叔站在阳台上看外面，接着又讲："这个三楼的采光肯定不好，晒不到太阳。"

刘阿姨这时候有点生气了，能看到她说话激动时脖子上凸起的青筋："阿叔，你用眼睛看看前面，虽然是三楼，明明小区中心位置，你看到哪里有什么挡住阳光？"

王叔叔看完房子后嘴里念念叨叨地说："这装修太差了，都没用，全部敲掉，重新再装修。"

刘阿姨这时很不客气地大声说道："那你有钱可以买装修好的房子，我的房子不适合你。"

王叔叔回复道："你要是价格便宜一点，我可以考虑，再说现在国家调控，房价都跌了，你还挂这么高的价格。"

刘阿姨嗓门高了八度："我价格哪里高了？我问过中介，现在小区就是这个价格。"

……

双方在房子里争论一番，最后谁也不服谁，不欢而散。

在看房的时候，购房者就和房东对立，双方很僵持，可想而知，购房者再和房东谈价格将会很难。

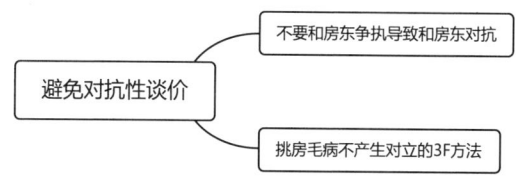

5.4.1 向东建议一：不要在谈价没开始前和房东争执，这样只会导致和房东对抗

有很多的客户在看房子的时候总喜欢挑房子的毛病，我们会听身边的人说，看房的时候，要"挑三拣四"，多挑房子的毛病，这样谈价格的时候可以谈得多一点。"挑三拣四"的确是没错，但是要有度。

买房者在开始看房，没有进入实质性意向的时候，不宜和房东产生对立。像上述案例中，挑三拣四是没错，但要挑一些无伤大雅的毛病，最好在说问题前，先说一下房子的优点。

比如说楼层不错，就是卫生间小了点；房型还好，但装修时间有点长。

你想想每一个房东都会对自己的房子有一定的感情，特别是装修过的房子，不管装修得怎么样，至少当时装修的时候都花了时间和精力。

假如你是房东，自己花了十几万，从设计到买材料，前后四五个月装修好，别人说你这个房子这也不好，那也不好，你会怎么想？

我以前参加学习培训的时候，老师叫两个学员站起来伸出自己的手掌，面对面，彼此四掌相对，然后开始慢慢地加大力量，对方自然而然地就会同时加大反抗的力量。

当你向一个人发起进攻时，对方自然也会发起反击。同样，当你直接反驳别人的时候，对方自然就会奋起捍卫自己的立场。

5.4.2 向东建议二：既可以挑毛病，又可以不产生对立的3F方法

又要挑毛病，还不能产生对立，怎么可能？不妨试试 3F（感知 Feel、感受 Felt、发现 Found）法则。

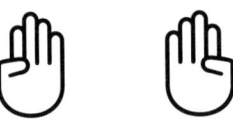

比如说房东要卖房子，买房者说："你的价格太高了。"房东说："这个价格就是市场价一点也不高。"这时双方进行争辩，大家就会拿出个人的亲身经历或相关的证据来证明对方是错的、自己是对的。

可如果你告诉房东："我完全理解你，想卖得高一点，很多房东卖房的时候都是这么想的。可仔细分析一下这套房子的实际情况，你有没有发现，就当前的市场价格而言，卖这个价格会不会有些高？"

我完全理解你，想卖得高一点	Feel 感知
很多房东卖房的时候都是这么想的	Felt 感受
可仔细分析一下这套房子的实际情况，你有没有发现，就当前的市场价格而言，卖这个价格会不会有些高	Found 发现

所以当你在和房东沟通谈价格，彼此产生分歧和对立的问题时，说话一定要十分小心，即使你完全不同意对方的说法，也千万不要立刻反驳。反驳在通常的情况下只会强化对方的立场，你可以先表示同意，你不妨告诉对方："我完全理解或同意你的感受。很多人都有和你相同的感觉（这样你就可以成功地淡化对方的竞争心态。你完全同意对方的观点，并不是要进行反驳）。你知道吗？在仔细研究这个问题之后，我们发现……"试试这样的3F法则，可能会让沟通更加顺利、有效。

5.5 欲擒故纵：你表现得越想要，房屋价格就会越高

我之前在一个朋友家做客，刚好他的房子正在挂牌出售，价格是500万元，当天恰巧有中介带了一对夫妻过来看房子，我朋友家装修不到3年，时尚清新风格，平时在家不怎么做饭，常常出差，家里像新装修的一样，看着很干净舒服。

看房的女方走进来一看，立刻被装修吸引住了。一直赞叹不已："这房子装修得很不错，我很喜欢。"接着问房东："你们装修多久了，设计很时尚，我能拍几张照片给家人看吗？"没等房东说同意，拿起自己的手机从厨房拍到餐厅，从卧室拍到客厅，一个劲儿地拍照。中介在旁边看着，想打断又打断不了。

他们看一圈之后又热情地拉着我朋友问了很多："你们这个房子卖什么价格？""我想买的话，价格能不能优惠一点？""我是置换，我现在的房子没有卖掉。"

这时中介抢过话说："今天房东家有客人，我们看好房子，到时候再谈吧。"然后把客户给拉走了。

客户临走的时候说："我自己置换的房子收了定金，到时候我们再谈。"

过了一周，朋友很开心地告诉我他的房子卖了个好价格。"就是那天看的那个客户，我看她那么喜欢这个房子，说房子装修得那么好，中介叫我们过来谈的时候，我说现在自己要买的房子价格涨得不低，而且没有合适的房子，感觉自己的房子价格卖得有点低，暂时想缓缓再卖。中介和客户以为有别的客户在竞争，中介和买房者商量，让客户看不能加钱，最后客户这边一直从3万元、5万元加到8万元，我才答应卖了，最终房子以508万元成交了。"

他边聊边乐呵呵地问我："我是不是有做房产销售的天赋呀？"

为什么原本 500 万元的房子，最后以 508 万元价格成交了呢？有很多买房者在看到自己喜欢的房子后，就会控制不住自己的情绪。特别是看到装修好的房子，很容易产生代入感，喜欢之情溢于言表。

一旦房东知道你特别喜欢房子，就容易坐地起价。你如果确定要买这套房子，这将为你接下来谈价带来困难，增加谈价的难度，从而增加购房的成本。那么怎么才能避免这样的购房成本呢？

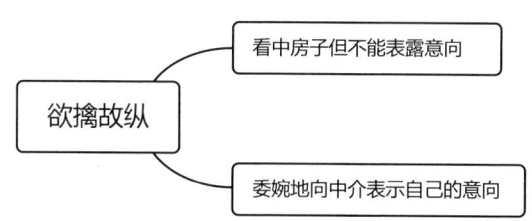

5.5.1 向东建议一：看中房子但不能表露意向

当看到心仪的房子时，不要表露出对房子有好感，这样房主就不知道你的意图，不知道你到底喜不喜欢他的房子。

要以一种漫不经心的态度对待，越是这样，一些着急出售的房主越着急，你就能获得更大的议价空间了。

在买卖过程中，一旦向卖方表达了强烈的购买意向，这会使得议价的可能性大大降低。因此即使再满意，购房者也不要急于表现出内心的真实想法，而尽量以平常心对待。

5.5.2 向东建议二：委婉地向中介表示自己的意向

购房者可能会问："那我看中了房子，不能让房东知道，我怎么去谈价格？"

当购房者看中某套房子后,不能把自己内心强烈的意向让房东看出来,但你得向中介表示出一定的意向,这时你可以这样说:"这个小区我在其他的中介也看到一套差不多的,我比较一下,看哪套性价比更高一点,我再考虑哪一套。"这样既能表示出一定的意向,同时又表明你是可以有更多选择的,这样中介才会更努力地帮你谈价格。

5.6 知己知彼：尽可能掌握业主所有信息，攻击他的弱点

李小姐准备买一套房子，看中了王叔叔在售的房子，面积 60 平方米，挂牌价 150 万元，市场上差不多都要这个价格。

李小姐各方打听这套房子的情况，这套房子的基本信息如下：

（1）这套房子是王叔叔之前动迁分的老房子，房型都是朝北的，通风和采光都不是很好，王叔叔这点很介意。

（2）王叔叔身体不是很好，加之又是楼层房的 4 楼，上下楼很不方便，这次卖房是他儿子强烈要求他卖的，想让他卖了房和自己住在一起。

如果按照普通的"讨价还价"的方法，一定会说这个房型不好，通风采光不佳，但是这个小区的所有房型都是这样的，所以很难把价格拉低。

在我的提醒下，李小姐联系到了王叔叔的儿子，双方见面后，李小姐动之以情地从老人家的身体健康出发，围绕为人子女的孝道来沟通。

"王叔叔身体不太好，让他这样每次跑来跑去多不方便呀！"

"其实早点把房子交易好，让王叔叔早点能和你们住在一起，他会很开心的。"

就这样，李小姐最终以低于市场价 10 万元价格拿下了这套房。

李小姐通过对房子和房东的全面了解，才最终让她获得了巨大的"折扣"。我们在和房东砍价前，要像李小姐那样，做到"知己知彼"才能"百战不殆"。

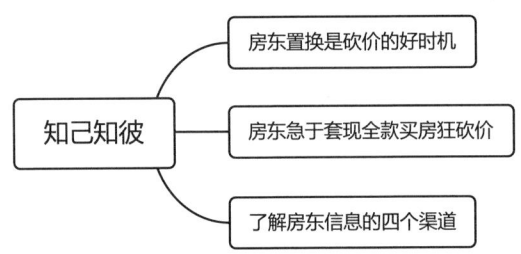

5.6.1 向东建议一:房东置换是砍价的好时机

了解房东卖房的真实原因是砍房价的重要前提。了解得越多,对房东真实需求越了解,谈判的时候越能把握主动权。

比如房东卖房的原因是置换,现在市场上卖房 80% 以上是为了置换。如果房东需要置换的房子已经看好了,或者付了定金,那么房东一定急于把自己的房子卖出去,才能拿到现金去购买新的房子。那么这个时候,购房者在谈价格的时候,将会更有主动权。

张先生因为工作的关系,想把现住长宁区的房子卖掉换到浦东区,刚好他的同事在浦东有套 3 房子要卖,张先生看过房子后很喜欢当即就付给了他朋友 20 万元的定金,双方约定 2 个月付首付款,张先生心想 2 个月的时间卖自己的房子肯定没什么问题。但时间过了一个月没有卖掉,张先生有点急了,于是他把价格从最开始的挂牌市场价 350 万元,调到 340 万元。

最后通过中介带看,有一个客户王小姐看中了,王小姐最后以 325 万元的价格成交。在这个过程中,其实张先生和王小姐都得利了,为什么这么说呢?王小姐低于市场价买入房子,肯定是得利了的。张先生看似低价卖房了,但是他却买入了自己心仪的浦东的房子,如果他没有把自己的房子卖掉,很可能自己的 20 万元定金也泡汤了,心仪的房子也就没有了。

5.6.2 向东建议二:房东急于套现,全款买房可以狂砍价

有一些房东房子有贷款还不上,有些房东做生意失败,卖房还债。如果

房东急于出售换取现金，必须在几天之内卖房，越接近房东的卖房期限，房东就越急于出售，在此时议价，将对购房者砍价非常有利。

我自己没有买房之前，租了一套房子，租了快三年。到第四年的时候，房东通知我要卖房子，原来他儿子和别人合伙做生意，亏了100多万元，这些钱都是借的高利贷，无奈之下只好卖房，因为债主要钱比较急。最终房东只好以低于市场价30万元找到一个一次性付款的客户卖掉了。

5.6.3　向东建议三：了解房东信息的四个渠道

充分了解房子和房东的信息，将大大帮助我们在砍房价阶段省不少钱。如果是房子本身的缺陷，比如靠近马路比较吵、外墙渗水等原因，那就攻击这些缺点，让房东让价；如果是房东急于卖房置换或者急于套现，那就围绕付款时间和付款金额来让房东让价。

那么我们怎么才能了解到房东和房东的信息呢？通常会有以下四个渠道。

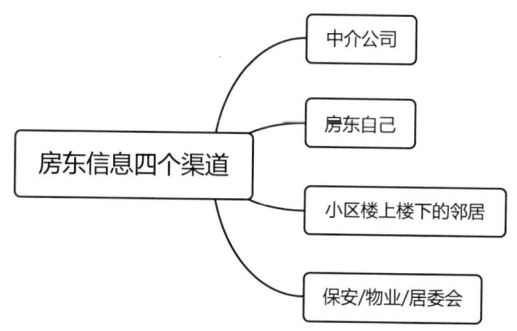

（1）中介公司。

中介公司是掌握房东第一手信息的渠道，如果你是诚意买房，一般情况下中介都会如实相告。

（2）房东自己。

在看房的时候，可以适当地当面问问房东你想了解的信息，房东真心想卖房，在看房初期沟通的时候，会把基本的信息告诉你。

（3）小区楼上楼下的邻居。

一栋楼里发生的事情，楼上楼下一般多少会了解一些情况。向小区里的左邻右舍、楼上楼下的邻居打听消息也是条不错的渠道。

（4）保安/物业/居委会。

房子或房东如果有什么缺陷或问题，例如说漏水、有没有和邻居纠纷，那这些问题物业或居委会都会有报修、调解记录。

6

签合同

零风险签订购房合同的六步流程

当已经通过前文的六个方法，让房东降低了房价之后，接下来你就要马上签订合同，让自己的购房之路走上"正轨"了。

6.1 产权调查：买房签合同前忽略了这件小事套牢20万元定金

2016年3月，年近六旬的吴阿姨看中了黄浦区的一套二手房，双方约定合同价570万元。在交完订金后，房东在未签订正式合同前，反复催促提前支付首付款的行为让吴阿姨十分困惑。

于是吴阿姨前往房产交易中心查询该房屋信息，发现该房屋早在2015年8月、9月被浦东区与黄浦区两家法院查封，抵押额达550万元；令吴阿姨感到蹊跷的是，中介在看房前后始终未提起过此事，甚至在签订居间合约时，既未提及要做产调，也未提供过产调单据。

吴阿姨决定取消交易，拿回20余万定金，但房东告知定金已被用完，且无力偿还。吴阿姨找到中介公司，中介表示这也没办法，无奈之下吴阿姨把房东告上了法庭，结果吴阿姨肯定是赢的，但是吴阿姨面对的问题很不乐观，这套房子有第一和第二债务人，并且已经被查封，想追诉这20万元的定金需一个很长的时间。

买房产要投入相当大的一笔资金，因此资金的安全性是每一个购房者必须考虑的首要因素，否则稍有不慎，购房人的利益就会受到侵害。而要想确保房产安全无误，了解房屋的产权状况，则是每一个购房人在购房前必须做的事情。

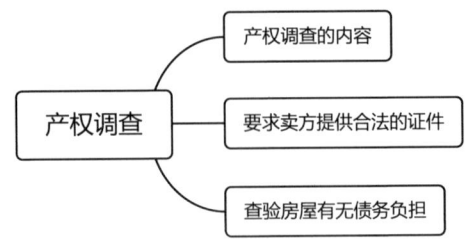

6.1.1 向东建议一：产权调查的内容

如果想避免买房可能受到的损失，就需要做产权调查，那么产权调查要做什么呢？

（1）核验房屋证记载的房屋所有权证号/不动产权证书号、权利人是否与房屋登记簿/不动产登记簿或权属档案等不动产登记资料记载的信息、系统信息一致。

（2）核实房屋是否存在查封、异议登记、抵押等限制交易信息。

（3）反馈房屋登记簿/不动产登记簿或权属档案等不动产登记资料记载的该房屋坐落、建筑面积、规划用途等基本信息。

6.1.2 向东建议二：要求卖方提供合法的证件

购买二手房，如何做产权调查呢？首先就要要求卖方提供合法的证件，包括产权证书、身份证件、资格证件以及其他证件。产权证书是指"房屋所有权证"和"土地使用权证"。身份证件是指身份证或是户口簿。资格证件是指查验交易双方当事人的主体资格。

例如，一手商品房出售要查验出售方房屋开发经营资格证书。二手房如果有代理人要查验代理委托书是否有效。共有房屋出售，需要提供其他共有人同意的证明书等。其他证件：如果购买出租房产要查验承租人放弃优先购买权的协议或证明。

6.1.3 向东建议三：查验房屋有无债务负担

房屋产权记录只登记了房主拥有主权的真实性以及原始成交情况，购房者对该房屋在经营过程中发生的债务和责任，则需查验有关的证明文件。

包括抵押贷款的合同、租约等，还要详细了解贷款额和偿还额度、利息和租金的金额，从而对该房产有更深的了解。另外，购房者还需了解的内容有所购房有无抵押、房屋是否被法院查封等。这些信息都可以从地产管理中心做产权调查获得。

最后，应提醒购房人注意的是，购买二手楼房尤其要搞清楚所购房源是否属于限售的经济适用房。因为按照有关规定，购买经济适用住房不满5年，不得直接上市交易。

没有了解购买的二手房的全面情况就急于交定金是不明智的。因为按照合同约定，在大多数情况下，定金是不退的；付了首付款，情况更麻烦，可能面对大额的资金损失。所以，除非自己对该房的情况非常了解，否则就不要急于交定金。

6.2 清查租约：买带租约的房子容易陷进去的两个"大坑"

吴先生的房子在青浦区，这套房子是动迁分的，自己住在徐汇区，房子一直出租给了一个二手房东。吴先生因为资金的需要，想把青浦区的房子卖掉。于是就委托中介挂牌出售，不到一个月，中介便带了刘小姐看他们的房子。双方一拍即合，付定金、签合同、办贷款……到最后一个环节交房的时候，房子原租户却不肯搬走。理由是他是这个房子租户，他有优先购买权，房东没有和他协商沟通就把房子卖了，而且说这套房子他装修花了不少钱。

房东吴先生称当时有问过他的，但当时确实没有签放弃优先购买权的协议。刘小姐傻眼了，自己买的房子却拿不到。

后面拖了三个多月，房东无奈之下赔了原租客 2 万元的装修补偿费用，刘小姐最终拿到房子，双方因此都有损失。

"作为购房者，买的是房子，房子里的'租约'和自己没什么关系。"这是很多人在购房时对"租约"的一个巨大误解。

"租约"是"租赁协议"的简称，也就是房子出租给了租赁人，而租赁人很有可能导致购房者在购房过程中出现两个"大坑"。

第一个坑就是"买卖不破租赁"。

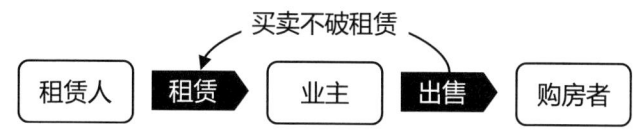

什么是买卖不破租赁呢？比如一套房产中有一个 10 年的租赁协议，根据我国法规"买卖不破租赁"，也就是说，租客仍然有权利居住在房屋中。这就意味着，哪怕你买了这套房子，房产证改成了你的名字，你也得等这份租赁协议失效或者你需要和租客协商，给他补偿多少钱，他才肯搬走。

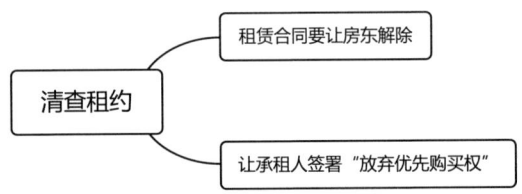

6.2.1 向东建议一：租赁合同要让房东解除

为了防止购房者被"租赁协议"坑，通常会要求房东在签署购房合同前，就将原有的租赁协议解决。

有时房东会隐瞒房子内有租客，甚至有些房东会在房屋交易过程中，还继续找租客，所以最好在房屋买卖合同中约定"房屋租赁协议由房东解决，并预留尾款"。

说完了"买卖不破租赁"的第一个坑，接下来就是第二个坑："承租人的优先购买权"。

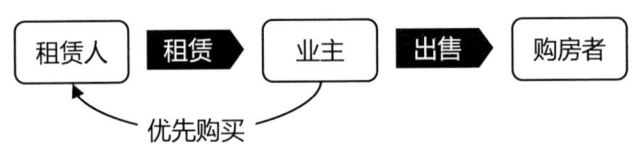

什么是"承租人的优先购买权"呢？《中华人民共和国合同法》第230条规定"出租人出卖租赁房屋时，应当在出卖之前的合理期限内通知承租人，承租人享有以同等条件优先购买的权利。"

举个例子，一套房产要以500万元出售给张三，如果这套房产的承租人李四也愿意出500万元买这套房产，那么法律规定，应该优先卖给承租人李四。如果房东不经过李四同意，就直接卖给张三，李四完全有理由控告房东，这套房产将会被冻结交易，影响房子过户。

6.2.2　向东建议二：让承租人放弃优先购买权

一个租客，竟然会影响房子的过户？这该如何规避呢？我们先来看一下优先购买权的实现需要具备的三个条件。

（1）优先购买权只能在租赁合同的存续期间有效。

（2）优先购买权仅在同等条件下有效。同等条件是指承租人与其他购买人在买卖条件上等同，包括买卖的价格、付款的期限和方式等。

（3）必须在一定期限内行使。如果出租人通知承租人将要出卖租赁的房屋，并提出了一定的期限，而承租人在合理期限内没有购买的意思表示，那么优先购买权丧失。这说明承租人并不想购买该房屋，也就没有保护的必要了。

根据以上三个条件可以发现，只要在租赁期间，让租客明确"我不买"就可以了，所以通常情况下，可以让租客签署"自愿放弃优先购买权"的声明，这样就能规避租客优先购买权导致的问题了。

《租客自愿放弃优先购买权声明》的通用样式如下：

放弃优先购买权声明

本人（身份证号码：_____）于_____年_____月_____日与出租人_____签订了《_____租赁合同》（合同编号：_____）租赁了位于_____的物业（房产）。
本人承诺：放弃同等条件下优先购买该物业的权利，对该物业业主将物业（房产）转让给其他方不持异议。
　　特此声明。

　　　　　　　　　　　　　　　　　　　　　　声明人（签字或盖章）：

　　　　　　　　　　　　　　　　　　　　　　　　　　　　　年　月　日

根据法律规定，只要承租人未做出放弃优先购买权的表示，出租人不得在这个期限内将该房屋卖给他人。如果出租人违反了该项规定，那么承租人可

以请求人民法院确认该买卖合同不能生效。

如果租客迟迟不签署《自愿放弃优先购买权声明》怎么办呢？难道这套房子就不能交易了吗？

不用担心，法律法规对于承租人的优先购买权的适用情形做了进一步限制，明确了出租人履行通知义务后，承租人在十五日内未明确表示购买的，承租人无权主张优先购买房屋。

6.3 材料准备：签买卖合同准备的资料一样都不能少

王先生是黑龙江人，2014年年底准备在上海买一套房用来做婚房，通过一家中介看房两个月，最后看中了一套闵行爱博家园的房子，价格320万元，因为房东卖掉房子后要出国，加上王先生不贷款，双方见面后谈得很顺利，当天付完定金，并约定好一周之内签合同。

一周后，双方如约来到中介签合同，约定签合同当天先付首付50%，后面分别付20%、30%两笔款。签完合同中介问王先生要户口本，说是用来审税。王先生表示户口本在老家，签好合同后让家里寄过来；合同约定，一周之内去交易中心办理审税的相关手续，因为他要出国一段时间。

签好合同之后，他打电话给家里寄户口本过来，但是家里没有找到户口本，把户口本给弄丢了，一定要他本人回去补办。

王先生心想，合同上约定好了审税时间，黑龙江那么远来回的飞机票要几千块钱不说，关键是还要向公司请假，现在正值年底，公司的业务非常忙。

无奈之下王先生只好向公司请了一周的假，临时买机票飞回老家办户口本的事情。但是户口本手续办好，当天拿不到户口本，工作人员让他留一个地址，到时做好后寄过来，最快一个星期时间。

王先生内心很崩溃，但也没有办法，只好飞回上海再和房东商量审税的时间，经过中介的协商，房东同意等他回国后再办审税的事情，但要求他提前支付第二笔房款，王先生只好比原计划提早筹集20%房款付给房东，而后等了1个月房东回来后才办后面的手续。

王先生没有准备好材料，带来了很多不必要的损失和麻烦，很多第一次购房的人对于在买房的过程中需要准备的资料不清楚，而且并不怎么在意。那么在签合同过程中，作为购房者，需要提前准备哪些材料呢？

6.3.1 签买卖合同的常规材料清单

（1）身份证（夫妻双方）。

（2）户口簿（户籍相关证明）。

（3）婚姻证明（结婚证或离婚相关证明）。

（4）社保单或税单。

（5）首付款。

如果买方已婚，那么夫妻双方都要到场，并且准备好夫妻双方的身份证、户口本和结婚证；如果买方离异目前单身那么只需一人到场，准备好身份证、户口本、离婚证和离婚协议，离婚协议如果没有保存可以去民政局调档；如果房产证上有孩子的名字，要有孩子的出生证明；如果是港澳台人士或外籍人士需带港澳台居民身份证，台湾同胞需带来往大陆通行证，外籍人士需带护照及护照的译本公证。

较为负责和专业的房产经纪人都会提醒你准备这些材料，但是如果你像开篇案例一样，某些重要材料丢失，那就需要提早去补办，以免影响房产的正常交易。

6.4 支付定金：业主少签一个字，客户多掏30万元

周小强和爱人小雨准备于2015年10月结婚，他们从4月开始看婚房，看了大概两个月的房子，最后通过中介公司的小张看中了一套房子，这套房子本身情况来说很不错，总价300多万元，符合周小强的心理预期。

当天晚上，中介小张就把房东约了过来，例行公事地检查了一下房东的房产证，发现产证上是两个人的名字，张先生解释说："另外一个是我爸，他不住这边，你放心我能做主。"

周小强看到了房产证、身份证信息都是真实有效的，也没有多想。当天就付了50000元的定金，并签好了定金协议。

双方约定20天后签买卖合同，转眼快到了签合同的时间，周小强提前一周就把首付款准备好了，高兴地等着签合同。

就在签合同的前一天，接到了中介小张打来的电话："周先生，不好意思，房东的父亲现在不同意卖，让你明天过来把定金退给你。"

周小强接完电话火冒三丈，立刻请假匆匆地来到中介公司，中介同时把房东也叫了过来，周小强当面质问房东："明明签好定金协议的，怎么说不卖了就不卖了。不卖可以，双倍赔我定金。"

房东张先生说："我爸不同意卖，不签字，我也没办法。协议上没有他签字，协议不生效，我可以把定金退给你，但不可能双倍。"

周小强考虑到如果上诉的话，胜败与否还是未知数，加之自己结婚时间这么紧，不能耽误，无奈之下只好就此作罢。

事后他们才知道，当时房价上涨很快，20天的时间这套房子又涨了将近30万元，房东以共有产权人没有签字为由拒绝出售。

周小强在付定金的时候，没有注意到这个小的细节，导致在20天的时间

里损失了 30 万元。

很多人在买房付定金的时候不注意，就会出现像周小强一样的情况，耽误了买房的时间，还要承担因房价上涨给自己带来损失。

那么在买房的过程中，付定金到底要注意什么才能规避风险呢？定金保障房产买卖双方的利益，在讨论定金的技巧前，我们先来看一下什么是定金。

在法律上有比较严格的界定，"定金"在《合同法》上是承担违约责任的形式之一，它的基本法律性质是违约定金，并具有担保合同履行的性质。"定金"的作用主要有两种。

一是当合同正常履行时，定金充作价款。比如周小强的总房价是 300 万元，那么他支付的定金 5 万元，可以在后期抵扣总价，只需再支付 295 万元即可。

二是合同不能正常履行时，定金则作为罚款。如果是给付方违约，那么给付方无权收回这笔钱。如果是收受方违约，则收受方应该双倍返还。比如周小强买的这套房子，如果周小强决定不买了，那么房东可以不归还 5 万元的定金；如果房东决定不卖了，那么不但需要归还 5 万元定金，还需要额外支付 5 万元的违约金。

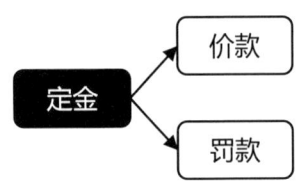

这也就是说，定金的目的是用来确保合同正常执行，它保障的是房产买卖双方的利益。

那么在支付购房定金的时候，要注意哪些方面呢？

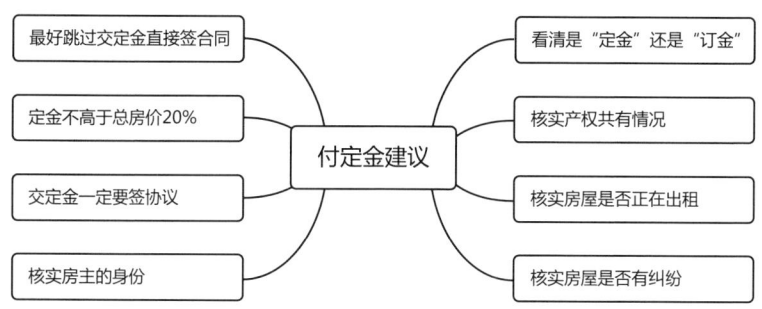

6.4.1 向东建议一：看清是"定金"还是"订金"

谈到"定金"，我们会同时想到"订金"，"订金"不是一个法律概念，实际上它具有预付款的性质，是当事人的一种支付手段，并不具备担保性质，因此并不具有定金法则的效力。

比如周小强在买卖房产时，签订的是"订金协议"，如果周小强不想再购买这套房产时，是可以要回这5万元订金的，如果房东不卖时，也需要退回5万元订金，而且不用赔偿。

总结为一句话：定金是"确定的定"，不能退；订金是"预订的订"，可以退。

为了保障自己的购房利益，在签协议的时候，要看清认购书上写的是定金还是订金，以免无法维护自身权益。

6.4.2 向东建议二：核实产权共有情况

部分二手房涉及两个或多个共有产权人，如果其中一人主张卖房，而另

一方以不知情为由拒绝出售房产,那么则买卖无效。因此,购房者在交定金前一定要检查房屋所有权是单独所有还是与他人共有。如果是跟他人共有,就要了解清楚共有产权人是否同意出售房屋,并让所有共有产权人签署《同意出售证明》。在签订二手房买卖合同的时候,所有共有人都要到场签字,否则合同无效。

6.4.3　向东建议三:核实房屋是否正在出租

如果出售的房屋处于出租的状态,那么根据规定,在房屋出售后,房屋租赁合同继续有效,同时承租人具备优先购买该套房产的权利。因此,购房者在交定金前一定要提前确认房屋租赁情况。

如果房屋正在出租中,那么购房者应当确认承租人是否已经与卖家签订买卖合同或者承租人是否已经放弃行使优先购买权,并要求其签署《放弃行使优先购买权声明》的相关协议。

6.4.4　向东建议四:核实房屋是否有纠纷

在交定金前,购房者应该了解清楚房屋有无其他债权、债务纠纷,以及是否处于抵押状态,否则交完钱房子被法院查封会落得房财两空。

购房者可以让中介去房产交易中心做产调,来确认房屋是否有纠纷。

6.4.5　向东建议五:核实房主的身份

我们经常会看到假房主骗卖或者一房多卖的新闻报道,这些情况往往是购房者付了定金和首付款,正准备过户时才发现自己上当了,去找人却又无法找到当初与自己签约的那个人了。因此,购房者在交定金之前一定要让卖家出具房产证,看看房产证上的名字和卖家的身份证是否一致,以此来确认卖家到底是不是真正的"房主"。

6.4.6　向东建议六：交定金一定要签协议

购房者在交定金时一定要和卖家签署定金协议或购房协议书，不能只在口头上承诺。因为如果没有协议，那么定金就没有法律效力。不管是买二手房，还是买一手房，签协议都十分重要！

6.4.7　向东建议七：定金不高于总房价的20%

按照相关法律的规定，购房认购书中规定的购房定金的比例不应超过购房款的20%。比如，购房者要买的商品房的价格是100万元，那么认购书中规定的购房定金就不能超过20万元。

6.4.8　向东建议八：最好跳过交定金直接签订商品房买卖合同

在购房的过程中不要轻易交定金。因为在签订商品房买卖合同之前，交定金并不是必须要做的。其实如果买卖双方经协商一致，那么可以直接签订商品房买卖合同。买卖合同和定金合同的违约责任不一样，买卖合同的违约成本更高，是按合同总价的20%，这样房东不会轻易违约。

6.5 约定时间：如何约定合同中最关键的五个时间点

王丽丽想置换买房，把自己原来的房子卖掉了，到手400万元，买家付了200万元的首付款，尾款200万元通过贷款获得，预计贷款需要两个月左右。王丽丽经过了一个月左右的对比，看中了一套中意的房子，总价是600万元，她原先房子卖了400万元，加上有100万元的存款，觉得这次置换真的太顺利了，立即付了首付款300万元，然后贷款100万元，约定两个月后，用自己卖房收到的200万元支付尾款。

原本觉得非常顺利的她，被现实打了一记响亮的耳光。两个月的时间过去了，王丽丽房子的买家因为贷款的原因，支付时间足足比原约定的时间晚了30天，王丽丽面对这样的问题只好和房东商量，也需要晚30天交房，而按照合同，需要按照未付款额即200万元每日万分之三，也就是600元的利息补偿给房东；但是她自己的卖房合同里却没有这个条款，也就是说，她原来房子的买家，200万元晚支付了30天，没有1分钱的违约金，而自己在买新房的时候，却要支付每天600元的违约金，共支付了30天，合计18000元。

在这个案例中，有两点值得我们深思：

（1）如果在合同中都明确了违约金，那么王丽丽就不会出现这么大的损失了。

（2）如果在新的购房合同中，不是约定两个月，而是约定3个月，那么王丽丽也不会这么被动。

关于违约金，这个只需要在合同制定时说明即可，而购房合同中的时间约定着实是一门学问，本章节就围绕合同中的时间约定来展开。

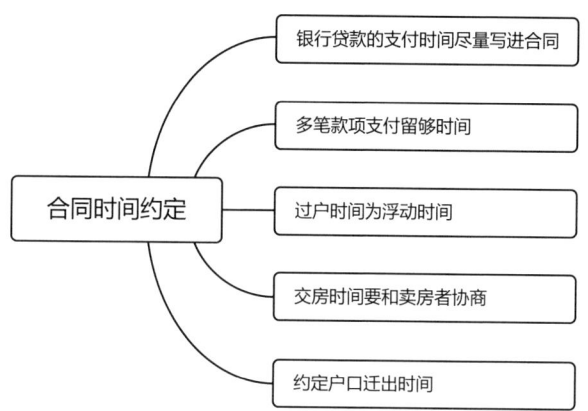

6.5.1 向东建议一：银行贷款的支付时间尽量写进合同

在房屋买卖合同中，有多个关键的时间约定，首先就是付款时间。

付款时间是指购买者将购房款交给卖房者的时间，比如本节开篇案例中，王丽丽一共有三次付款，一次是首付款 300 万元，一次是贷款 100 万元，一次是 200 万元尾款。

通常在签订合同时，首付款已经支付完毕，所以首付款的付款时间不是重点；而贷款的付款时间是由银行通过贷款审批后，直接付款给卖房者的，对于购房者来说没有任何的可控性，主动权全部在银行。

对于卖房者来说，一定希望尽快拿到这笔钱，所以期望将这笔钱的收款时间写入合同，但是由于完全没有可控性，所以对购房者来说，千万不能写进合同里，万一出现银行审批问题，将会直接导致违约。

如何能让卖房者不把这条写进合同里呢？首先，就要和中介商量好，如果卖房者不提，那么银行贷款时间就直接不要提起，大部分的卖房者是不会深究的;如果卖房者一旦提及,那作为购房者的你大可以说:"这个是银行直接放款给你的,又不是放款给我,我中间做不了任何操作,这个是银行的事情,万一它早打给你呢?所以不用写,你还不相信银行吗?"然后让中介在旁边强调一下银行的放款速度,那么卖房者基本就不会在意了。

6.5.2 向东建议二:多笔款项支付,必须要预留足够时间

在前面的案例中,王丽丽的 200 万元尾款,是自己已售房的房款,需要等买家将 200 万元打给她之后,她才能支付给卖房者,也不具有可控性。像这样不可控的情况经常会发生,比如这笔钱需要去借,或者是一些应收账款等。

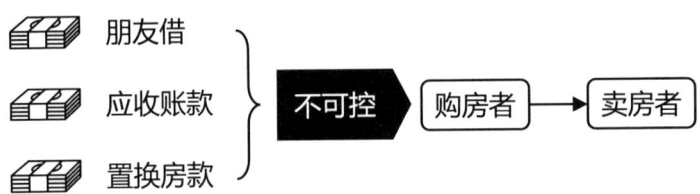

在约定这笔款项的支付时间时,一定要给自己预留充裕的空间,至少在一个月左右,这样可以尽可能地规避自己不能按时拿到这笔钱的风险。

6.5.3 向东建议三:过户时间为浮动时间

购房者会为了让自己的风险降低,所以每笔房款的支付时间都会留有一定的空间,但是这样会影响过户时间,比如 1 月签订了合同,约定 5 月支付所有房款,但是实际上 4 月钱就付清了,那岂不是要白等 1 个月再去过户?这时,在合同中可以这样规定:"待所有房款支付完毕后,过户时间另行商定,最晚不超过某年某月某日"。这样对于购房者来说,可以不浪费任何时间,尽早地完成过户。

6.5.4　向东建议四：交房时间根据需要与卖房者协商

二手房交房的时间一般的情况下是款清交房，即卖房者拿到所有的房款后，再将房屋交接给客户。

大部分人都认为提早拿房好，因为时间就是金钱，提早拿房，你就可以提早装修、提早入住，大大节省了时间和金钱。

怎么让卖房者提前把房子给你呢？你可以这样和卖房者说："我们赶着要做婚房，所以要装修，在银行放款这段时间里，房子空着也是空着，让我们先装修起来，可以吗？"

但是交房的时间并非是越早越好，因为房屋转移意味着责任同时转移，万一你支付首付款之后，出现了问题，不能如约支付，那么你就有可能想把首付款要回来，把这次交易合同作废。此时如果你已经开始装修了，甚至已经住进去了，那么这次交易合同作废的难度就非常大了。

6.5.5　向东建议五：约定户口迁出时间

在合同中，通常会被忽略的一点就是户口的迁出时间。如果不在合同中约定，那么卖房者很可能在拿到房款之后不马上迁出户口。

所以在合同中需要约定户口的迁出时间，通常都会约定在交房之前或者过户之前。

6.6 预留尾款：小尾款能解决四个大麻烦

周先生家住在昆山，一个月前通过朋友介绍买了一套二手房，因为房子是毛坯房，而且是朋友介绍的，所以当时签合同的时候并没有留尾款。

房屋相关的交易程序走完后，周先生拿到房子找来设计公司，对房屋内进行了全新设计，装修时需要小区物业公司签字盖章，这时却被告知，需要补交前业主张某欠下的10000多元物业费，否则，物业公司就不签字盖章。

周先生联系前业主张小姐，张小姐避而不见。原因是之前由于不满小区物业公司的服务，并以此为由一直拖欠物业费。物业公司考虑到物业费并非周先生拖欠，故减免2000元。但周先生仍然认为，前业主在买卖房屋的过程中并没有告知拖欠物业费，并且购房前的房屋不属于自己，自己并没有享受到物业管理。周先生和物业公司多次协商，仍未达成一致。

周先生很后悔，当时要是留一点尾款就不会那么被动，为了这一点钱打官司感觉太浪费时间和精力，但自己承担这些钱心里又很难接受。

这是不留尾款带给购房者的麻烦。为什么要预留尾款呢？尾款是用于对卖方进行限制的作用，如果在二手房交易的时候发生了卖方没有把户口迁出、没有缴纳清楚水电煤气费用、物业费、宽带费或墙体干裂等情况，那么尾款都可以起到保障买方合法权益的作用。

一般来说尾款数额在5万元左右，虽然数额不大，但是作用却不小。

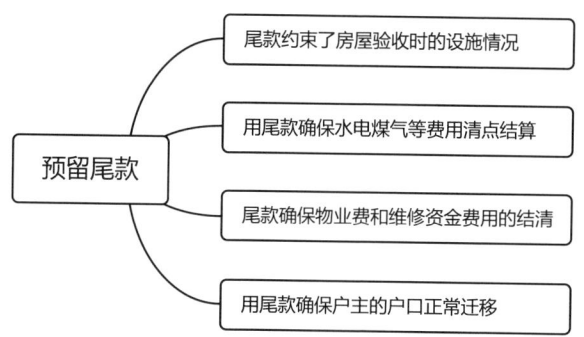

6.6.1 向东建议一：尾款约束了房屋验收时的设施情况

如果房东答应了要把空调、电视和家具送给购房者，但是最后反悔了怎么办？如果在验收房屋时，房子出现了墙面漏水、下水道堵塞怎么办呢？像这种对于房屋设施情况，需要在合同中写明，并通过尾款来进行约束，如果房东没有按约履行，那么可以从尾款中扣除。

6.6.2 向东建议二：用尾款确保水电煤气等费用清点结算

如果原房东有半年的水电煤气费没有交，那该怎么办呢？难道要让购房者自己承担吗？而且这些欠费会产生滞纳金，通常都会按照日千分之三计算，累积起来就相当高了。

这时候可以在合同中约定水费、电费、燃气费、有线电视费、宽带费等费用的清点和结算问题，如果有未结清的费用，那么可以直接从尾款中扣除。

6.6.3 向东建议三：尾款确保物业费和维修资金费用的结清

物业费通常都是一年一缴，所以经常会出现房东未缴纳物业费就将房屋出售的情况，而且在我十几年的从业经验中，经常会碰到有购房者，刚把房子

拿到手，就要交好几千元的维修费用。

如果在合同中明确了物业费和维修资金费用由原业主承担，那么未缴纳的部分就可以直接从尾款中扣除。

6.6.4 向东建议四：用尾款确保户主的户口正常迁移

"你放心吧，户口我会迁出的。"原业主会在卖房时拍着胸脯说。可是等到房屋交易完，如果他户口不迁出，那你的户口就不能迁入，这时候你能拿他怎么办呢？求他快点去办理户口迁出？他用一句话："最近好忙，没空！"就可以让你郁闷很久。

如果有尾款约定，那就好办了。发生没有及时迁出户口的问题，那就不付尾款，原业主为了获得尾款，也会尽快去办理户口迁出的。

6.7 典型案例：付了定金，房东反悔怎么办？

王先生、冯小姐是夫妻关系，早年王先生的妈妈出资，购买了一套位于普陀区白玉路上的房子，2009年6月他们想把房子卖掉买一套大一点的，所以就把房屋委托一家中介公司出售。

2009年7月初经过中介公司的介绍，王先生与郭先生签订了一份居间协议，并且收取了郭先生5万元定金，当天妻子冯小姐加班，他妈妈去旅游了，只有王先生一人在定金协议上签字，收定金的时候收据也是王先生一人签字，协议约定30天内双方签订正式房屋买卖合同。

双方约定的时间30天还没到，由于房价快速上涨，不到一个月的时间，同一套房子涨了差不多15万元，所以王先生就萌生了毁约的念头，所以在30天尚未到期的时候，让中介通知郭先生由于自己的妈妈和妻子不愿意出售房屋，居间协议有两个产权人未签字所以是无效的，只愿意返还5万元定金，但是不愿意双倍返还。

郭先生当然不同意，心想自己定金已经付了，等了那么长的时间，房价也上涨了十几万，自己的损失太大了，盛怒之下说一定把对方告上法院。但最后在中介的协调之下，王先生多赔付2万元给郭先生，郭先生想着打几个月的官司，怕房价又上涨，毕竟买房子是大事，只好无奈地接受。

像上述案例的情况，在前几年房地产行情快速上涨的时候，违约的情况屡见不鲜。

我们来看一下，卖房者一般会在什么情况下违约？

首先大部分卖房者违约的动机是利益驱动，房价上涨过快，房子卖的价格太低想卖更高的价格。

其次确实是因为家里各种原因，比如家庭成员意见不统一，暂时不卖了。

我们都知道，在房价上涨的时候，卖方违约，对于买方来说是很不公平的。违约后，有的卖方会赔一些定金，有的一点违约金不赔就把定金退给你。最大的损失并不是违约金，而是买房时机的错失，在房价快速上涨的时候，一个月意味着要损失几十万元。

那么如何在买二手房时避免卖方违约呢？

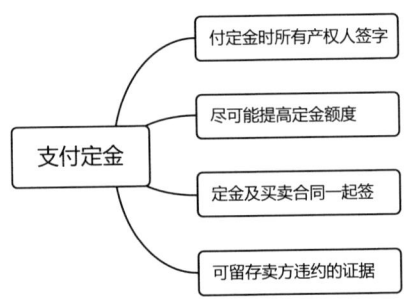

6.7.1 向东建议一：付定金的时候，让所有的产权人签字

房产证上有多人名字的，签订协议的时候，一定要让所有的产权人在场签字。但在实际中经常出现部分产权人不能及时到场的情况，那该怎么办呢？

例如，上述案例中房屋产权涉及三个人的名字，只有一个人到场，这时候可以让产权人签订一个承诺书：若因为其他产权人不同意卖而导致的责任自行承担。还可以通过电话录音、视频对话、微信或短信让未到的产权人确认，只要有证据证明签约人有产权人的授权同意的都可以。这样的话，一旦发生房东违约，收集的这些证据可以证明所签订的协议是产权人本人的真实意图，受法律保护。

6.7.2 向东建议二：尽可能提高定金额度

卖方之所以违约，是因为违约后得到的利益大于之前的利益。这个时候买方可以在付定金的时候尽量多付一点，因为卖方若违约需双倍返还定金，因此定金越多，卖方违约的成本也就越高。需要特别指出的是，根据法律规定，定金比例不超过总房价的20%。

比如一套500万元的房子，定金可以给50万元，假如一个月内，房子涨了30万元，卖方也不会违约了，因为如果他要违约，那就必须赔偿50万元，超过了房子的涨幅。

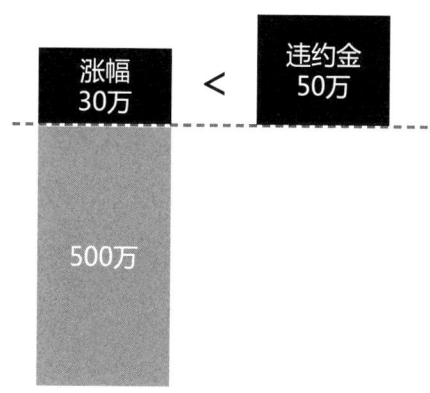

6.7.3 向东建议三：定金合同和买卖合可以同时一起签

现在大部分中介公司的操作流程是先收定金，再签订金协议，但实际上这一步是可以跳过的，或者和买卖合同同时签订。在付定金的时候，直接签正式的房屋买卖合同，而不只是定金合同。如果只是定金合同，则只能适用定金罚则，一旦违约，由卖方双倍返还定金。如果签订的是房屋买卖合同，一旦卖方违约，那么购房者可以要求继续履行合同要房子。

如果购房者也不想继续履行合同的话，那么可以要求解除合同并赔偿相关损失，一般房屋买卖合同的违约金会约定为房款总额的20%，而且如果房价上涨超过20%，主张违约金仍不能弥补买方的实际损失，那么可以要求法院调高违约金以弥补实际损失，或者直接主张实际损失。

比如说你买的房子价格是200万元，如果你只付了5万元定金，房价涨了50万元，那么卖方违约最多把5万元退给你再赔偿你5万元；但如果直接签了买卖合同，卖方若违约至少要赔偿总房价的 20%，那就是 40 万元，同时你还可以主张超过 20% 部分的损失。

6.7.4 向东建议四：注意留存卖方违约的证据

在二手房交易中，你要事先做好留存和中介的往来信息、微信记录、在面谈时录音或视频，特别是在约定的时间，如果卖方再三推脱，更要引起你的注意，把证据保存好，以保证自己的合法利益。如果购房者没有证据证明卖方违约，有的卖方甚至可反咬买方一口，主张买方违约要求解除合同都是有可能的。

6.8 典型案例：二手房买卖签"阴阳合同"，你知道背后的风险吗？

方小姐打算在松江区购买一套两居室，在房地产中介的帮助下，她看中了刘先生出售的房子。

刘先生在两年前花了 140 万元买了这套房子，可是买房后不久就跳槽到了浦东区一家外企，所以房子一直空着，没有装修入住，现在他打算将松江区的房子卖掉，买到浦东区去。

双方经过协商约定房款总价为 260 万元，唯一的问题是，刘先生的房子买来还不满两年，按照国家规定，未满两年的普通住房需要缴纳房款差额的 5.5% 增值税另加上个人所得税。

而房东刘先生明确表示 260 万元是他要求的到手价，所有税费由买家方小姐承担；方小姐心想税费理应由刘先生自己承担，且这税费要十几万元，加上自己还要支付契税、中介费等税收，差不多要 20 万元。

方小姐对此有些不情愿，中介公司为了促成这笔交易，提出双方可以签订一份阴阳合同，交易过户的合同价格写 160 万元，卖方实际到手的价格为 260 万元，这样可以省掉绝大部分增值税，既能满足刘先生的要求，同时方小姐也可以省税，双方想了想表示同意。

方小姐自己对阴阳合同的情况也有所了解，所谓"阴阳合同"就是买卖双方就所交易的房屋签两份合同，一份是用于房产交易所用，会做低房价，另一份则是实际交易的价格约定。

用作低房价的合同送到有关部门备案，可以省下很多税费。她自己有一位朋友也用这种方式买过一套房，并没有什么风险。

于是在中介公司的协助下，双方又签订了一份总价款为 160 万元的该房屋的买卖合同，并以此合同登记备案。

方小姐没想到为了避税才签的阴阳合同，最终却让自己进退两难。因为在双方签订合同后的两个月内，自己所购买的房屋价格上升，同样的房子差不多涨了20万元左右，可以卖到280万元。

方小姐对自己当时的决定很欣慰，可没想到刘先生看到房价涨了好几十万，心里很不平衡，觉得自己卖亏了，所以就要求方小姐以260万元实际价格过户，不然以阴阳合同无效为由拒绝履行合同。

方小姐很生气和纠结，如果以260万元过户，那意味着自己又要多支付42800元的税费；可是如果拒绝对方的要求，双方诉诸法律，担心结果可能是法院判决合同无效。方小姐陷入了两难的困境。

在全国的二手房交易中，阴阳合同属于公开的秘密。因为房价飞涨，卖方强势，房屋过户所有的税费，包括卖方的个人所得税都要由买方承担。而中介机构为了促成交易，获取报酬，往往主动帮助买卖双方签订阴阳合同。

6.8.1　向东观点：阴阳合同就是一真一假的两份合同

阴阳合同，顾名思义指合同当事人就同一事项签订两份内容不相同的合同，一阴一阳，"阴"合同约定房屋买卖的实际成交价格，"阳"合同约定的房屋成交价远远低于实际成交价格，以"阳"合同到有关部门办理备案，并以该合同约定的价格为基础向国家缴纳税费，达到逃税目的。

虽然这种阴阳交易可以减少或逃避应缴纳的税费，但是可能存在着法律风险，因为阴阳合同是对同一履行事项约定不同履行内容，签订阴阳合同的行为就不可避免给合同双方当事人带来重大风险。

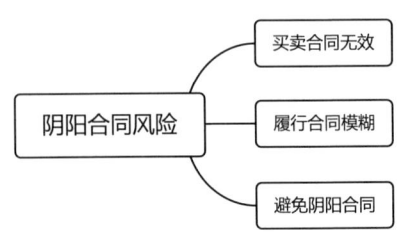

6.8.2 阴阳合同风险一：买卖合同无效

根据《合同法》第七条规定："当事人订立、履行合同，应当遵守法律、行政法规，尊重社会公德，不得扰乱社会经济秩序，损害社会公共利益。"第五十二条规定：有下列情形之一的，合同无效。

（一）一方以欺诈、胁迫的手段订立合同，损害国家利益。

（二）恶意串通，损害国家、集体或者第三人利益。

（三）以合法形式掩盖非法目的。

（四）损害社会公共利益。

（五）违反法律、行政法规的强制性规定。

本案例中的阴阳合同属于"恶意串通，损害国家、集体或者第三人利益"的合同。从这些规定来看，以逃税为目的的阴阳合同，显然是无效的。

而买卖双方，任何一方都可能因为突发事件，而用"无效合同"来主张此次买卖无效。比如当房价上涨时，卖方会觉得自己卖亏了，而拒绝履行合同；还有一些情况，比如买方因筹不到资金而无法支付房款时，也可以依据法律判定合同无效，而索要回所有已支付的定金和房款。

6.8.3 阴阳合同风险二：履行合同模糊

阴阳合同因其履行内容不同，会产生对合同当事人利益的不同影响，从而引发合同双方对于应当履行哪个合同的争议。

例如，一套200万元的房产交易，分别签订了房价款为150万元和200万元的阴阳合同，履行阴合同（200万元的合同）对卖方有利，而履行阳合同（150万元的合同）对买方有利。

如果买卖双方在签订合同时没有做出任何书面说明，那么极易引起卖方主张履行200万元价格的合同，而买方主张履行150万元价格的合同的争议。因为这中间50万元的房价款对于卖方来说没有法律保障。

一旦双方协商不成,合同必然面临无法履行、一方当事人承担违约责任的风险。

6.8.4 阴阳合同风险三:避免阴阳合同

购房者最好进行正常交易,以防产生此类纠纷。在房屋买卖过程中,出卖人和买受人都要严格按照法律规定进行。双方都要遵守国家法律相关税务规定,这不仅会保障国家的税收,还能维护自己的合法权益免受不法侵害。对于出卖的房屋最好经有关部门评估作价,这样不仅可以依据房屋评估价格依法纳税,还能有效避免发生纠纷。

切不可贪小便宜吃大亏。签订阴阳合同虽然让购房者得到了眼前利益,但是暗藏风险。如果出售者中途有变,那么购房者就不能通过法律手段保护自己的合法权益。

6.9 典型案例：房产证能不能上孩子的名字？

王叔叔2012年买了一套房子，一家三口包括儿子的名字一起写在房产证上，2018年儿子到结婚的年龄，于是准备再买一套房子给孩子结婚，后来他们去中介看房子，经过一个多月辛苦看房看下来，他们准备付定金的时候，和中介仔细一聊，把自己的情况和中介一说，却被告知像他儿子这种情况，按照国家政策，现在再买房属于第二套房子，不但首付比例要提高，而且贷款的利息也要提高，同时税费也是按照第二套来交。

这个消息打乱了他们所有的计划，王叔叔遇到这个情况不知道怎么办？王叔叔很后悔不应该加儿子的名字。

父母将所购房屋无偿登记在未成年子女名下，这样做有以下三个好处。

（1）房屋已是子女的，将来不用过户，可以省去契税、营业税、个人所得税、登记费等。

（2）子女结婚后，房屋为其婚前个人财产。

（3）等父母百年之后，可以省掉遗产税费。

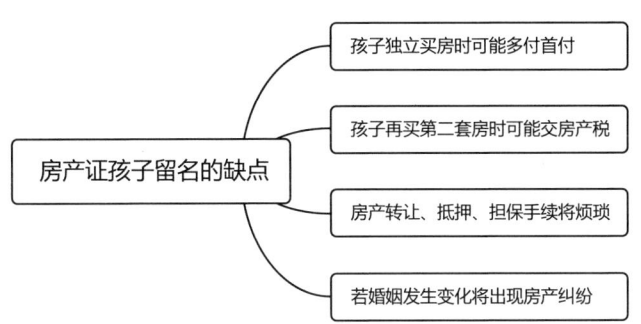

6.9.1 房产证上有孩子名字缺点一：孩子独立买房时可能多付首付

如果孩子在限购政策出台前（2010年1月31日）、在未成年时和父母共有房产不超过2套，那么根据政策，成年后可独立购买1套住房。虽然有些银行规定，这套房贷款利率可以享受首套房优惠，但首付比例却要按照二套房的标准，也就是支付七成。

如果孩子和父母没有共有房产，即父母房产证上没有孩子的名字，那么孩子成年后购买首套房时，可享受较低的首付且有首套房优惠房贷利率。

6.9.2 房产证上有孩子名字缺点二：孩子买第二套房时可能交房产税

根据上海的政策，购买首套房可以不用交房产税，而在第二套房开始，超过人均60平方米的部分，将每年需要缴纳房产税。

如果孩子在未成年时和父母共有1套房产面积90平方米的房产，如果房产份额事先不做约定的话，默认每人三分之一份额，即孩子名下已经有30平方米房产。

成年后孩子以自己名义购买首套房，面积为100平方米，那么按照政策，这套房不计征房产税。可是等孩子婚后想购买家庭第二套房时，假设建筑面积是120平方米，则孩子名下的房产总建筑面积达250平方米。

假设扣除家庭一家三口180平方米的免税面积，那么还有70平方米需要征收房产税（试行房产税地区），如果孩子在未成年时和父母没有共有房产，那么则可以再减少30平方米的面积。

6.9.3 房产证上有孩子名字缺点三：房产转让、抵押、担保手续将烦琐

如果在房产证上有子女的名字，那么将来如果要将房子转让、抵押、担

保等会遇到烦琐的手续。因为民法规定："监护人应当履行监护职责，保护被监护人的人身、财产及其他合法权益，除为被监护人的利益外，不得处理被监护人的财产。"也就是说，房产证上如果有未成年子女名字，只有在保护子女利益的事宜时，才能处置孩子名下的财产，比如治病、出国留学。此外，还得将出售房地产所得款项全部用于抚养未成年人。如果日后孩子提出了异议，认为父母侵犯了其合法权益，父母还要承担赔偿责任。

6.9.4 房产证上有孩子名字缺点四：若婚姻发生变化将出现房产纠纷

假设夫妻离婚，房产不好分割，有孩子名字的房产，即便离婚父母原则上也不能分割孩子的财产，即便法院将房子判给一方和孩子，未来该方想出售房产，由于房屋有孩子的产权，按目前上海交易中心规定，出售未成年人房产，必须经过父母双方共同同意并共同前往交易中心办理手续。

根据我国目前法律的规定，父母为未成年子女购房后，该房屋便成为其个人财产，父母无权擅自处分。即便是为了未成年人的利益而出售或抵押房产，父母也须提供合法证据。否则，日后一旦孩子提出异议，认为父母侵犯其合法权益，不但可以要求父母承担赔偿责任，而且房产中介公司也要承担连带责任。

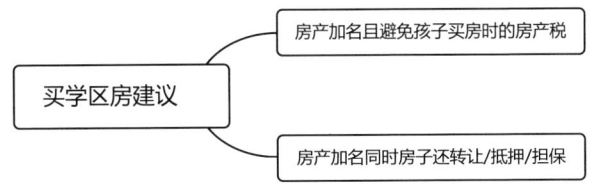

6.9.5 向东建议一：既能房产加名，又能避免孩子买房时有房产税的方法

看到这里你可能会问，如果我既想把孩子的名字加上去，同时又不希望孩子独立买房的时候有房产税，怎么办？可以直接到房产交易中心做房产份额

变更，减少子女名下的房产份额，最少可变更为1%。这样，即使子女成年后以自己名义所购房产超标，需要征收房产税时，至少和父母共有的房产部分，计税量将极其有限。

虽然规避了孩子将来买房的房产税，但是这样并不能规避孩子自己独立买房时要多付首付的问题，也就是说，哪怕孩子的份额只有1%，还是属于有住房的，将来独立购买房产时，可能会多付首付。

6.9.6 向东建议二：既能房产加名，又不影响房子转让、抵押、担保的方法

如何既能够把孩子的名字加在房产证上，又不影响房产的转让、抵押、担保，并且若婚姻发生变化时，不产生房产纠纷呢？可以对孩子的所占份额做公证，约定子女未成年时和父母共有的房产，在父母生前，权益属于父母所有。

7

做贷款
最优化贷款的六个要素

如果你需要通过贷款来购买这套房屋，那应该贷款多少钱？贷款多久？怎么还贷才能最合理呢？

7.1 资格审查：首次买房你能不能贷款，最多可以贷多少？

吴小姐和老公都是湖南人，夫妻双方在上海工作了 6 年的时间，社保满 5 年，两年前她们在老家娄底买过一套房子，当时贷款了 50 万元，目前还在月供；现在她们想把老家的房子卖掉，在上海买一套房子，不知道还能不能贷款？能贷多少？

现在以上海为例，说一下上海买房贷款的基本政策。

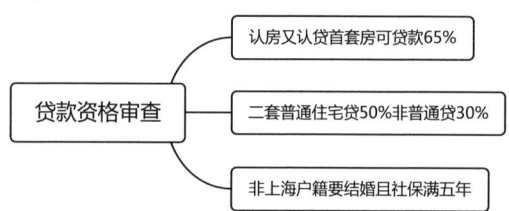

7.1.1 向东建议一：认房又认贷，首套房可贷款 65%

以家庭为单位，在上海无住房，且在全国范围内无房贷贷款记录，申请贷款，按照首套政策执行，最高可贷款房屋总价的 65%。

这句话中有三个重要关键词，一个是"家庭"，一个是"无住房"，一个是"无房贷贷款记录"。

什么叫以家庭为单位呢？如果夫妻双方任何一方有房，那就不能算在上海无住房了。

什么叫无住房呢？也就是任何住宅的房产证或不动产权登记证上都没有家庭人员的名字。

什么叫"无房贷贷款记录"呢？比如曾经买过一套房，并且向银行通过房贷的方式贷款了 100 万元，哪怕现在这套房子已经出售，并且房贷也已经还清了，现在再购房都不能算是首套房，这也就是俗称的"认房又认贷"。

7.1.2 向东建议二：二套房，普通住宅可贷50%，非普通住宅可贷30%

无论上海户籍居民家庭还是外地户籍家庭，只要名下在上海有一套住房或者在全国范围内有过一次及以上房贷的贷款记录，再次申请贷款购买房屋，都属于二套房，如果购买的是普通住宅，则可贷房屋总价的50%，非普通住宅，则可贷房屋总价的30%，并且贷款利率需要在基准利率的基础上最低上浮10%。

比如2019年6月1日的基准利率是4.9%，那么购买二套房的贷款利率将会最低上浮10%，也就是5.39%。

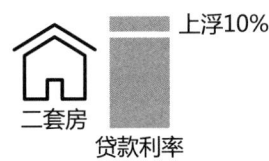

那么什么是普通住宅呢？普通住宅的标准是：
（1）房屋面积小于140平方米；
（2）成交价格低于同级别土地交易平均价的1.44倍；
（3）内环以内房屋总价低于450万元，内环与外环之间，房屋总价低于310万元，外环以外低于230万元。

需要注意的是，这三个条件必须同时满足才能算是普通住宅，如果有任何一点不满足，都会被认定为非普通住宅。

7.1.3 向东建议三：非上海户籍必须要结婚，并且社保满五年

非上海户籍，必须要结婚，并且社保满五年，才能有购房资格，才可以向银行申请贷款，而且非上海户籍人士是不可以认购二套房的。

7.2 定主贷人：主贷人没选对，多借10万元的3分高利息

王先生和妻子结婚3年，双方从恋爱到结婚，在上海这个城市已经快6年了，现在有一个两岁多的小孩，准备上学，为了以后小孩读书，他们商量准备在租住的小区附近买一套房子。

这个小区不远有个好学校，经过两个月的看房，看中了一套2居室，装修不到5年，保养得也不错，总价220万元。

他们手中的现金有70万元，向双方家里各自借了5万元，总共80万元。他们计划付首付77万元，贷款143万元，剩下的钱用来交税再添置点简单的家具。

在中介的协助配合之下，付好定金，签好买卖合同，并于签买卖合同当天，去银行把贷款合同也签了，等一个月左右，银行贷款审批通过，就可以过户拿房。小两口心情很激动，想想终于可以在上海有一套自己的房子。

一个月过去了，中介公司打电话通知张先生过户，并说让他多准备11万元，因为银行审批贷款少审批11万元。

张先生一听很惊讶："为什么银行少贷了11万元？"

中介回答："银行说，你工作的原因，收入流水不稳定。"

张先生说："但我爱人的工作收入比较稳定呀。"

中介回答："当时签贷款合同时，主贷人写的是你的名字。"

张先生很愤怒地反问："为什么你们当时没告诉我？"

……

原来在签贷款合同的时候，中介也没有提醒他这一点，张先生以为主贷人是谁都可以，当时没有想那么多，就以自己做主贷。

张先生是做销售工作的，销售类的工作收入不是很稳定，而且平时有些

奖金都是发现金的,没有发在工资卡里,不能显示出来。

张先生心里很着急,本来一切就计划好了,首付款已经向双方家里各借了5万元,现在还要借11万元,可谓是雪上加霜。

张先生进退两难,现在这家银行贷款已经审批通过,如重新找银行,还能不能贷足也是一个未知数,就算能贷足,重新退掉再找银行花的时间又要等一个多月,合同上签的过户时间眼看就要到了。

此时,他除了借钱没有其的办法,只好四处托人通过朋友,以年15000元的利息又借了11万元,最终才顺利过户拿到房子。

贷款的时候谁做主贷人,看似是一个很小的问题,往往容易被忽略,选择不好,可能就会出现像上述案例中张先生这样的境遇。

那在贷款的时候,如何选择主贷人更合适?可以保证贷足你想贷的额度?

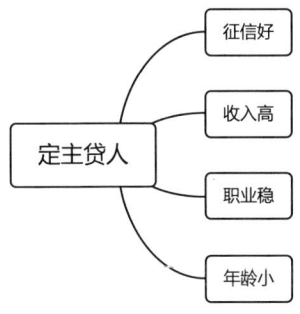

7.2.1 向东建议一:选择征信好的一方为主贷人

如果夫妻二人贷款买房,银行在查询征信的时候主要查的是主贷人,如果主贷人征信出现问题,那么贷款申请银行可能压根儿不会受理,或者即使受理了,贷款额度及贷款期限也会受到影响。

当然次贷人的征信,也会或多或少有影响,但影响力没有主贷人大。所以,为了能够顺利取得银行的征信评估,日常生活中,一定要保持良好的征信记录,以免关键时刻受到影响。而且应选用征信良好的一方作为主贷人,便于顺利通过银行的贷款审批。

7.2.2 向东建议二：选择收入较高且稳定者做主贷人

现在不少银行在审批住房贷款的时候，都要求每个月的还贷额不能超过贷款人月收入的一半。

通常情况下，夫妻双方购房会选择家里收入高且稳定的一方作为主贷人，这样还贷人的还贷能力更强一些，且不容易出现资金断链的风险，而次贷人更多的是作为补充。

7.2.3 向东建议三：选择稳定职业背景的一方做主贷人

公务员、律师、教师、500强企业的高管等这样稳定职业的人，都是银行认可的优质客户，在向银行申请贷款的时候，这样的人做主贷，审批额度会更高一些。

7.2.4 向东建议四：选择年龄小的一方作为主贷人可延长贷款期限

如果夫妻双方在收入、征信、职业都相差无几的情况下，那么主贷人应选择更年轻的一方，便于能贷更长年限。银行对贷款人的年龄是有规定的，大多数银行规定个人贷款的年龄限制是18周岁以上，65周岁以下。一般超过65岁的男士和超过60岁的女士，很难获得银行贷款。所以主贷款人越年轻，能获得的贷款年限就越长。

7.2.5 向东建议五：不同的地区买房贷款会有不同的政策

对于部分城市来说，非本地居民如无法提供当地纳税或缴纳社保固定年限证明，会在首付比例利率水平上有很大的差别，建议购房前要提前了解清楚本地的实际要求。

7.3 贷款选择：上海二手房公积金和商业贷款的流程

伍辉和妻子是我刚来上海时认识的朋友，他们通过几年打拼，手中积累了一定的资金，计划买房子，结束租房的生活。他们预备70万元的首付，准备买一套200万元的一居室，剩下的全部用来贷款，第一次贷款的他们完全不知道该怎么做，于是向我咨询，贷款有哪几种类型？贷款的流程是什么？

对于第一次购房的人来说，贷款是非常陌生的，本章节就围绕贷款进行展开。我们常见的贷款有商业贷款、公积金贷款和组合贷款三种方式。

公积金贷款　　商业贷款　　组合贷款

7.3.1 商业贷款全解析

商业贷款是向银行进行房屋抵押贷款的简称，我们将从商业贷款的利率、买卖双方办理所需材料和贷款的完整流程来进行解析。

（1）商业贷款利率（更新至2019年1月1日）。

贷款期限	年利率
1年以内	4.35%
1～5年（含）	4.75%
5年以上	4.9%

注：以上利率为基准利率，具体贷款利率各银行各有不同。

通过上表发现，贷款期限越短，利率就越少，但通常贷款都会超过五年，所以贷款利率都是4.9%。

（2）商业贷款买方所需材料。

①借款人与配偶的身份证、户口簿、婚姻关系证明。

②收入证明及银行流水。

③若为外地户口需提供近63个月内正常缴满60个月的社保或税单。

④首付款收据及转账凭证。

⑤主贷人的还款卡。

⑥《上海市房地产买卖合同》。

（3）商业贷款卖方所需材料。

①产权人及配偶的身份证、户口簿、婚姻关系证明。

②不动产证。

③收款银行卡。

④若有同住人，需开同住人同意出售声明。

⑤若是售后公房，需提供售后公房表。

注：以上双方产证上若有未成年子女名字，需提供未成年子女出生证明。

（4）商业贷款的完整流程。

①贷款申请：客户填写申请表并提交商业银行规定的申请材料。

②调查及面谈：商业银行与借款人面谈，进行贷前调查等。

③贷款审批：商业银行进行贷款审批。

④签订合同：客户的贷款审批通过后，签订贷款合同。

⑤贷款发放：银行发放贷款。

注：不同的人在不同的银行办理需要的时长各有不同，实际办理时长根据具体银行规定。

7.3.2 公积金贷款全解析

公积金贷款是向公积金管理中心进行贷款，我们将从贷款的利率、买卖双方办理所需材料和贷款的完整流程来进行解析。

（1）公积金贷款的利率。

贷款期限	年利率
5年以内（含五年）	2.75%
5年以上	3.25%

通过上表发现，公积金贷款和商业贷款一样，超过5年后的贷款利率都是相同的，而且相较于商业贷款来说，公积金贷款的利率要低很多。

（2）公积金买方所需材料。

① 借款人填写《借款人及家庭成员名单、住房坐落情况表》，由受理机构代为办理家庭名下房产状况查询。

② 借款人、配偶和共同借款人的住房公积金账号（共同借款人必须是借款人的直系血亲且同一户口一年以上）。

③ 借款人、配偶、共同借款人和所购房屋产权共有人身份证原件和复印件（未成年人应提供独生子女证或出生证明）、户口簿原件和复印件，无民事行为能力的成年人应提供监护人证明。以上人员及监护人（如有）应到场签字。

④ 借款人已婚的提供婚姻证明原件和复印件，未婚或离异人士提供单身承诺书。

⑤ 二手房买卖合同原件和复印件。

⑥ 根据银行的要求准备的其他资料。

（3）公积金卖方所需材料。

① 出售方出具的首付款收据、已支付凭证原件和复印件。

② 出售方身份证、房产证原件和复印件。

③ 由放款银行发行的支持通存通兑功能的收款存折或借记卡复印件（出售方签字确认）。

④ 由放款银行发行的支持通存通兑功能的还款存折或借记卡原件和复印件。

⑤ 竣工年限在1990年（含）之前的二手房贷款额度超过房屋总价30%

（含）及竣工年限在 1990 年以后的二手房贷款额度超过房屋总价 50%（含）的，应由受理机构认可的评估公司出具房产评估报告。

⑥ 其他资料（受理机构根据需要收取）。

（4）公积金贷款的完整流程。

① 资料预审及房产状况查询：15 个工作日左右出查询结果（客户方到场）；如需复议，15 个工作日左右出结果（客户方到场）。

② 签贷款合同：15 个工作日左右（客户方和业主方到场，需提前预约，电话：12329）。

③ 去房地产交易中心，缴税过户及办理抵押登记手续。

④ 20 个自然日出抵押证，公积金中心代领抵押证后安排放款（放款时效根据公积金中心额度情况，一般至少 15 个工作日）。

7.3.3 组合贷款全解析

组合贷款是指贷款人所贷款项中，有部分是商业贷款，有部分是公积金贷款。我们同样将从贷款的利率、买卖双方办理所需材料、和贷款的完整流程来进行解析。

（1）组合贷款的利率。

组合贷款的利率可以完全看成是两个不想关的商业贷款和公积金贷款，所以商业贷款部分同商业贷款利率，公积金部分同公积金贷款利率。

（2）组合贷款买方所需材料。

组合贷款买房所需材料就是商业贷款和公积金贷款所需材料之和，统计如下：

① 申请人、配偶、所有共同借款人、产权共有人身份证（原件、复印件），以上人员都必须到场（未成年人：出生证明），并带好私章。

② 户口簿（原件、复印件）同上。

③ 婚姻证明：结婚证（原件、复印件）、未婚证明、离婚证明（原件、复印件）。

④ 借款人，所有共同借款人收入证明。

⑤ 二手房买卖合同（原件）。

⑥ 首付款收据（原件、复印件）。

⑦ 扣款存折（原件、复印件）。

⑧ 公积金账号：包括共同借款人。

（3）组合贷款卖方所需材料。

组合贷款卖方所需材料就是商业贷款和公积金贷款所需材料之和，统计如下：

① 产权人及配偶的身份证、户口簿、婚姻关系证明。

② 房产证。

③ 收款银行卡。

④ 若有同住人，需开同住人同意出售声明。

⑤ 若是售后公房，需提供售后公房表。

⑥ 出售方出具的首付款收据、已支付凭证原件和复印件。

⑦ 由放款银行发行的支持通存通兑功能的收款存折或借记卡复印件（出售方签字确认）。

（4）组合贷款流程。

① 贷款咨询：通过银行网点、电话或网站了解组合贷款中自营性贷款的有关情况和要求；通过公积金中心网站、电话和银行网点等了解公积金贷款的有关情况和要求。

② 贷款申请：分别向住房公积金管理中心和银行分别提出书面贷款申请，并提交有关资料。

③ 签订合同：获得公积金个人住房贷款额度之后，持公积金管理部门出

具的《公积金个人住房贷款委托通知单》，向贷款行申请组合贷款。客户在接到银行同意贷款的通知后，需与贷款行就公积金个人住房贷款和自营性个人住房贷款分别签订借款合同和担保合同。

④ 贷款发放：公积金中心和银行分别在条件具备时按合同约定发放贷款。

⑤ 客户还款：客户按合同约定按时还款。

7.4 还贷方法：别纠结了，等额本息 VS 等额本金，彻底说透哪种还款方式更省钱

王小月和老公通过房产公司看了两个月的房子，终于看中了一套自己满意的房子，看房当天就付了定金。

房屋总价 155 万元，他们手上的现金不多，所以支付了房价的 35% 后，剩下的全部需要贷款，差不多需要贷款 100 万元。

在房产公司业务员的陪同下，双方约定 15 天内签买卖合同，并于签合同当日把银行贷款合同一并签好。

15 天之后，王小月准备好了首付款如期而至来到房产公司，当天到场的除了买卖双方，还有银行的一个信贷员。

在签贷款合同的时候，信贷员问："王小姐，请问您还款方式是等额本息还是等额本金？"

王小月："什么是等额本息和等额本金？"

信贷员说："简单地说等额本息是每个月还的是一样，等额本金是一开始还很多，后面会还得少一些。"

王小月："那一般你们客户选哪一种？"

信贷员说："一般都选等额本息，每月还一样的。"

王小月："那就选一样的好了。"

王小月老公："不行，听我同事说选等额本金划算。"

信贷员："等额本金每月一开始要多还好几千哦！"

王小月和老公陷入了纠结，不知道选哪种还款方式好。

我想买房贷过款的朋友都会有这样的困扰，该使用等额本息，还是等额本金呢？哪种更划算呢？银行为什么会建议选等额本息而不是等额本金呢？首先，我们先要区分什么是等额本息和等额本金。

7.4.1 向东观点一：等额本息和等额本金的区别

等额本息和等额本金虽然只有一字之差，但是却有着很大的区别。

等额本息是指在还款期内，借款人每月偿还的总额相等。银行一般先收剩余本金利息，后收本金，通俗地来说，银行在前期会先收利息，后收本金，利息在月供款中的比例会慢慢降低，本金在月供款中的比例会慢慢升高，示意图如下。

而等额本金是在还款期内把贷款数总额等分，每月偿还同等数额的本金和利息。这样由于每月的还款本金额固定，而利息越来越少，借款人起初还款压力较大，但是随时间的推移每月还款数也越来越少，示意图如下。

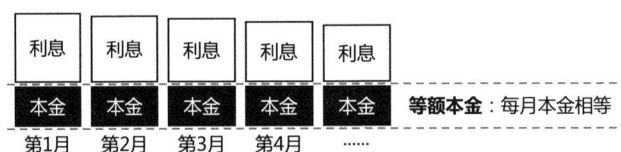

很多人都难以记住"等额本息"和"等额本金"的区别，我有一个好方法，"等额本息"是每个月的本金+利息相等，也就是总额相等；"等额本金"是每个月的本金相等，而总额不同。

7.4.2 向东观点二：等额本息和等额本金哪个利息更少

以案例中王小月贷款100万元，贷款期限20年，利率4.9%为例。

如果按照等额本息的方式进行贷款，那么每月需要固定还款6544.44元，20年的利息总额为57万余元（网上搜索贷款计算器，即可得出结果）。

贷款总额	1,000,000.00 元
还款月数	240 月
每月还款	6,544.44 元
总支付利息	570,665.72 元
本息合计	1,570,665.72 元

如果按照等额本金的方式来进行贷款，那么每个月偿还的总额不同，首月还款金额为 8250 元，按照时间的推移，每个月递减 17.01 元，20 年的利息总额为 49 万余元。

贷款总额	1,000,000.00 元
还款月数	240 月
首月还款	8,250.00 元 每月递减：17.01 元
总支付利息	492,041.67 元
本息合计	1,492,041.67 元

从这两组数据可以清晰地看出，等额本息的总利息要大于等额本金的总利息。

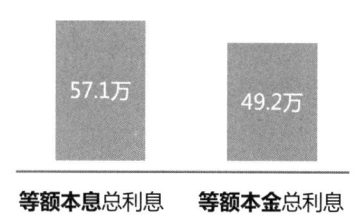

这就是银行为什么会推荐"等额本息"的原因了，因为"等额本息"银行赚的利息更多。而对于贷款者来说，这是否就意味着总利息较低的"等额本金"才是最好的选择呢？贷款者应该如何根据自身情况，选择"等额本息"和"等额本金"呢？

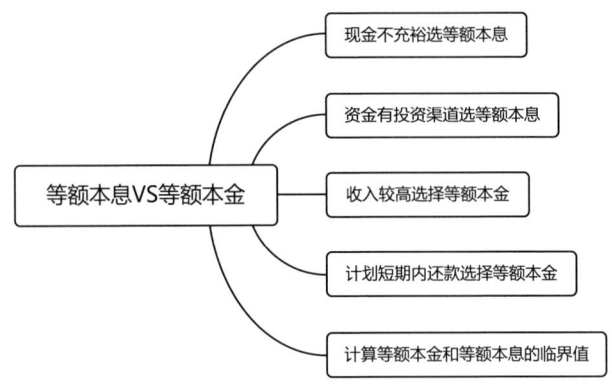

7.4.3　向东建议一：现金流不充裕，选择等额本息

刚开始还款时，等额本金方式每月的还款额比较高，还款压力比等额本息大，因此，如果现金流不充裕，比如刚踏入社会的年轻人、收入稳定的企事业人员等，建议选择等额本息，可以不用给自己太大的压力。

7.4.4　向东建议二：资金有其他投资渠道，选择等额本息

等额本金方式意味着更高的"首付款"——前期还款额高，早期负担重；而等额本息则有更高的财务杠杆——用更少的钱翘起了更大规模的资产。

如果现金流充裕，而且有其他投资渠道，那么可以选择前期每个月还款较少的等额本息，将现金用于其他投资渠道。

7.4.5　向东建议三：收入较高，选择等额本金

等额本金的前期还贷压力比较大，适合收入较高的人群。

7.4.6 向东建议三：计划短期内提前还款，选择等额本金

如果已经计划了在短期内要提前还款，那么等额本金前期还的本金多，利息支出少，而等额本息前期还的本金少，利息多，显然等额本金比等额本息更划算。

7.4.7 向东建议四：计算等额本金和等额本息的临界值，判断压力界限

如以案例中王小月贷款 100 万元，贷款期限 20 年，利率 4.9% 为例，虽然前期等额本金月付较多，等额本息月付较少，但是等额本金总还款额为 149 万余元，等额本息总还款额为 157 万余元，也就是说等额本金更划算。

等额本金的月付，每个月减少 17.01 元，最终会小于等额本息的 6544.44 元，那么什么时候是个临界值呢？每个月的月还款额如下表。

月数量	等额本息	等额本金
第 1 月	6544.44	8250
第 2 月	6544.44	8250−17.01
第 3 月	6544.44	8250−17.01×2
…	…	…
第 n 月	6544.44	8250−17.01×（n−1）
…	…	…

如果要计算等额本息和等额本金的临界值，也就是计算 6544.44=8250−17.01×（n−1），得出 n=101.3，也就是在 101 个月时，即 8 年零 5 个月时，那么等额本金的月还款额将少于等额本息的月还款额。这个临界值月份有什么意义呢？

王小月当知道在 8 年零 5 个月后，等额本金每月还款额将小于等额本息的每月还款额，她就可以明确知道，这 8 年零 5 个月将会比较艰难，但是这个时

间点过后，将变得轻松。

如果你希望计算自己的等额本金和等额本息的临界值，那么可以先从网络中寻找贷款计算器，计算出自己的等额本息的月还款额、等额本金的首月还款额、等额本金的逐月递减数，然后使用以下公式计算：

临界值月份 =1+（等额本金首月还款额 – 等额本息的月还款额）/ 等额本金逐月递减数。

7.4.8 向东建议五：前期还款的压力小，后期还款的利息低的两全其美的方法

如果你既希望享受等额本息的前期低压力，又希望享受等额本金的后期低月供的话，那么你可以贷款的时候选择等额本息，每个月还一样的月供，等过几年家庭收入提高并有一定的积累后，可以向银行申请提前还一部分的本金房贷，这样后续的月供和利息会随着本金的减少而减少。

比如王小月先选择等额本息，每个月还6544.44元，过两年，如果有30万元的积蓄，可以向银行申请还掉30万元的本金。后面的总本金可以减去30万元后剩下的本金来算。这样月供和利息都会相应减少。

7.5 贷款期限：贷款期限选择多长最合适自己？

吴军和妻子商量好了想贷款买房，精挑细选终于看中了一套总价100万元的房子，经过咨询，以吴军的条件，可以贷款60万元，并且最多可贷款20年，如此算下来，每月还贷4000多元。妻子考虑到他们两个人的工资收入都很稳定，每月还贷5000多元没有问题，主张选择10年的期限，这样可以尽量支付较少的利息。而吴军则认为，不贷白不贷，时间长点，压力小点，万一有机会，手里有钱还能干点别的。两个人陷入了两难的境地。那么贷款期限到底多长最好？是长点好呢？还是短点好呢？

从银行利率来说，贷款年限越长，贷款的年利率就越高。比如个人住房贷款5年内期限和利率，以及超过5年以上的利率如下（数据来源于中国人民银行利率表）。

期限	年利率
1年以内（含1年）	4.35%
1年到5年（含5年）	4.75%
5年以上	4.90%

从实际支出的总金额来看，期限越长的贷款，所支付的利息更高。比如以吴军的60万元为例，如果贷款一年，则总利息为1.42万元，如果贷款5年，则总利息为7.52万元，如果贷款10年，则总利息为16万元，如果贷款20年，则总利息为34.24万元。

换一个角度，从每月支出的金额来看，贷款期限越短，虽然总利息较少，但是每个月的月还款额较高。

比如还是以吴军的 60 万元贷款为例,如果贷款一年,则月还款额为 51185 元,如果贷款 5 年,则月还款额为 11254 元,如果贷款 10 年,则月还款额为 6335 元,如果贷款 20 年,则月还款额为 3927 元。

将利息和月还款额的数据放在一起,如下表所示。

年份	总利息(元)	月还款额(元)
1 年	1.42 万	51185
5 年	7.52 万	11254
10 年	16 万	6335
20 年	34.24 万	3927

怪不得吴军夫妇陷入了两难的地步。房贷期限是一个必须认真选择的问题,因为期限多了,将会给贷款者带来利息的损失;贷款期限少了,会带来还款的不便,增加生活的压力。因此,房贷期限必须仔细斟酌,不能掉以轻心,下面是几个在选择期限的时候需要平衡的因素。

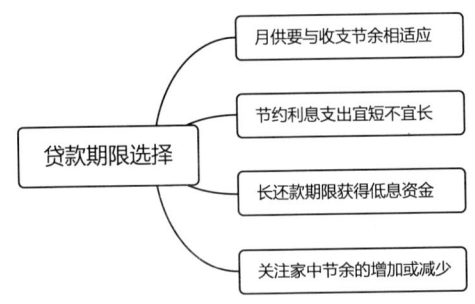

7.5.1　向东建议一:月供要与收支节余相适应

挑选房贷期限,总体来说要根据借款者的经济收入和生活开支情况来定,即每月的还款金额要与自己的可支配的收入相适应。

例如,一个月收入 7000 元的人,每月生活开支至少要 2000 元,每月最多节余 5000 元。如果按揭贷款 30 万元买房要是选择 5 年期的贷款，每月要还款 5766.42 元。显然，这样的月供与收入是不相适应的。因此，必须选择 6 年期以上的贷款。

7.5.2 向东建议二：以节约利息支出宜短不宜长。

选择贷款期限，一个重要出发点应是节约利息支出。节约利息支出，选择贷款期限应"就短不就长"，但就短又不应是最短。

两年前有一个客户乔先生为即将大学毕业的孩子买房子，在支付完首付款后，还要按揭贷款 30 万元。他选择的是 5 年期的按揭贷款，每月要还款 5766.42 元，以自己现在的家庭月节余为 4500 元来看，每个月还有 1300 元的缺口，一年就是 15600 元的缺口。

以此情况来看，乔先生至少应选择 6 年期以上的房贷。但若选择 6 年期的房贷，6 年间共要支付 57362.93 元的利息，比 5 年期的房贷利息 45985.22 元多出了 11377.71 元。

不过，乔先生考虑到儿子大学毕业后，不再需要付给他生活费，他找到工作后还有收入一起来还贷。因此，乔先生就选择了 5 年的还款期限，剩余的资金缺口暂时通过借款支付。

7.5.3 向东建议三：长还款期限变相获得低息资金。

对那些资金充裕、并有投资意愿的人来说，长期贷款比较有利。可以借入长期资金，同时对外做出短期投资，回报足以偿还长期借贷并有盈余。

我有一个朋友佳佳热衷于个人投资，平常一有闲钱就投资到收益率可能比银行贷款利率高的领域，她不在乎银行贷款的那一点利息支出，再说，在基准利率的基础上打 9 折的房贷利率，已经是很便宜的利率了。因此，要是将住房贷款的期限限制在 5 年期限以内，她也支付得起月供。但她不这么做，她将贷款期限定为 15 年，每月只要支付 2800 多元的月供，而将余下的钱拿来投资，去获取比银行贷款利率更高的投资收益率。

如果你也热衷于投资，那么也最好在资金节余的情况下，在选择贷款期限上就可适当偏长些。这样一来，就等于变相获得了低息利率。

7.5.4　向东建议四：关注家中节余的增加或减少

家庭的收支情况在一个较长的时间内是会发生变化的，这势必将影响还款的能力，对此，贷款者要给予特别关注。

例如，借款者的家庭收入不变，但家庭的生活开支增加。冯先生就是这一情况，他结婚准备买房子，考虑到婚后要宝宝家庭支出自然就增大了，于是为了不给日后的生活造成太大的压力，甘愿多支付一些利息，选择了偏长期限。

7.6 优化贷款：提升贷款额度和通过率的六个秘诀

我的一个朋友叫古月，她和她男朋友准备年底结婚，她们来上海工作快5年了，再过不到半年的时间，她的社保就满五年了，可以有资格在上海买房子。

他们算了一下手上的现金，差不多100多万元，按规定，首付款是房款总价的35%，刚好够支付一套300万元左右房产的首付，剩下的65%可以银行贷款。

去年她一个同事买房的时候，据说贷款没有贷足65%，差点就没有买成房子，她很担心自己贷不足65%，影响买房结婚；加之手上的现金很有限，要结婚用钱的地方很多，也不想多借钱，于是她咨询我，贷款之前她要做什么？怎么样能让自己的贷款更加顺利一点？

如果想让自己的贷款全部贷足，提高自己贷款的通过率，那么可以通过以下的方法实现。

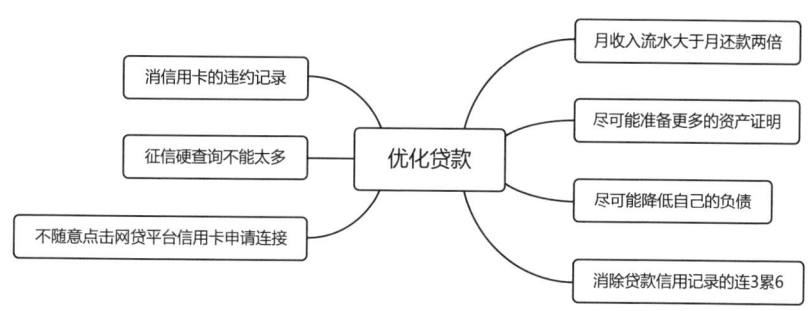

7.6.1 向东建议一：月收入流水要大于月还款的两倍

银行审批贷款，主要是看你的还款能力，你的还款能力主要看你的收入，而收入是通过查看银行收入流水来判定你的收入水平。

银行一般会要求你打印最近6个月到一年的银行流水。不管是哪个银行、哪张卡，只要是收入，都可以向银行办理打印。

常见的收入有哪些呢？包括工资、房租、兼职收入、分红、年终奖金、项目奖金等。

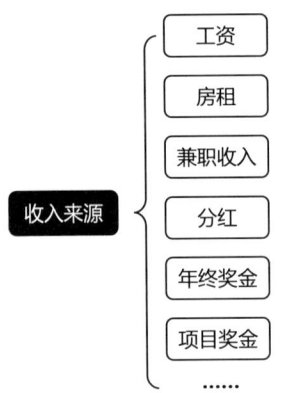

银行在审查这些收入流水时，会检查各项的合理性，避免被认为是"假流水"。

比如工资肯定是每月固定日期入账的，如每月的5号、10号、15号、18号、20号等，并且有零有整，精确到分。房租也大致是固定日期，比如是月付或者是季度支付。兼职收入通常都有汇款备注。分红、年终奖和项目奖金一般出现在年底和年初。

而对于那些不过夜的流水，也就是钱到账户后立马转走、没有余额的流水，银行一般在审批时，是不把它作为收入流水的。

那么收入流水需要达到多少呢？

月均资金流入要大于或等于最近6个月的平均还款的2倍。

比如你两年前买过一套小公寓，月供是5000元，又有一笔车贷，每月还款4000元，这又买套住宅，月供算下来要还8000元。

那你的月均还款就是：5000+4000+8000=1.7万元。

那你的月均流水流入就得大于或等于3.4万，最近6个月平均还款额从哪里查询呢？可以去银行或各地央行的征信中心打印你的征信报告（每年每人可以免费查询两次）。

7.6.2　向东建议二：尽可能准备更多的资产证明

名下现在的房产包括商铺、办公楼等固定的资产，股票、基金或定期理财都可以算资产。资产证明越多（特别是固定的资产），银行审批的额度和速度就越快。

7.6.3　向东建议三：尽可能降低自己的负债

你的银行信用贷款、小贷公司贷款、网贷、信用卡等都是负债，都会出现在你的征信报告上。

银行在审批贷款时，会检查你实际使用额度是否达到了信用额度的 50%，比如你的信用卡额度是 10 万，那么平均使用额度只要不超过 5 万就没问题，如果超过 5 万，银行会认为你很缺钱，就会怀疑你的还款能力。

那如果已经超过了 50% 该怎么呢？可以把信用卡的账单分期，这样征信系统就只显示本月要归还金额，而不显示全部的分期金额。为了降低负债，可以把前半年里所有小贷公司、网贷平台的信用贷全部结清，显示结清状态。

7.6.4　向东建议四：消除贷款信用记录的连 3 累 6

这是指在最近两年时间内，你的贷款违约记录不能连续超过 3 次或者累计 6 次。比如你的车贷分期款，连续 3 个月都忘记还了，那这就属于连续 3 次违约；再比如你的车贷分期款，有 2 次违约、信用卡有 3 次违约、公寓贷款有 1 次违约，那就等于累计 6 次。

这两种情况下，基本都很难申请下房贷，即使能申请下来，利率也会上浮很多。

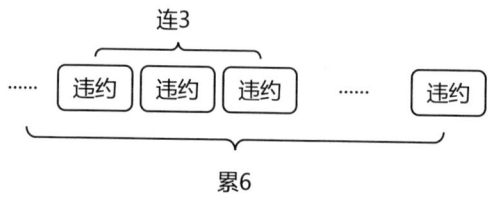

假如已经产生了"连3累6"的违约记录,那有没有什么方法可以消除违约记录呢?

比如你的车贷扣款是每月20日0点,可当天中午12点你才存入还款金,这样就错过了扣款时间,那么就会留下违约记录。这时你需要拿着证明,去给你办理车贷的机构,要求它们删除违约记录即可。

同样,房贷违约记录,你找给你办理贷款的那家银行就可以了。

你的征信记录的删除,原则是谁上传,谁删除。

如果是5年前的违约记录,就不必再去操作了,因为个人违约记录一般会保留5年,超过5年就不会在征信记录上显示。

7.6.5 向东建议五:消除信用卡的违约记录的误区

信用卡的使用记录比较特殊,每家银行都会单独列个表格,显示你的信用卡使用情况,而且不能像贷款违约记录一样,可以让银行删除。

此时有些人会为了删除这个信用卡违约记录,就去注销这张信用卡,这样操作不但没有消除信用卡违约记录,反而还增加了显示的时间,为什么这么说呢?

信用卡的违约记录通常只会保存2年,也就是在2年后,违约记录会自动删除,而如果你注销了,那这个违约记录将会保留5年。

很多人在使用信用卡的时候不在意还款时间,我自己买房之前也有信用卡逾期,当时并不在意,后来在买房的过程中,因为信用卡的问题,而产生了一些麻烦。

7.6.6 向东建议六：征信硬查询不能太多

征信查询一般分为贷款审批、信用卡审批和贷后管理。

贷款审批就是你在办理贷款的时候，贷款机构对你的征信进行查询，如按揭房贷、房抵贷、网贷平台、小贷公司等。

信用卡审批，就是你在申请信用卡时，银行信用卡中心对你征信查询的记录。

贷后管理是放贷机构放给你款后，出于风控的目的，而查看你的征信情况，主要是看你的负债增加情况。

银行在审批贷款的时候，都比较介意硬查询次数，硬查询包括贷款查询和信用卡审批查询；自己查询征信不算硬查询，这个不影响贷款审批。

一般情况下，银行规定半年内硬查询不超过 3 次或一年内不超过 6 次，所以在买房前一年都尽量不要查询征信，如网贷申请、办信用卡等。

7.6.7 向东建议七：不要随意点击网贷平台 / 信用卡申请连接

上网的时候或者手机收到一些短信，说给多少额度邀请你办信用卡的，尽量保持警惕。

因为你点点这儿、点点那儿就很容易授权对方查询你的征信记录，造成无意识的征信查询，这样就浪费了一次征信查询。

总之，一定要重视保护好你的信用，信用以后会变得越来越重要。

如果你的原始资金不多，那么你的信用将成为你最大的资产。

7.7 典型案例：付了首付，房贷首次审批不成功怎么办？

2017年的时候，秦东为了孩子读书，决定要买一套房子。他通过房产中介开始看房子，看了不到一个月的时间，就看中了一套公寓，价值500万元，于是在中介的陪同下约见了房东，然后谈价格，付了5万元定金，签房屋买卖合同，支付了首付款35%，而剩下的65%准备向银行贷款。流程一切都很顺利，可到了银行贷款这一个环节时，却被银行拒绝了。

银行回复是信用记录不良，银行在审批的过程中，发现秦东在4年前，有一张信用卡逾期了7次，并且有一次逾期了2个月，秦先生这才想起来，自己在4年前第一次创业开店的时候，办了两张信用卡，期间因为资金周转不来，导致逾期了几次。他认为自己早就已经还了，而且当时欠的钱也不是很多，也就没怎么在意，万万没有想到会因为这个事情，给自己买房带来那么大麻烦。

秦东很懊悔，可此时后悔也没有用，还是要想办法解决。因为银行贷款审批的问题，所以耽误了原定的过户时间，秦东向房东追加了1万元定金，才抚平了房东的情绪。然后在中介协助下换了一家银行，针对逾期的问题写一份情况说明书，并且找到发信用卡银行让所在分行的相关负责人开具了相关证明。

再次进行审批的时候，审批最终通过了55%，原本秦先生贷款的额度是房价的65%，也就是少贷了10%，为了补足这10%，秦先生又以年化利率20%的利息借了50万元，最后才顺利过户。

秦东心里很难过，这次贷款的过程因为自己个人征信的问题，耽误了过户，还损失了现金。

秦东这样的案例并不在少数，购房者想要办理贷款，如果是因购房者个人的资信或购房资格问题，导致银行贷款审核未通过，而且又没有足够的资金一次性支付余款，那么购房者将构成违约，如果签了买卖合同，那么要按合同价的 20% 来赔偿违约金，后果是非常惨重的。

那有什么原因会导致贷款审批不成功呢？

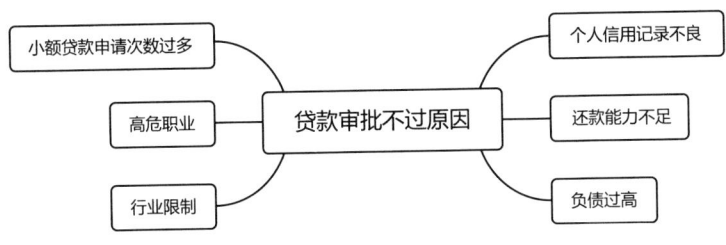

7.7.1 贷款申请不成功原因一：个人信用记录不良

申请房屋贷款时，银行首先会查看借款人个人信用报告，若报告中显示近两年内有连续三次或累计六次的逾期还款情况，那么借款人的房贷申请会遭拒。

7.7.2 贷款申请不成功原因二：还款能力不足

通常银行会让你去拉自己的工资或收入的流水，用来证明你每个月的还款能力，而银行在审批时，要求收入是还款额的两倍。比如你使用了等额本息的贷款方式，每个月需要还 5000 元，那么你的银行流水，需要达到月收入 10000 元才可以，如果达不到这个额度，证明你的还款能力不足，那么就会影响贷款审批。

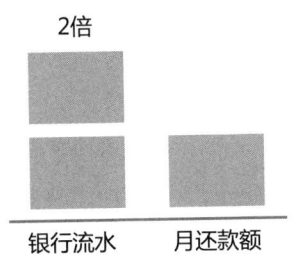

7.7.3 贷款申请不成功原因三：负债过高

银行要求借款人的负债在一定范围内，如果负债过高房贷审批可能不会通过。比如信用卡每月还款额超过月收50%或已经存在的车贷、房贷还款额超过月收入50%等，都会导致贷款申请不成功。

7.7.4 贷款申请不成功原因四：高危职业

银行更加偏爱有稳定工作的借款人，如公务员、教师、医生等。但是很不幸的是，另一些职业，如司机、厨师、建筑工作、煤矿工作、高空工作者甚至空姐，都会被列为不适宜申请贷款的高危职业，这些职业的限制也是极有可能造成你贷款被拒的原因。

7.7.5 贷款申请不成功原因五：行业限制

除职业受限难申请贷款外，不少人因为所从事行业的原因，也容易被拒绝。因为金融机构对贷款金额的发放准则是不能流入娱乐行业或是产能过剩的行业。

7.7.6 贷款申请不成功原因六：小额贷款申请次数过多

假如你的信用记录中有多个小额贷款公司的申贷记录，这个时候去银行申请贷款也有可能被拒。如果你长期走这种融资渠道，那么银行会认为你的违约风险高。建议个人从小额贷款公司借钱，最好不要超过两家。

以上列举了买房过程中，贷款申请不成功的六种原因，但是如果你已经付了首付，房贷没有申请成功，那该怎么办呢？

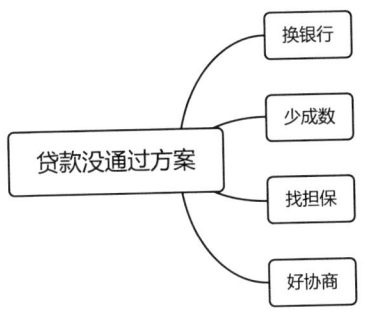

7.7.7 向东建议一：换银行

不同银行对贷款条件的规定不同，如果你在一家银行贷款被拒，那就可以再换一家银行试试；如果贷款申请被第一家银行拒绝，那么申请第二家银行贷款的时候，第二家银行会想为什么第一家会拒绝你的申请？这时会增加第二次审批的难度。

7.7.8 向东建议二：减少贷款成数

只要你没有被拉进信用黑名单，那么你还是可以贷款的，只是贷款的比例多少而已，比如别人可以贷款65%，而你只能贷款55%。这也就意味着你需要增加购房首付款数额，减少贷款的申请金额。

7.7.9 向东建议三：找担保

如果银行还是不同意的话，那么你可以找担保公司做担保后再申请贷款，通过专业的贷款工作人员递交材料的话，贷款门槛往往会降低，同时还可能增加贷款获批的概率，但要会支付一定比例的担保费用。

7.7.10 向东建议四：好协商

最坏的结果是你完全贷不下来，一定要提前及时通知卖方，不要耽误卖方卖房的时间，诚心实意地和卖方友好协商，一般情况下稍微支付一点补偿，大部分的卖方还是很理解的。当然如果碰到一些不讲情面的卖方，那么只好通过法院，让自己的损失降到最小。

最后，给所有需要购房贷款的人一个忠告：在贷款之前一定要提前查询自己的征信，有无贷款资格和条件，这样可以避免贷款申请不成功的窘境。预防才是最好的办法。

7.8 典型案例：你还贷款的方式决定了你家庭的财富阶层

王佳一家最近在为还不还房贷的问题烦恼不已。事情是这样的，王佳和老公结婚的时候，双方老人合计一起凑了70万元首付帮他们买了一套价格100万元的婚房，剩下的30万元由王佳夫妻俩月供还房贷。

王佳夫妻还了两年多，这两年王佳因为工作表现出色，职位有所晋升，收入也是水涨船高；他爱人的工作也非常稳定，两个月前刚做的一个项目也是收益颇丰，两个人过年拿到手的年终奖就有十几万，这些钱差不多就够还完剩下的房贷了。

这时候问题出现了，王佳的父母表示，他们向亲朋好友借点，想催促小两口赶紧去把房贷还掉，觉得无债一身轻。王佳不想一次还清，想慢慢按揭还房贷，觉得有钱不如拿去做点投资。两代人为此吵得不可开交。

那么到底该不该提前还房贷呢？哪个更划算呢？

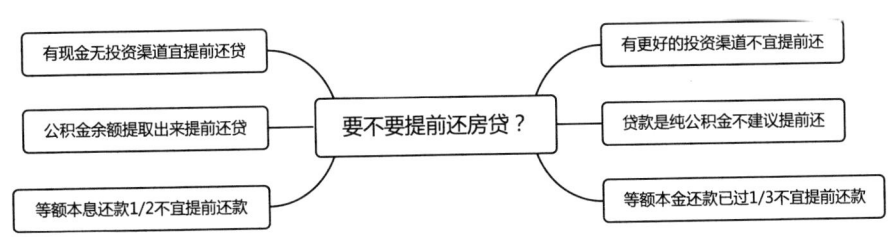

7.8.1 向东建议一：如果有更好的投资渠道，那不建议提前还

如果你有其他的投资渠道，而且投资回报率高于贷款利率，那么可以不

用提前还贷，当然，前提是投资渠道一定要安全可靠。

目前银行理财产品的收益在 4%～5% 之间，大部分低风险的银行理财产品都能保证预期收益率。

举个例子，老刘于 2013 年 1 月以商业贷款八五折的优惠利率贷了 100 万元，期限 20 年，选择的是等额本息的贷款方式，每月支付的利息约 3000 元。

2017 年 10 月，扣掉本金，他想一次性把贷款还清的话约 85 万元。现在如果这 85 万元用来理财，按目前银行预期保底年收益 5% 的理财产品，那么每年可以获得 4.25 万元的收入，平摊下来，每月则可以获得 3541 元的收益，超过了每月支付的利息，这样算下来全还掉是不划算的。

7.8.2　向东建议二：如果贷款是纯公积金，那不建议提前还

公积金贷款的利率远低于商业贷款，且很多地方规定一辈子只能使用一次公积金贷款，这也就意味着公积金的优惠利率是一生只能享受一次的。比如公积金贷款的利息 3.25%，这么低的利息，手上的资金哪怕是投资最保险的银行理财产品，利息也能高于公积金贷款的利率，所以并不建议提前还款。

7.8.3　向东建议三：等额本金还款时间已过三分之一的购房者不宜提前还款

由于等额本金是将贷款额总额平分成本金，根据所剩本金计算还款利息。如果还款时间超过三分之一了，偿还利息也将近一半左右，那么后期所还的更多是本金，利息高低对还款额影响不大。

7.8.4　向东建议四：等额本息还款时间在二分之一不宜提前还款

等额本息还款把按揭贷款的本金总额与利息总额相加，然后平均分摊到

每个月中，其中每月贷款利息按月初剩余贷款本金计算并逐月结清。

7.8.5 向东建议五：将公积金余额提取出来提前还贷

很多买房者公积金账户有几十万甚至上百万元，由于公积金是专款专用，如果不用于还房贷，那么放在账户里也取不出来，所以还不如提取出来，提前还贷，减少银行利息。

7.8.6 向东建议六：有现金无投资渠道，可以提前还贷

如果自己的贷款利率高于银行的理财产品，而且又没有其他的投资渠道，手上的一些现金也只是在银行里获得很低的利息，那还不如提前还房贷，省掉贷款的利息，省钱就是挣钱。

7.9 典型案例：房贷逾期怎么办？

王先生是一家广告公司的老板，在2013年买了一套别墅，价格500万元，贷款350万元，年限15年，每个月的月供27000多元。

早几年生意好做，每个月的收入都不错，所以每个月的贷款根本不在话下。但最近几年大环境不好，公司的生意每况愈下，而且家里两个孩子在读书，爱人也没有上班，生活压力和负担越来越大，每个月27000多元的房贷压力，让他喘不过气来。

从去年开始，公司发工资都成问题，房贷每个月也是拆东墙补西墙，连续几个月都时间延迟，一到还款日没有还银行就开始打电话催。

王先生持续失眠，内心特别焦虑：这样入不敷出，要是公司生意持续这样下去，担心房贷还不上怎么办？

王先生这样的问题并不是个案，而是一种普遍现象。在买房申请贷款的时候，并没有想到自己会出现贷款逾期的问题。

关于贷款逾期的问题，我们先来看一组数据：来自住建部、财政部和央行公布的《全国住房公积金2017年年度报告》显示，2017年全国居民公积金贷款的逾期金额已经达到惊人的10.58亿元。

要知道，2016年这个数字还仅是7.86亿，也就是说，一年的时间里，仅公积金逾期金额部分，就上升了34.6%，还不算商业贷款的规模。

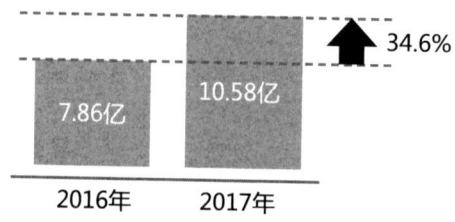

也就是说，有越来越多的人，买得起房子，却还不起房贷。漫漫还贷路上，可能会出现多种我们无法控制的因素。假如某一天，按揭买的房子，贷款还不上了会怎样？房子还归自己所有吗？有哪些严重的后果呢？

房贷逾期一次：银行通知、影响征信。

如果第一次断供，那么银行会通过电话或者短信的形式通知或提醒。并且如果出现逾期，那么会被记录到你的银行征信系统，这套系统是共享的，以后你贷款、办理信用卡，甚至是坐高铁、飞机都可能受到不同程度的影响，如果下次再想贷款，那么几乎是不可能的。

房贷逾期三次：罚息。

如果连续三次以上断供，那么银行的客户经理会进行电话催缴，并根据贷款合同中的规定，贷款人会被罚息，也就是需要支付额外的利息。

房贷逾期六次：房屋被拍卖。

如果累计六次以上断供，那么银行的律师会进行电话沟通，房产被银行冻结，协商无效后，银行会走法律程序，将房屋进行拍卖。因为在办理贷款的时候，签订的是房屋抵押贷款，当贷款不能正常缴纳时，这个被抵押的房屋就只能被拍卖了，将拍卖所得的房款用于支付未缴纳的贷款。

如果房屋拍卖后不足以偿还银行贷款，银行还有权冻结你的银行财产，甚至是个人财产。最终通过各种途径弥补银行损失，直到贷款逾期者将所有欠款还清为止。

举个例子，张三向银行贷款100万元，期间还了30万元，还差70万元。如果房产拍卖后所得80万元，那么剩余的10万元，将会退还给张三。

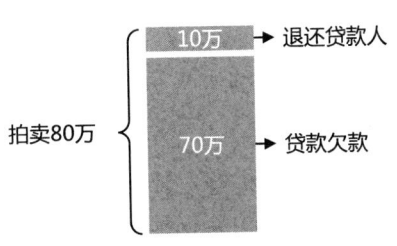

如果拍卖价格只卖了 60 万元,那么张三还欠银行 10 万元。接下来银行会催促还钱,甚至将名下的财产进行冻结,那么不仅房子,连自己平时用于生活的资金也可能没有。

除此以外,在拍卖过程中产生的各种费用,比如案件受理费、公告费、保全费、执行费、评估费、拍卖费等都是由张三负责。

那么遇到因为资金问题而无法还款怎么办呢?怎么才能规避以上的逾期问题呢?

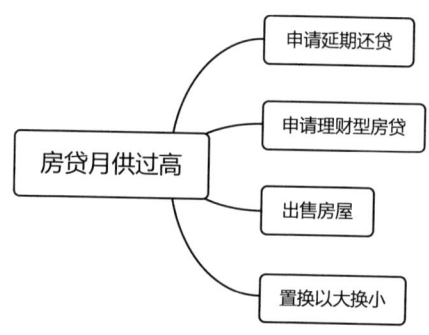

7.9.1 向东建议一:申请延期还贷

主动向银行提出延长期限,根据自己的还款能力和银行协商新的期限。

不过这个方法只能用一次,而且原来的借款期限加上延长的期限之和不能超过 30 年,所以如果你一开始就是申请的 30 年期限,那么这个办法就不适用。

比如你买一套房子贷款 100 万元,还款期限 10 年,每个月还款 10557 元,突然工作调动的原因,收入下滑,月供压力变大,你可以申请还款期限 20 年,那么每个月的还款变成 6544 元,如果你还觉得还款压力大,可以申请还款期限 30 年,这样你每月只要还 5307 元就可以。

7.9.2　向东建议二：申请理财型房贷

如果延期还款以后，仍然无法继续偿还贷款怎么办呢？可以尝试申请"理财型房贷"。如果你所贷银行推出的有"理财型房贷"，那么你可以申请把自己还完的房贷再次借给你用，不过利息挺高，这也是无奈之下保住房子的一个方法。

7.9.3　向东建议三：出售房屋

银行拍卖房产会有很多的额外费用，而且通常都会低于市场价，与其被银行低价拍卖，还不如自己主动出售房屋。

在出售房屋的过程中，可以将自己尚未还清的贷款，让新购买者承担。协调银行和新购买者签订抵押合同，后期将由新购买者继续偿还银行贷款。或者在征得银行的同意之下，将房产出售，出售后的财产用于归还银行的剩余贷款。

7.9.4　向东建议四：置换房屋，以大换小

还款压力大，是因为贷款太多，可以把大的房子卖掉，换成面积小的、地段远一点的房子，减少房贷，自然月供就减少了。

8

办过户
过户不等于拿到房产证

当银行贷款等所有流程都完毕之后，接下来就要去交易中心办过户了。

8.1 资料流程：二手房交易过户流程及资料准备

在二手房交易过户环节，通常需要准备的材料非常多，流程也比较复杂，如果是专业的中介，通常都会提醒你一一准备好。本章节会告诉你二手房交易过户的完整流程，并罗列所有需要准备的材料。

二手房交易过户通常有四个步骤。

8.1.1 交易过户步骤一：准备材料

材料就是交易过户中所需准备的资料，准备齐全这些材料，才能让你可以一次性完成交易过户，如果材料有缺，那么势必会让你准备好之后再去一次。

二手房过户需要哪些材料呢？材料清单如下：

① ××市房地产登记申请书（原件）。

② 当事人的有效身份证件（原件及复印件）。

③ 委托书（原件）及代理人有效身份证件（原件及复印件）。

④ 房屋产权证（原件）。

⑤ 房屋平面图（原件两份）。

⑥ 地籍图（原件两份）。

⑦ 契税办理证明（原件）。

⑧ 房地产买卖合同（原件）。

在这八份资料中，"房屋平面图"和"地籍图"是什么呢？它们就是在房产证最后两页的附件，通常与房产证在一起。

8.1.2　交易过户步骤二：缴纳税款

缴纳税款环节，作为买家需要缴纳契税等；作为卖家，需要缴纳个人所得税和增值税等。

8.1.3　交易过户步骤三：受理交易

当完成了资料提交和税款缴纳后，交易中心将会受理本次交易，交易专员对材料进行审核无误后，通常只需要等待一个小时，就可以完成交易。

8.1.4　交易过户步骤四：领房产证

由于上海对于房产交易的流程进行了简化，所以现在在交易中心当场即可打印房产证，无须像以前一样等待三周的房产证制作周期。当你拿到房产证的那一刻，交易过户的整个流程就完毕了。

8.2 缴纳税款：购买二手房要缴纳哪些税费？

2017年小王夫妻俩准备买一套房子，看中了中房公寓的一套两居室，75平方米，楼层4楼，房价是302万元，小王很满意。第二天，小王联系中介准备和房东面谈，双方在谈价格的时候，房东要求是302万元到手价，小王是第一次买房子，不知道什么是"到手价"。

中介和他解释说："所谓到手价就是房东拿到手上的钱是302万元，房东方要交的税费全部由你来承担。"

小王又问："房东要交哪些税？"

中介回道："这套是动迁房，而且满五年，如果是房东的唯一住房，那么除了中介费，其他的就没有什么税。"

中介询问房东，房东方明确表示："自己的房子是满五唯一，可以免征个人所得税。"

小王计算了一下自己的成本，一开始出价298万元，经过两个小时的谈判沟通，最后房东愿意让价2万元，同意以300万元的到手价出售。小王再三考虑过后，心想这套房子是满五年唯一的，可以省掉1%的个税。

价格虽然没有谈到自己最满意的价格，但算下来还是在他们的预期范围内，于是当天就付了10万元的定金，把房子定下来了，并约定15天后签房屋买卖合同。

双方签好合同准备去交税，来到房地产交易中心，把资料递交进去一查，突然查出来房东和他儿子共同产权还有一套房子，这样一来房屋就不是满五唯一住房，原本免征的3万元的个人所得税又得补交。

这个时候问题来了：客户说房东说过是唯一的，多出来的1个点的税费要房东承担；而房东指着协议上说，我要求到手价这个税费和我没有关系。那这个税费到底谁来交呢?

这个案例的协商的过程极其漫长,最后的结果是客户为了早日过户拿到房子,主动交了 1% 的个税。

税费是二手房交易过程中买卖双方的核心利益,很多第一次买卖房子的业主和购房者都不知道税费怎么交?如何在买卖的过程中尽可能地保障自己的利益?

首先我来说一下买卖双方在交易的过程中涉及的税费有哪些?

8.2.1　向东观点一:买方要交的主要是契税

契税的缴纳要根据两个要素来决定,第一是购买的房屋是否为首套,第二是房屋的面积。

如果你的房子是首套房,而且面积小于 90 平方米(含),那么需要缴纳的契税是(税务核定价格 – 增值税)× 1%。

如果你的房子是首套房,而且面积大于 90 平方米,那么需要缴纳的契税是(税务核定价格 – 增值税)× 1.5%。

如果你的房子不是首套房,不管面积是多少,需要缴纳的契税都是(税务核定价格 – 增值税)× 3%。

套数认定	面积	契税
首套房	≤ 90	(税务核定价格 – 增值税)× 1%
首套房	> 90	(税务核定价格 – 增值税)× 1.5%
非首套房	/	(税务核定价格 – 增值税)× 3%

8.2.2　向东观点二:卖方要交的税主要是增值税和个人所得税

许多房东要求的都是到手价,所以买家需要支付卖家的税费,那么卖家有哪些税费呢？其中最主要的就是增值税和个人所得税，其他的都是几百几十元的小钱。

首先来看下增值税，增值税的缴纳有两个要素，房子的年限和房子是否为普通住宅。

年限是指：房产证上的购买时间到当前交易时间。如果少于两年，不管是不是普通住宅，都需要缴纳税务核定价的 5.33% 作为增值税。

如果房子的年限超过两年，那么就需要看房子是否是普通住宅，普通住宅可以免征增值税。如果不是普通住宅，需要缴纳（税务核定价格－购买价格）× 5.33%，也就是卖方利润缴纳增值税。

什么叫普通住宅呢？普通住宅的判定标准如下表。

普通住宅判定标准

类别	房屋面积	房屋面积	坐落位置
普通住宅	≤ 140 平方米	低于同级别土地交易平均价的 1.44 倍	内环以内：≤ 450 万元 / 套 内环与外环之间：≤ 310 万元 / 套 外环以外：≤ 230 万元 / 套

如果房子是动迁房，不管是否是普通住宅，增值税都是暂免的。除了增值税，卖家还需要缴纳个人所得税，标准如下表。

房屋类型	个人所得税
普通住宅	1.（核定价－增值税）× 1% 2. 可选利润 20% 3. 满五唯一免征个税
非普通住宅	1.（核定价－增值税）× 2% 2. 可选利润 20% 3. 满五唯一免征个税

当我们了解了买家和卖家需要缴纳的税费后，接下来就是要考虑如何能够规避交税时的风险呢？

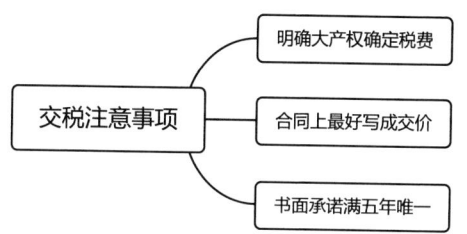

8.2.3 向东建议一：了解房子的产权性质，确定要交的税费

房子是动迁房还是商品房？房子有没有满五年？是否唯一？这些因素都会直接影响到房子的交易成本，因此在约房东面谈付定之前，务必让中介公司协助你在房屋所在地做一个《房屋产权调查》，这个调查表格中会清晰地记录房子的性质。明确了房屋产权的性质，就能最终确定要交的税费。

8.2.4 向东建议二：合同上最好写成交价

现在上海房东卖房一般都是到手价，也就是说房东所产生的税费也由买受人承担。

在谈价格的时候，为了最大化地降低购房者的成本，购房者在开始的时候最好可以要求谈成交价（即各自承担各自的税费），这样在交易的过程中若有多出来的税费，房东自己承担。

例如，张三卖给李四的一套房子的价格是450万元到手价，要交的税费是35万元，那么最终的成交价是485万元。

你可以把税费写到总房价中，对购房者来说更有保障一些。

8.2.5 向东建议三：书面承诺满五年唯一

房子的增值税，如果是满二唯一的普通住房，是可以免征的；个人所得税在房子满五年唯一的情况下也是可以免征的。

那怎么知道房东的房子是不是满五年唯一住房？满五年只要去房地产交易中心做过房屋产权调查就可以看出来，但是不是唯一住房只有房东自己知道，旁人是无权调查核实的。那怎么避免本文开篇案例中的问题呢？

购房者在付定金的时候，如果房东说是满五年唯一，那么一定要让房东写书面承诺，承诺此房是自己满五年唯一的住房，这样即使在后面交税的环节查出来不是唯一，那这个税费也由房东自己来承担。

新个人房产交易税费表

房屋状况		出售方					购买方						
年限	房屋类型	①增值税及附加税	②个人所得税	③交易手续费	④上海房产税	⑤中介费	①契税 90平方米及以下	90平方米以上	②交易手续费	③登记费	④图纸费	⑤产证印花税	⑥上海房产税	⑦中介费
不满2年	普通	全额×5.35%	全额×1%或差额×20%	2.0元/平方米	应税面积×单价×70%×0.4%或0.6%	1%	唯一1% 非唯一3%	唯一1.5% 非唯一3%	2.0元/平方米	80元/套	25元/套	5元/套	应税面积×单价×70%×0.4%或0.6%	1%
	非普通		全额×2%或差额×20%											
满2年不满5年	普通	暂免	全额×1%或差额×20%											
	非普通	差额×5.35%	全额×2%或差额×20%											
满5年	普通	暂免	唯一住房：暂免 非唯一住宅：全额×1%或差额×20%											
	非普通	差额×5.35%	唯一住房：暂免 非唯一住房：全额×2%或差额×20%											
动迁房满3不满5年	普通	暂免	全额×1%											
	非普通		唯一住房：暂免 非唯一住房：全额×1%											
动迁房满5年	普通	暂免	全额×1%											
	非普通		唯一住房：暂免 非唯一住房：全额×1%											

【说明】
一、普通住房（要同时满足下列三个条件）：
1. 五层以上（含五层）的多高层住房，以及不足五层的老式公寓、新式里弄、旧式里弄等；
2. 单套建筑面积在140平方米以下；
3. 实际成交价格：低于同级别土地上住房平均交易价格1.44倍以下，内环线以内的低于450万元/套，内、外环线之间的低于310万元/套，外环线以外的低于230万元/套二、非普通住房（满足下列条件之一）。
· 建筑面积：高于140平方米以上（包括140平方米）
实际成交价格：高于同级别土地上住房平均交易价格1.44（含）倍以上；
内环线以内的高于450万元/套，内、外环线之间的高于310万元/套，外环线以外的高于230万元/套。
· 上海房产税：适用税率暂定为0.6%，但对应税住房每平方米市场交易价格低于本市上年度新建商品住房平均销售价格2倍（含2倍），税率可暂减为0.4%。
本地户籍：首次购房免房产税；第二次购房家庭人均60平方米以内免房产税。
外地户籍：持有上海居住证积分满120分的免税；持上海市居住证满三年免房产税。3. 215年度上海新建商品房均价为21501元/平方米，2倍为43002元/平方米

8.3 典型案例：揭开房产税的神秘面纱，我要不要交？

吴声，上海人，是我的一个老客户的朋友，2013年结婚的时候，受限于家里的经济条件，买了一套60多平方米的房子。结婚后他从单位辞职创业，开了一家自己的设计公司，创业不到4年，随着自己不断地努力和打拼，公司经营稳定，规模不断扩大，收入不断增加。

2017年底的时候手上积蓄有300万元，他决定再买一套房子，一方面是这两年房价不断上涨，希望自己的财富增值保值，二来是随着孩子越来越大，准备上学，吴声希望有一个好一点的学校。

吴声看中了一套学区房，面积140平方米，价格800万元左右，均价5万元/平方米，双方谈判的时候，房东说自己的到手价是800万元。吴声和中介再三地计算和确认，算下来所有的税费合计50多万元，也就是说，他需要支付850万元才能买下这套房产。

付过定金后，交易双方从付定金、签合同、交易过户到交房前后不到3个月的时间，他就顺利地住进了自己买的新房。

到2018年年底的时候，吴声收到一条短信："请于2018年12月31日前去房产交易中心交房产税。"

吴声以为是骗子短信，没有理会。快到12月31日的时候，他又收到了同样的短信，他很疑惑：心想当时谈价的时候，再三确认过了没有其他的税费了，怎么现在又多出来什么房产税？

他抱着十分疑惑和好奇的心情找到我，问我到底什么是房产税？房产税到底要如何交？

2011年1月27日，上海市开始试点征收房产税，至此房产税正式进入税收体系。

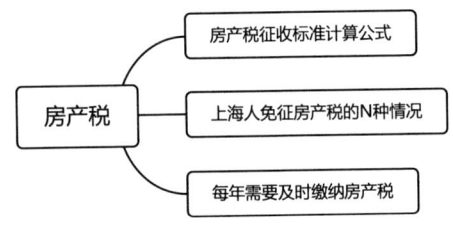

8.3.1 房产税征收标准计算公式

上海年应纳房产税税额（元）= 新购住房应征税的面积（建筑面积）× 新购住房单价（或核定的计税价格）× 70% × 税率。

比如说，自己购买的房子的应征税面积是 10 平方米，而且单价是 5 万元，那么他应缴纳房产税税额是 10 × 50000 × 70% × 0.6%=2100 元，别以为这些钱不多，房产税可是每年都要交的。

什么是"应征税"面积？上海家庭购买二套住宅的，可以享受人均 60 平方米的优惠，剩余部分按照超出部分缴纳，而应征税面积，就是超出人均 60 平方米的部分。

房产税应税面积计算公式是什么呢？

（1）原有住房面积+新购家庭名下住房面积<家庭人数 × 60 平方米，应税面积 =0。

举个例子，张三一家三口，已拥有一套 50 平方米的住房，新购一套 110 平方米的住房，两套住房面积合并计算后，该居民家庭全部住房面积为 160 平方米，三个人人均住房面积为 53.33 平方米，全部住房面积未超出人均 60 平方米的免税住房面积标准，该家庭此次新购的这一套 110 平方米的住房可暂免征收房产税。

（2）原有住房人均面积< 60 平方米，原有住房面积+新购家庭名下住房面积>家庭人数 × 60 平方米，应税面积 =（新购入住房面积+原有住房面积）−家庭人数 × 60 平方米。

举个例子，如果张三有一套 50 平方米的住房，新购一套 210 平方米的住房。张三原有的房子人均面积小于60平方米，而将这两套住房面积合并计算后，该居民家庭全部住房面积为260平方米，人均住房面积为86.67平方米，全部住房面积超过人均60平方米的免税住房面积标准，该居民家庭新购住房中超出上述标准的部分面积（260平方米－180平方米，即80平方米）须按规定缴纳房产税。

（3）原有住房人均面积≥60平方米，应税面积=新购住房面积。

举个例子，如果张三已拥有的是一套250平方米的住房，新购一套110平方米的住房，由于该居民家庭原有人均住房面积达83.33平方米，已超过人均60平方米的免税住房面积标准，因此，该家庭此次新购这套住房的全部面积（即110平方米），须按规定缴纳房产税。

需要指出的是，如果张三已有房屋人均面积≥60平方米，但是不购买新房产的话，那么超出部分，暂不征收房产税。

公式中的税率有两种：0.4%和0.6%。对住房每平方米市场交易价格低于当地上年度新建商品住房平均销售价格2倍（含2倍）的，税率暂减为0.4%。

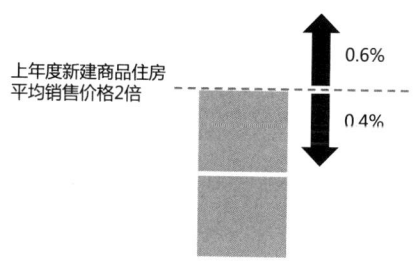

随着市场的变动，房产税的应税临界价格每年都会有新的调整：2018年的应税临界价格49732元/平方米（上年度新建商品住房平均销售价格2倍）。也就是说新购入房屋的单价≤49732元/平方米的，税率为0.4%；新购入房屋的单价＞49732元/平方米的，税率为0.6%。

举例说明：李先生有50平方米的应征税面积，单价50000元/平方米，应缴房产税额：50×50000×70%×0.6%=10500元。

如果单价40000元/平方米，那么应缴房产税额：50×45000×70%×0.4%=6300元。

8.3.2 上海人免征房产税的两种情况

（1）上海人购入第一套住房免征房产税。

（2）限购之前（2011年1月31日）同有血缘关系的父母（必须为上海人）在一起的房屋二套（含）以内，再次购入房屋属于首套范畴，若父母为外地人，父母必须有满3年的在沪居住证可以免征，若没有则需要按照人均面积缴纳房产税。

（3）外地人（非沪籍）什么情况下可以免征房产税：

① 若持有《上海市居住证》还未连续满三年，可以先纳税，等满三年后再申请退税。

② 持有《上海市居住证》并在有效期内有120分积分的，可以在报税当天直接申请免征。

③ 外籍/台湾同胞持有《中华人民共和国外国人居留签证或签注》且签发地为上海，连续满三年在有效期内的，可以在报税当天直接申请免征。

同理，如果未满三年可先纳税，那么等满三年后可以再申请退税；持有B类证件（海外人才引进居住证）或中国绿卡的可以直接申请免征。

8.3.3 向东建议：每年需要及时缴纳房产税

个人住房房产税的纳税人应于每年12月31日前，缴纳当年度应纳税款。

凡是逾期缴纳的，当年度税款从次年1月1日起按日加收滞纳税款万分之五的滞纳金。

房产税如果不交，那么当房屋再一次买卖的时候，是无法交易过户的。那么房产税要去哪里缴纳呢？一般有两种方式，一种是去房屋所在地的房屋管理所缴纳，另一种是通过"付费通"网站进行缴纳，付费通网站的网址是：www.shfft.com。

8.4 典型案例：产权人在国外，房子能卖吗？

2016年5月，朋友介绍一个业主王大姐要挂牌出售一套绿地新江桥城房子，产证上是她妈妈和她女儿的名字，卖房是考虑到她妈妈70多岁，身体一直不是很好，而且女儿又在美国读书，学费不菲，想卖房为的是一方面避免以后的税费，其次可以资助女儿在美国读书的费用。

挂牌出来不到一个月，有一个客户刘小姐看中了房子，在中介的磋商之下，双方迅速地碰面进入谈判的环节，因为彼此的条件都比较符合，一拍即合。当天刘小姐就付了20万元的定金。定金合同上约定，双方于2016年7月5日签买卖合同，因为7月她女儿从美国放暑假回来，刚好可以签合同过户一起把事情给办好。时间到了5月底，王大姐突然打电话给我说她妈妈不一心摔了跤，住进了医院，要住院观察几天，她说可能过户的时间要推后了。我让她先不要着急，妈妈身体最重要，等医院的检查报告出来再打算。一周后，经过医院的检查双脚摔断了，到时候过户不方便本人过去，她焦急地打电话问我怎么办？

我让她不用担心，我会找人上门做委托公证，委托她来交易过户就可以了。我这样一说，她总算放心了，眼看时间到了6月，快到了签合同的时间。6月中旬，王大姐一天半夜接到了女儿从美国打过来的电话，说学校有一个很重要的科研项目没有通过，要推迟一两个月才能回国。真是一波未平，一波又起，刚刚把她母亲的事处理好，现在女儿又不能如期回国，房子收了买方20万元的定金，合同要是签不了是要违约的，一旦违约得双倍返还定金。

第二天一大早，王大姐急急忙忙跑到公司来找我，把情况和我说了以后，迫不及待地说："要不行，我把钱退给客户吧。"她实在不知道该怎么办。

我安抚道："事情没有那么严重，只要让您女儿去驻美国的中国大使馆做委托公证，像上次您母亲委托您卖房一样，您女儿在国外办好公证之后，到时你拿着公证书去做译本公证就可以了。"

只是在时间上确实来不及，最后我把客户约过来，大家协商推迟签合同的时间，房东为了补偿，答应到时候交房的时间提前1个月，事情总算圆满解决。

房东要是第一次碰到这样的事情，会很担心，不知道怎么处理。因为在正常流程中，房屋交易的买方和卖方可以正常到场交易，而这种非正常交易，比如卖方或者买方不能到场、卖方离世、卖方是无民事行为能力人、买方是境外人士等情况，该怎么做呢？

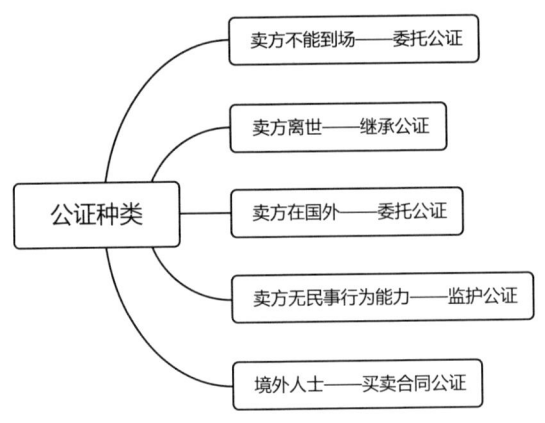

8.4.1 向东建议一：卖方不能到场——委托公证

房屋交易过程中，在签约、面签、过户时如果不能到场，那么卖方需委托他人到场，此时需要办理委托公证。方法是到公证处签相关书面合同即可。

什么是公证呢？公证是公证机构根据自然人、法人或者其他组织的申请，依照法定程序对民事法律行为、有法律意义的事实和文书的真实性、合法性予以证明的活动。公证制度是国家司法制度的组成部分，是国家预防纠纷、维护法制、巩固法律秩序的一种司法手段。一切公证行为都产生证据上的效力。

8.4.2 向东建议二：卖方离世——继承公证

遇到房本主人离世，这就需要首先对房产办理房产继承。继承手续分为两步，不管是法定继承、遗嘱继承还是遗赠，首先都需要到公证处办理继承权公证，由公证处出具继承权公证书。其次由继承人携带相关资料到不动产登记中心办理过户。

8.4.3 向东建议三：卖方在国外——委托公证

房本主人在国外，若想要出售在国内的房产，需要到当地中国大使馆或领事馆办理房屋出售委托公证，然后再拿着公证书去做译本公证，委托国内的某人进行房屋交易。

8.4.4 向东建议四：卖方无民事行为能力——监护公证

若遇卖方患病丧失行为能力，则需要由卖方的近亲属（配偶、父母、子女、兄弟姐妹、祖父母、外祖父母、孙子女、外孙子女）向法院提起诉讼，确认业主为限制行为能力人或无民事行为能力人，再由人民法院指定监护人，由监护人办理监护公证，然后由监护人进行房屋买卖。如果卖方未成年的，则需要提交亲属关系证明。

如果未成年人（未满18周岁）为产权人或房产共有人，为保障未成年人的合法权益不受侵害，在办理卖房手续时需监护人提供一份公证书，承诺出售后所得款项是用于改善孩子居住、学习、生活等支出并确保孩子的合法利益。

产权人因失去民事行为能力，例如年老生病、意外受伤等，监护人需公证承诺书，承诺出售的房款用于改善产权人的养老、医疗和生活需要并确保产权人合法利益。

申请认定公民无民事行为能力的应由其近亲属或其他利害关系人向该公民住所地基层人民法院提出，由人民法院出具判决书。

如需卖房，亲属可带法院的判决书到社区居民委员会进行申请要求指定监护人，并由社区居民委员会出具指定监护人的证明，然后办理声明书公证就可以顺利卖房了。

8.4.5 向东建议五：买卖双方有一方是境外人士——买卖合同公证

在房屋买卖过程中，如一方为境外人士则买卖合同必须经过公证后方生效，如果不经公证则无法进行正常交易。

如果境外人士购房想要贷款，那么其贷款合同必须经过公证处公证生效，只有公证处公证后的贷款合同，交易才会受理并办他项权利证。

8.5 典型案例：办理房屋产证变更，哪种更省钱？

我同学王磊的母亲已经80岁，家里有三个兄弟，家住在普陀区武宁路，有一套36平方米一层的老房子，产证是她母亲和两个弟弟的名字。

他在家里排行老大，因为自己结婚早，婚后在家里已经分过房子，现在母亲准备把这一套房子的产权变更给两个弟弟，毕竟母亲岁数大了，担心百年之后再来处理房子的事，会增加税费的成本，而且办起来也很麻烦。

他打电话给我，问我怎么变更名字成本最低？

针对这个情况，我的建议是首先变更份额，把他母亲的房产份额变更为1%，两个弟弟99%，然后母亲再把1%的份额以买卖的形式卖给他。

在日常生活中，经常会碰到需要给房产证更名的情况，除了在案例中父母为了规避遗产问题而更名给孩子外，比如房屋赠予，都可能会碰到给房产证更名的情况。

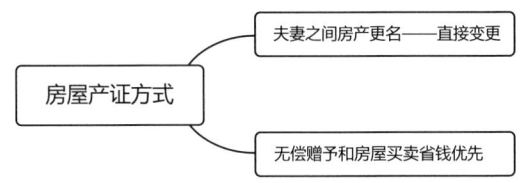

8.5.1 向东建议一：夫妻之间房产更名——直接变更

夫妻间更名比较简单，携带结婚证、房产证、身份证等相关材料到房地产交易中心办理就可以。夫妻间变更与房贷是否结清没有影响，无须缴纳任何税费，但是必须要征得银行同意，将银行的抵押证一起变更。

根据财政部、国家税务总局 2014 年 1 月发布的《关于夫妻之间房屋土地权属变更有关契税政策的通知》，在婚姻存续期间，夫妻更名免征契税。

财政部和国税总局规定，在婚姻关系存续期间，以下三种情况可以免征契税。

（1）房屋、土地权属原归夫妻一方所有，变更为夫妻双方共有或另一方所有的。

（2）房屋、土地权属原归夫妻双方共有，变更为其中一方所有的。

（3）房屋、土地权属原归夫妻双方共有，双方约定、变更共有份额的。

但要注意，不管你变更产权人归哪一方，这个房子仍然是属于夫妻共同财产，在婚后变更产权关系为一方拥有的情况在婚变时是不会被法院认可的。

如果是非夫妻之间要房产更名，该怎么办呢？有两种方式：房屋赠予和房屋买卖，但是房贷必须已经还清，不能有抵押。

8.5.2 向东建议二：无偿赠予和房屋买卖，省钱优先

无偿赠予房产只需要缴纳 3% 的契税，增值税和个税免征。例如，子女与父母的共有房产，子女要从该房产上去名，就可以选择这种方式。

如果房产证上有明确的约定份额，则按照份额征税；如果房产证上没有约定份额，则按照房产共有人数等分后按照份额征税。

房屋赠予一般要先签署赠予合同进行公证，公证费是房屋面积 80 元 / 平方米，加代书费 1500 元。

然后拿好公证书，再到交易中心办理产权过户。相关流程是：

（1）房屋赠予双方签署赠予合同；

（2）持赠予合同至公证处办理赠予合同公证；

（3）领取公证文书至房屋所在地交易中心办理契税完税；

（4）持公证文书和完税证明办理产权过户。

除了赠予，另一种变更房产的方式就是直接选择房屋交易了。选择房屋买卖的方式去名，参考二手房买卖流程进行，需缴纳增值税及附加、个人所得

税和契税。

那么在什么时候用赠予、什么时候用房屋买卖呢？或者说这两个哪个更划算呢？

举例来说：一套总价为600万元的房子，房产证上房子为父母和儿子三人共有，父母与儿子份额各占50%。现在，儿子要去名，把自己名下的份额转让给父母，那么就需要按照房屋总价50%缴纳契税，即以300万元的转让份额缴纳契税；如果这套房子房产证上没有约定份额的话，则三人等分，儿子所占份额就是1/3，那么就需要按照房屋总价的1/3缴税，即以100万元的转让份额缴税。

假设该共有房产是小于90平方米的普通住宅：

（1）如果房子满五唯一，那么选择买卖的话免征个税和增值税，只需缴纳契税1%，而赠予的契税是3%，那么买卖比赠予划算。

（2）如果房子满2年，增值税免征，如果受赠方/买方是唯一住房，买卖的话契税和个税加起来大致为2%，赠予是3%，买卖比赠予划算；但是如果不是唯一住房，买卖个税和契税加起来大致为4%，则赠予比买卖划算。

（3）如果房子不满两年，那么买卖的话契税、个税和增值税都要缴纳，显然赠予比买卖要划算。

需要特别提醒的是凡是赠予获得的房子，等再次交易的时候，要交20%的个人所得税。

因此，赠予和买卖究竟哪种方式更划算还要视情况而论，重要的是根据自己的实际情况进行对比，选择最实惠的方式。

8.6 典型案例：交易过程中房屋被查封了怎么办？

2016年11月，袁阿姨通过某中介公司，与房东周某约定，周某将自己的一套房屋出售给袁阿姨夫妇。签过合同后，袁阿姨夫妇将5万元定金交给了中介。

12月，袁阿姨与周某签订《房屋买卖合同》，房屋价款115万元，周某在袁阿姨房款付清之日交付房子，税费由双方按规定各自承担。

双方约好，两个月后申请办理过户手续，到了过户当天，周某要求先把剩下的80万元房款打给他，袁阿姨通过银行转账付给周某80万元，到交易中心过户的时候，发现房子被查封了。原来周某卖掉房子的原因是因为自己做生意失败，欠了不少债，想把债还掉。债主担心房东卖掉后找不到人，所以在一个月前把房子以债券的名义申请查封了。

面对这样的情况该怎么办？首先了解一下查封是怎么回事。

查封是指有权采取查封措施的国家机关对公民、法人或其他组织的动产、不动产及其他财产权采取的限制处分的行为。交易房屋被查封就是指在交易过程前或过程中，该房屋被法院等国家机关采取查封，导致该房屋被限制转让的情形。

常见的九类易导致查封的房屋有：

（1）诉前保全的房屋；

（2）交易房屋系违章建筑；

（3）产权不明导致纠纷的房屋；

（4）交易房屋系一房多卖；

（5）交易房屋存在高额抵押；

（6）产权人涉及债务纠纷较多；

（7）产权人涉及恶意转移、变卖房产；

（8）交易过程中，产权人有违法行为的；

（9）执行案件中，暂无履行能力或无其他可供执行财产的。

以上只是实际操作过程中较为常见的易导致查封的房屋，但不仅限于此。

8.6.1 向东观点一："签前查封"的房屋，购房合同无效，购房款难追回

"签前查封"就是签署购房合同前房屋被查封。尽管签署了购房合同，签约前被查封的房子，也不受法律保护，即为无效合同。

原因是根据《城市房地产管理法》第三十七条："司法机关和行政机关依法裁定、决定查封或者以其他形式限制房地产权利的房屋不得转让。"

同时，"签前查封"一定是房东恶意而为之，明知房子查封还卖房，购房款必定难以追回。

8.6.2 向东观点二："签后查封"的房屋合同无法履行

"签后查封"就是签署购房合同之后房屋被查封，尽管购房合同有效，但是被查封后房屋限制转让，在房管局也会被标注为"已限制登记"，这时无法继续履行购房合同，买方只能按照购房合同追究卖方违约责任。

8.6.3 向东建议：签署购房合同后发现房屋被查封该怎么处理？

（1）询问卖方房屋是否能够自行解除查封，切不可用自己首付款帮助卖方解封房屋。

（2）和查封申请人协商沟通，是否能够解除查封。

（3）如果卖方无力解除查封且申请人不同意解封等，则买卖双方协商解约

或者诉讼解约，同时买方可以追究卖方的违约责任。

对遇"签后查封"购房者的法律保护，根据《最高人民法院关于人民法院办理执行异议和复议案件若干问题的规定》第二十八条：金钱债权执行中，买受人对登记在被执行人名下的不动产提出异议，符合下列情形且其权利能够排除执行的，人民法院应予支持：

（1）在人民法院查封之前已签订合法有效的书面买卖合同；

（2）在人民法院查封之前已合法占有该不动产；

（3）已支付全部价款，或者已按照合同约定支付部分价款且将剩余价款按照人民法院的要求交付执行；

（4）非因买受人自身原因未办理过户登记。

8.7 典型案例：买二手房，延迟过户的五大风险

何先生2015年1月从王女士手中购买了一套商品房，由于王女士的房产证差四个月时间才满五年，考虑到五年内房产交易税费较高，于是何先生和王女士商量，待房产证满五年后再过户，何先生答应先把房款的80%全部付提，剩下的20%过户时再付。王女士同意了并将房产证等资料交给何先生保管。

时间很快到了5月，房产证终于满五年了，于是何先生再次联系王女士，让其配合办理房产过户手续，不料对方突然变卦，要求何先生再多付20万元，否则她就不配合过户。原来2015年的房价上涨速度很快，同样的房子这短短三四个月的时间，涨了三十几万元。

最后协商下来何先生无奈之下补了17万元给房东，才得以过户。

像这样的事情常有发生，买房为了节约税费成本或者其他因素，延迟过户的时间，这样会给自己带来意想不到的风险。这绝对不是我耸人听闻，下图就来列举一下延迟过户的风险。

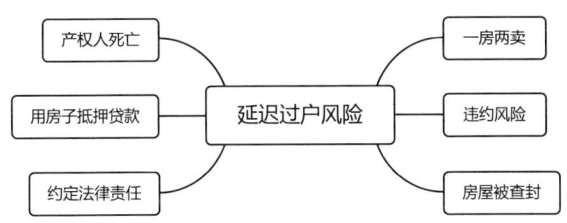

8.7.1 延迟过户风险一：一房二卖

由于从买房到等待过户会有很长一段时间，这样加大了房产交易的风险，甚至会导致一房多卖的情况。在出现一房二卖的情况时，并不是谁的合同先签

订房屋就归谁所有,谁先占有房屋就归谁所有,而是谁先过户到手才算是谁的。因此即便签了房屋买卖合同又做了公证,但卖家将房屋转卖给他人,并且过了户,房屋也是归他人所有的,原买家只能要求卖家承担违约责任。

8.7.2 延迟过户风险二:违约风险

延迟过户的房屋产权仍然归原业主,房价变动容易影响他的心理预期,就像本章节开篇的案例一样,直接要求增加房款。甚至当房价上涨过多,违约金超过房价涨幅的时候,原业主宁可赔违约金也不办理过户。

8.7.3 延迟过户风险三:卖家用房子抵押贷款

在合同存续期间,如果卖家有经济问题,则不排除会拿着房屋的产权证去抵押贷款。如果到了约定过户的时间,贷款仍然没有还清,那么房屋还在抵押中就无法过户。

8.7.4 延迟过户风险四:房屋被查封

在等待过户的时间里,房产的权属仍是原业主的,那么在这段时间里,如果业主出现一些经济纠纷,可能会导致房产被查封。同时,一旦卖家因其他债务被诉至法院,法院可能查封该房产,到时该房产会面临被拍卖的风险。

8.7.5 延迟过户风险五:产权人死亡

买家与卖家签订了二手房交易合同后,如果卖家过世,那么买家就不得不找到该出卖人的众多继承人,先办理房屋继承登记,再办理房屋产权转移登记。在此过程中,不排除有的继承人坐地起价,而且买家不得不忍受额外的支出以及烦琐的公证、过户手续、遗产税等。

8.7.6 向东建议：提高违约成本，约定过户期间的法律责任

提醒各位购房者在签署《买卖合同》时一定要严密，将违约成本提高，约定好过户时间，以防中间发生什么变化这样对双方都可以有约束。如果确实要延迟过户，那么一定要找一个第三方（比如值得信任的中介公司），一起去公证处做公证。在过户之前，与卖家协商好付款方式，千万不可直接将全部房款付给卖家，而应该选择分期付款或只交纳定金的方式。建议买家在等待过户的时间里可以定期去房管局"查档"，有效跟进房子的产权和实际情况。

9

验房屋

确保房屋万无一失交接的四个步骤

在交接房屋后,如果房屋漏水怎么办?说好送家电,但是家电搬走了怎么办?如果水电费欠费怎么办?物业维修资金该谁交?这些都是购房者在房屋交接时经常会忽略的问题。

9.1 检查房屋：验收房屋不检查这五大工程，后患无穷

刘华最近在为自己买的房子事情闹心。他是大客户销售经理，因为工作原因，平时出差的时间特别多，他一直想在自己拼搏的城市苏州买套房，但平时基本没有什么时间看房，中介约他看房子，几次不是在外地，就是在应酬。眼看着房价不断地往上涨，刘华下定决心要把房子的事情搞定。

于是，他趁没有出差连续几天下班推掉应酬晚上出来看房子，看了半个月的房子，看中了一套装修好且带家具家电的房子。

晚上看的房子，屋里开着灯，房子看着感觉不错。刘华心想，自己平时工作忙，没有时间装修，这套装修房最适合他。刚好，这时马上又准备出差，刘华当即就付了定金，把房子定了下来。3个月后交易流程走完，交房的时候刘华也没有仔细检查房屋，一方面是因为工作忙，另一方面房子是装修房，加上交易过程中和卖房者聊得不错。他拿到房子做了保洁，刷新墙面后就开开心心地入住了。不到一周的时间，问题出现了：东面客厅靠阳台墙面有漏水，厨房台盆下面的水管很容易堵塞，卫生间的下水道通水很慢，常常溢水出来把地板浸湿……刘华此时很后悔当时验收房屋的时候没有检查这些。

作为购房者，经过数月的看房和交易流程后，终于能够验收自己心仪的房屋了，甚是欢喜，有时候甚至不去验收房屋，直接拿了钥匙就签署了房屋交接书。

因为在最后一步验房屋时偷懒，才会导致上述案例中的情况发生。

那么在验收房屋时，需要验收哪些东西呢？一般可以分为"硬装"和"软装"，硬装是指基础装修部分，指的是不可移动或者不可或缺的装修物件或项目。软装部分是指可移动的家具家电部分，比如床、柜、空调、电视机、洗衣机等。

本章节围绕的就是验收房屋的硬装部分，包括隐蔽工程、墙面、顶面、地面和门窗。

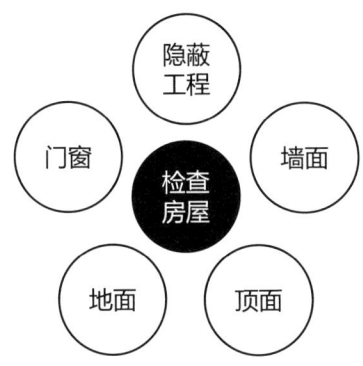

9.1.1 向东建议一：检查所有隐蔽工程

水电工程通常都属于房屋的隐蔽工程，许多购房者都会忽略这些问题，包括进水管的水管管道、排水管的水管管道、污水管、电源线路和通风设施。

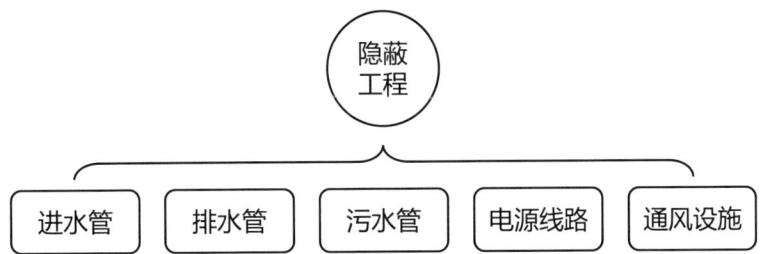

如何检查所有的进水管道呢？把房间所有的水龙头打开，查看水压是否充足，开启一段时间，查看水龙头下的接水管是否漏水。

如何检查所有的排水管道呢？将水槽等放满水，然后排水，查看是否有堵塞，并检查排水软管是否堵塞。

如何检查所有的污水管呢？最好找一个下雨天，然后到房屋内冲马桶，查看马桶是否堵塞。

如何检查电源线路呢？首先同时开启所有大功率电器，比如电视、空调、冰箱、洗衣机、电饭煲、微波炉等，查看是否跳闸；然后开启所有的灯，查看所有开关和灯具是否完好；最后携带一个简单的直插式灯，检查每个插座是否有电。

如何检查通风设施呢？仔细看厨房和卫生间的烟道是否有堵塞现象，可以现场点燃一些携带的废纸，看烟气是否能从排烟口正常排出。

9.1.2 向东建议二：检查所有墙面和顶面

墙面和顶面的检查内容包含所有的墙面和顶面，不管是壁纸、乳胶漆还是瓷砖，都需要检查。这是所有检查工程中最容易被忽视的一环。墙面和顶面不是一眼就能看到吗？为什么说是容易被忽视的呢？

本章节开篇的案例就是没有检查衣橱后的墙面，所以才导致了后患无穷，在验收房屋时，墙面部分最容易遗漏的部分就是被遮挡的部分，比如衣橱、电视柜、沙发、储物柜后面等。

同时，卫生间里的瓷砖也是墙面检查的重要部分，我曾经碰到过一套20世纪90年代的老房子，瓷砖都已经松动了，卖房者为了好看，全部用胶临时黏上去的，买房者收房后不到三天，瓷砖就全部掉下来了，险些伤了人。

9.1.3 向东建议三：检查所有地面

地面工程的检查内容是所有地面部分，包括地板、地砖和飘窗部分等。

有些卖房者为了掩饰地面缺陷，会在有问题的地方铺设地毯、摆放家具等。在验收房屋时，需要检查每块地面是否有损坏。

9.1.4 向东建议四：检查所有门窗

门窗部分的检查并不仅仅是房屋的大门，还包括了房屋内所有的房间门、阳台移门、厨房移门、卫生间门、嵌入式衣橱的门以及所有带玻璃的窗户等。

在验收房屋时，要保证所有的门都可以正常开启和闭合，而且不能偷懒，需要将门都开启到最大限位，看看是否有卡顿现象，并且所有的门锁都应配有钥匙。

所有的窗户应当都可以正常开启和闭合，也需要检查是否可以达到最大限位。

9.1.5　向东建议五：在合同中约定硬装部分的维修责任

如果在合同里没有约定硬装部分的维修责任，那么如果出现了问题，我们该如何维权呢？

购房者可以在合同中说明："如果房屋主体结构（不包含公共区域，如公共管道、外墙、屋顶等）存在待维修情况，如进水管、排水管、污水管漏水、电源线路故障、墙面漏水、地面塌陷或损坏、门窗损坏。那么卖方应当在交付房屋之前完成修复。如果卖方未修复，那么买方在房屋交付后自行修复的，卖方应当承担全部维修费用。"

当卖房者不愿意支付时，就可以直接有理有据地从尾款中直接扣除。

9.2 盘点设施：赠送的家具、家电和装修都是房子的一部分

李叔叔置换买房，以小换大，自己的房子已经卖掉了，同时通过爱家房产看中了同一个小区的一套房子。这套房子是房东王阿姨自住的，装修保持得不错，房子里有三台空调、两台电视机、一套沙发、一台冰箱等，家具家电很齐全，保养得很好，李叔叔心想可以省去装修的时间和钱。因为是同一个小区，所以和房东王阿姨相互之间见过几次面，双方谈得很愉快，当时就把合同签了，约定的价格405万元，李叔叔要求家具家电全部送给他。

王阿姨很爽快地说："大家都是同一个区的，家具家电都好说，我们搬来搬去也麻烦。"李叔叔听到王阿姨这样说，心想都是邻居也就没有做其他的书面说明。

两个月后，大家按照买卖的流程，付定金、签合同、过户，一切进展得很顺利。到了交房的时间，李叔叔走进房间，发现里面的三台空调被拆掉了，电视机也没了，沙发也搬走了……

李叔叔质问王阿姨："当时不是答应得好好的，家具家电都送，怎么现在都搬走了？"

王阿姨回答："我们当时也没有说全送，只是说我们自己不用可以送些，但是我们现在买的房子原来的房东也把家具搬走了，现在我们也要用啊。"

李叔叔听后很后悔当时太相信王阿姨，没有签字确定。

交房是买卖房子中最后一个环节，但如果前期没有把细节事项约定好，那么就会出现李叔叔这样的情况。既损失钱，又影响心情。

到底如何避免交房中的纠纷？交房的时候要注意什么呢？

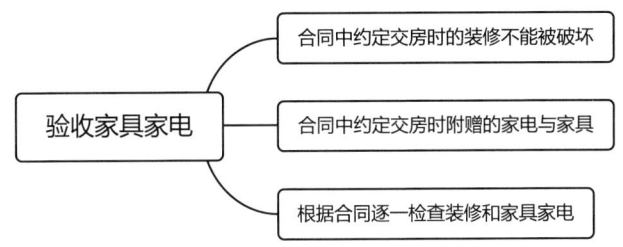

9.2.1 向东建议一：在合同中约定交房时的装修不能被破坏

在交易合同中，经常会忽略房子装修的部分，我曾经就遇到过，房东在搬家具的时候，把地板全部弄花了，拆空调的时候，把墙纸弄得一塌糊涂，甚至在最后，叫收废品的人把所有的开关插座都拆掉了，里面所有的电线也全部抽出，连配电箱也拿走了。这些东西本身不能卖多少钱，但是要再进行布线、贴墙纸、换地板，那是非常费时费力的。

如何能够确保房东保护房屋呢？首先，需要在合同中申明，所有的装修状态维持不变，在搬家时尽可能保护。然后，拍摄照片作为合同的附件，要求保持原样，这样的话就可以尽可能地保护房屋原有的装修了。

9.2.2 向东建议二：在合同中约定交房时附赠的家电与家具

带装修的二手房通常都会有部分电器与家具，这些设施哪些是赠送的、哪些是出售的，它们的品牌、型号、颜色、是否可正常使用等都要写入房屋购买合同。

比如可使用的白色西门子610L对开门冰箱一台、可使用的50英寸夏普液晶电视机两台、可使用的海尔滚筒洗衣机一台、6尺红木床带2个床头柜、2米宽衣橱一个等。

这些家具家电最好也是拍照，作为合同的附件，这样可以确保万无一失。

9.2.3 向东建议三：根据合同逐一检查装修和家具家电

合同里写了，就需要逐一检查每处装修和家具家电。

如果某个电器没有了怎么办呢？直接与原房东协商，让原房东补齐，或者经过协商，扣除部分尾款。

如果某处装修损坏了怎么办？比如墙壁划花了，可以让原房东修复或者经过协商，扣除部分尾款。当然，如果是搬家过程中导致的部分合理损伤，作为购房者可以谅解，毕竟这些装修和家具家电都是附赠的或者以较低的价格折算到房价中的。

9.3 账单过户：验收房屋时容易忘记的六大账单清点结算过户

2009年林小姐在普陀区买了一套新长征花苑的房子，这套房子业主谢先生一直在出租，合同约定3个月内交房，因为里面的租客还剩3个月的时间。林小姐不贷款，整个房子交易的时间不到两个月就走完了流程，同时租客也提前一个月搬走了。

双方约定了交房的时间，因为交房当天房东谢先生在外地出差，就把钥匙给中介委托中介去交房。

林小姐拿到房子后，按流程是要去水电结算更名，但谢先生并不在场，心想水电费没有多少钱，当天刚好装修设计过来量尺寸，就没有及时对水电煤结算过户。

房子装修好之后，王小姐住了一段时间想起水电更名的事，于是她在周末的时候拿着房产证去办理水电更名。

她去电力局一查询吓了一跳，这套房子有4年没有交电费，林小姐马上通过中介联系原来的业主，谢先生称并不知情，他说这套房子一直是出租状态。面对4年的电费和罚款金，有将近10000多元，林小姐希望和原房东协商，但原房东以房子已经交接了为由，不愿意承担责任。

最终在中介的协商之下，林小姐承担了7000元的费用。

我们在检查房屋的硬件和软件设施后，接下来要做的就是房屋的六大账单的结算和过户了。

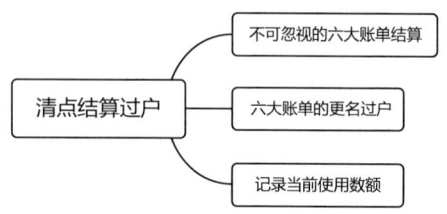

9.3.1 向东建议一：不可忽视的六大账单结算

我们一般熟知的有水电煤气费，怎么有六大账单呢？这六大账单分别是：水、电、燃气、电话、有线电视和宽带。

这六大账单的结算并不用到每个营业网点去查询，直接打电话，然后说出房屋的地址和登记人即可查询欠费的情况。在这其中，宽带并不只有一家，可能是有线电视的有线通，也有可能是电信宽带、移动宽带、长城宽带、铁通宽带等，所以需要询问宽带运营商是否有欠费，以下是查询这六大账单在上海的联系电话。

水：962740

电：95598

燃气：962777

电信：10000

有线电视：96877

移动：10086

长城宽带：80335533

铁通宽带：10050

9.3.2 向东建议二：六大账单的更名过户

在所有的账单中，以上海为例，除了燃气是需要原房东亲自到场外，其他的只需要购房者拿着自己名字的房产证，然后到相应的营业网点去办理更名即可。

9.3.3 向东建议三：记录当前使用数额

六大账单中的水费、电费和燃气费的结算周期通常是按月，这也就意味着，在上次缴费到购房者验收房屋期间，仍然会有费用产生，这时候就需要记录好交房时的数字，以下是交房时常见的水电煤结算清单。

		上期数字	当前数字	差额	单价	费用
电	平					
	谷					
水						
燃气						
合计						

上表中，上次结算数字和单价，可以通过电话询问而得，差额 = 当前数字 – 上期数字，费用 = 差额 × 单价，合计就是所有费用之和。购房者只需将这些费用从尾款中直接扣除即可。

9.4 物业交接：办完物业五大交接手续，安心入住

　　章文乐（化名）向王阿姨买了一套房子用作婚房，王阿姨非常豪爽，交易过程中的所有环节都很顺利。

　　双方在去物业登记过户时，王阿姨提出，当时二手买进来的时候，给了上家维修资金5000多块钱，你要补给我。

　　章文乐一听很生气："买二手房维修资金都是包含在房价里的。"中介在旁也是这样表态。

　　王阿姨立刻说："我之前买进来的时候，也是给上家的。"

　　双方你一言我一语地争论起来……

　　章文乐心想，这多出来的5000多元的维修资金可是我一个月工资啊，心里接受不了。

　　王阿姨坚定地表示，这个钱我们之前也出了，如果不补贴出5000元，那么她就不交房。就在双方僵持不下的时候，中介只好站出来协商，希望双方能各让一步。

　　章文乐因为急着要装修新房，无奈之下最后还是给了原房东2500元，才把事情解决拿到房子。

　　上述的案例中涉及住宅专项维修资金，什么是住宅专项维修资金呢？

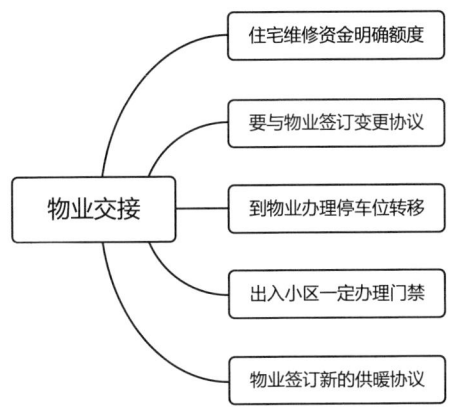

9.4.1 向东建议一：住宅专项维修资金要明确付款比例

住宅专项维修资金的名字多年来经过数次变化。1998年时，叫作房屋维修资金，后改为商品房公共维修资金，2007年，根据当时建设部和财政部联合发布的165号令，最终为住宅专项维修资金。

《住宅专项维修资金管理办法》规定，住宅专项维修资金是指专项用于住宅共用部位、共用设施设备保修期满后的维修和更新、改造的资金。

住宅共用部位一般包括住宅的基础、承重墙体、柱、梁、楼板、屋顶以及户外的墙面、门厅、楼梯间、走廊通道等；共用设施设备一般包括电梯、消防设施、道路、下水管、非经营性车场车库、公益性文体设施设备及其使用的房屋、监控系统等。

因买卖、赠予等发生住宅转让的，新业主应当持本人身份证件、房地产权证和业主委员会的证明，向开户银行办理分户账更名手续。

维修资金实行"钱随房走"的原则，房屋转让时，账户里的余额资金也随之转移给房屋的新的产权所有人。

但是住宅转让时，原业主缴纳的维修资金剩余款额是原业主交的，所以原业主有权利向新业主索要。如果账户余额不足30%，那就需要按现行标准补缴这块费用后再过户。住宅转让合同或者转让当事人另有约定的，从其约定。

约定的方式一般会采取以下四种方法。

（1）无偿顺延。

原业主将住宅专项维修资金无偿顺延给新业主。如果原业主将住宅专项维修资金费用无偿顺延给新业主，那么新业主所购的这套房屋便不用缴纳此项费用。

（2）共同承担。

买卖双方经过协商新业主与原业主共同承担这笔费用，即新业主支付原业主所缴纳住宅专项维修资金费用的50%。

（3）买方承担。

原业主不同意将住宅专项维修资金无偿顺延给新业主，也不想按比例与新业主分担这笔费用，那么新业主如购买该套房屋则需承担原业主当初购房时所缴纳的这笔住宅专项维修资金费用。

（4）按比例支付。

买卖双方经过协商按一定比例支付住宅专项维修资金费用。通常的比例可以根据实际使用情况来设定。比如原业主交了10年的维修资金，总计3万元，而在发生交易时，已经过去了7年，那么原业主和购房者的比例为7∶3，即购房者需要支付3万×30%＝9000元给原业主。

从道理上来说，按照比例支付是最合理的，因为剩余未使用的维修资金，都是使用在房屋维修上的，而此时的房屋已经属于购房者了，所以购房者将这部分自己支付给业主，再合适不过了。

9.4.2　向东建议二：与物业签订变更协议

除了房屋维修资金外，还需要到物业办理更名手续。因为现在物业服务的对象已经不是原业主了，而是你了，所以要办理更名手续。

在物业办理更名手续时，还需要获得物业的联系方式，你也需要将自己的联系方式给物业，这样双方在有事时可以直接沟通。

9.4.3 向东建议三：到物业办理停车位转移

如果房屋有停车位，则需要办理停车位更名登记，并将自己的车牌录入物业的停车管理系统，这样可以方便地出入小区。

9.4.4 向东建议四：出入小区门禁办理

如果小区采取出入门禁系统的话，那还需要向物业申请出入门禁系统的门禁卡。

9.4.5 向东建议五：和物业签订新的供暖协议

有供暖的城市要注意与物业签订新的物业供暖协议，以免影响来年供暖。

9.5 典型案例：二手房屋漏水，法院告诉你到底谁承担责任？

2016年10月，刘军以100万元的价格，向李兵购买了长沙市某小区一套顶层房屋，140平方米。且在递交过户申请资料时首付款30万元，过户后再支付40万元，剩余30万元交房后再支付。

房屋过户后，他满心欢喜地去收房。在小区物业管理处办交接时，才知道李兵此前以物业公司对房屋漏水问题维修不力为由拒付物业费。刘军心想："房东卖房时故意隐瞒了房屋渗漏水的情况。自己花大价钱买房不能买个残次品，卖方不将漏水问题修复好，我就不付剩余房款。"

刘军找李兵理论，谁知李兵说："你看房的时候，我就告诉过你以前漏水，现在修好了。现在合同签了，房子也过户给你了，你又说房子漏水还让我修，没这个道理，你必须马上付钱，而且还要付违约金！"

双方协商不成，刘军把李兵告上了法庭。

法院调查得知，涉案房屋于2012年12月竣工验收，工程质量评定等级为合格且具备房屋质量保证书，房屋的防水工程保修期限为5年。此前，李兵已经居住使用4年之久，作为已经使用数年的二手房，买方刘军在签订合同时，应当预见到房屋可能会存在一些瑕疵。

涉案房屋为顶层房屋，容易出现渗漏水等房屋质量问题。刘军在案件审理过程中也表示，因房屋系顶层，他格外注重房屋渗漏水问题的影响，实地看房时就发现房屋外墙有风干的漏水痕迹。因此，漏水问题不是过户后出现的新问题，说明刘军是在明知房屋可能存在渗漏水的情况下签订购房合同。

2012年7月30日，李兵以近87万元购得此房。刘军在2016年10月以约100万元的价格成交。刘军签订二手房买卖合同时，明知房屋可能有漏水情形未维修好，但刘军既未要求房东李兵出具不再漏水的鉴定报告，又未在合同中明确约定房屋防漏水交付标准，法院只能认定刘军是在权衡利弊后，自愿与李兵达成的买卖协议。在这样的情形下，房屋是否漏水已经不能再作为认定李兵承担质量瑕疵担保责任的事由。法院遂依法做出上述判决。

大家看到这里，可能心里也为刘军愤愤不平，购房者在买房的过程中如何处理漏水的问题呢？

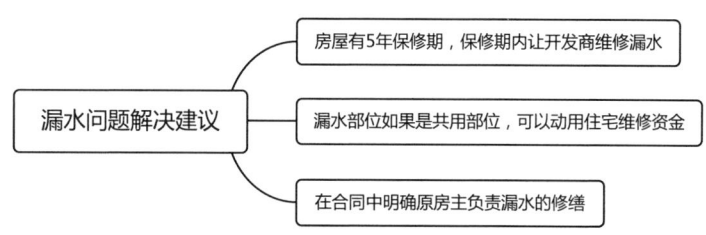

9.5.1 向东建议一：房屋有5年保修期，保修期内让开发商维修漏水

二手房漏水不要怕，首先要看房子是否在保修期。根据《建筑工程质量管理条例》第四十条的规定："屋面防水工程、有防水要求的卫生间、房间和外墙面的防渗漏为5年。"这个条款规定了房屋防水工程的保修期。

但是要谁来维修呢？《商品房销售管理办法》第三十三条规定："房地产开发企业应当对所售商品房承担质量保修责任。当事人应当在合同中就保修范围、保修期限、保修责任等内容做出约定。保修期从交付之日起计算。"

综合以上两个条例，如果你的房子在保修期内，可以要求房地产开发商对漏水部位进行维修。

9.5.2 向东建议二：漏水部位如果是共用部位，那么可以动用住宅维修资金

如果你的房子已经过了保修期，也不要怕，看看漏水部位是不是属于共

用部位，如果属于共用部位，包括业主共同拥有并使用的上下水管道、水箱、电梯、供电线路、公用照明等，都可以启动住宅专项维修资金。

住宅专项维修资金怎么来的呢？商品住宅的业主、非住宅的业主按照所拥有物业的建筑面积交存住宅专项维修资金，每平方米建筑面积交存首期住宅专项维修资金的数额为当地住宅建筑安装工程每平方米造价的5%～8%。

不过，在申请动用房屋维修资金时，必须经使用该共用部位业主2/3以上人数讨论同意，方可使用。

9.5.3 向东建议三：在合同中明确原房主负责漏水的修缮

如果漏水部位不是共用部位，且已经过了保修期，则漏水问题只能自己解决了。自己解决的话，需要跟原房主划定一下责任范围，看看合同上是怎么规定的。

在上述的案例中，合同没有明确规定，而导致购买方在诉求自己利益的时候处于被动。

例如，可以在合同中说明："如果房屋主体结构（不包含公共区域：如公共管道、外墙、屋顶等）存在漏水情况，则卖方应当在交付房屋之前完成修复。如果卖方未修复，买方在房屋交付后自行修复的，则卖方应当承担全部维修费用"

这样如果买家在交付房屋之后发现原房主隐瞒了漏水问题，是可以要求原房主进行维修的，而在房屋交付后出现的漏水问题，则需要购房者自己承担维修。如果购房者需要自己维修，这个时候应该先找物业公司，如果没有物业或者物业弃管的，要找专业的维修公司。房屋出现了漏水问题要及时解决，修复好之后要做好防水工作，避免以后再出现漏水的情况，以保护室内财务的安全。

9.6 典型案例：买房时原业主户口不迁出的解决办法

2017年年底，刘佳为了不让自己的孩子输在起跑线上，暑假刚开始，他决定在某名校附近买一套学区房，这样小孩就可以顺理成章地进入名校了。

经过一番比对筛选后，刘佳看中了李南在该名校附近的一套二手房，并与李南签订了房屋买卖合同。

同时在合同中约定了"出卖人应当在房屋权属转移之日起三十日内，向房屋所在地的户籍管理机关办理原有户口迁出手续；若因出卖人自身原因未如期将与该房屋相关的户口迁出的，且逾期超过十五日的，自逾期超过十五日起，出卖人应按日计算向买受人支付全部已付款万分之五的违约金"的内容。

随后，买卖双方顺利完成了交易，刘佳交了房款，拿到了房子，也办理了房屋过户手续。拿到产权证当天，刘佳心里十分高兴，心想：小孩读书的问题总算可以解决了。

第二天，刘佳去房子所在地的派出所，准备将户口迁进去时，却被告知该房内已有户籍。

刘佳赶紧找到了李南才知道，此房原为李南母亲名下的房产，后因母亲去世，李南通过继承获得该房。

但在办理继承的过程中，李母的另一个继承人，即李南的大哥李东曾对母亲遗产分配提出了异议，认为遗产分配不均，并将李南诉至法院。

后经法院判决，该房产由李南继承，大哥李东则继承母亲的其他遗产，但李东户口却还留在房子里，现在该房内的户口正是李东的户口。

李东因母亲去世与李南争财产，两个人已断绝关系，李南用尽各种方法，大哥李东就是不同意迁出户口。

最终刘佳只能依据合同约定求助法律，一纸诉状将李东和李南告上法庭。

李南在诉讼中觉得十分委屈，辩称："合同中对户口迁出条款未按法律规定进行特殊说明，不知道未迁出户口需要支付巨额违约金。同时认为，户口不能迁出并不是因为自己的原因造成，而是户籍行政管理制度的缺陷，自己不应承担违约责任。"

法院最后审理判决刘佳在签订房屋买卖合同后，已依约履行了支付全部购房款的义务，李南却未能按照合同约定办理户口迁出手续，其行为已构成违约，应按照双方的约定承担相应的违约责任。

最终，法院判决李南给付刘佳违约金15万元，并且责令让原业主把户口迁出。而实际上，李东最后等到了2018年户口新政出来之后才迁出的。

在这个案例中，刘佳虽然最后得到了赔偿，也所幸没有影响孩子上学，但这个过程花费的时间和精力成本是很高的。像这样原业主隐瞒户口，而你没有及时去派出所查实的话，就会碰到像刘佳这样的困境。

如果原业主户口不迁出，那么可能会发生哪些问题呢？

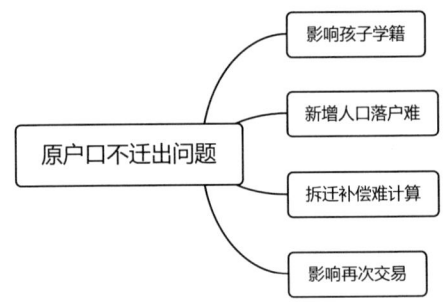

9.6.1 原业主户口不迁移的问题一：影响孩子学籍

如果原业主户口不迁出，那么会影响自己户口的迁入，从而自己孩子的户口也没法迁入，那么孩子的学籍可能将受到非常大的影响，如果最终孩子没有落户，那么很可能要被安排到原户籍地入学。

另外，当原业主的孩子需要上学时，很有可能这套房子的学籍已经被占用了，而作为新业主的你对此是没有任何办法的。

9.6.2 原业主户口不迁移的问题二：新增人口落户难

我曾经遇到过一个真实案例，汪先生需要置换房屋，原先的户口已经迁出，而现在新买的房子原业主户口不迁出，导致自己的户口没处落。最让人头疼的是自己的孩子降生了，孩子一直没有办法落户。

所以，当原业主户口不迁移，而自己的户口也没落户，那么新增人口的落户问题将非常麻烦。

9.6.3 原业主户口不迁移的问题三：拆迁补偿难计算

如果你买的新房被划入了拆迁的范围，那么在计算拆迁款时，将非常麻烦，虽然目前拆迁补偿是以房本为主，但在商业拆迁中往往还要结合户籍和实际居住情况，如果与实际不符，那么处理起来并不简单。

9.6.4 原业主户口不迁移的问题四：影响再次交易

如果你购买的房子，原业主没有将户口迁出，你再将这套房子出售时，新买家如果要求你将户口迁出，那么你是没有办法控制的，最终很有可能导致这套房子卖不出去。

那怎样才能防止原业主隐瞒户口或者户口不迁出的问题呢？

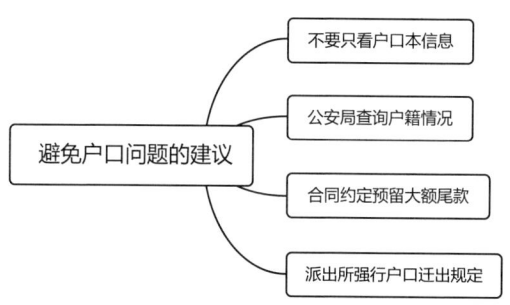

9.6.5 向东建议一：不要只看业主的户口本

嫌麻烦的购房者往往只要求业主出示户口本，就算检查户口了，仍会有两个问题：户口本只能反映卖方家庭成员的户籍状况，而不能排除非家庭成员户口落在交易房屋内的可能；另一方面，户口本上的信息可能与实际的户籍状况存在差异。

9.6.6 向东建议二：与卖方到公安局查询户籍情况

房屋的户籍通常是由该房屋所在地的派出所管理的。买方可以委托律师或亲自到派出所了解房屋的户籍状况。如果派出所仅限本人调取户籍材料的话，买方可以要求同卖方一起到派出所调阅。如果卖方拒绝配合的话，则房屋的户口很可能存在问题。

9.6.7 向东建议三：写进合同，预留大额尾款，明确违约责任

在买卖合同中设定户口迁移条款和违约条款，提高卖方的违约成本。如果买方就是为了迁入户口，则可以在合同的《补充协议》中约定"若出售方因特殊原因导致最终不能将户口迁出的，则买方享有单方解除权，且买方已支付的购房款卖方应予全额退还"。再另行约定好违约的处理情况，比如延期迁出的违约金等。这样即使将来出现问题，如果协商不成，那么去法院起诉要求索赔也可以。

除此之外，还可以预留大额的户口迁出的保证金，一般 10 万元以上，这笔钱是等原业主户口迁出时再给原业主的保证金。

9.6.8 向东建议四:让派出所强行将原业主户口迁出

2018年5月1日起实施的《上海市常住户口管理规定》:第三十二条规定:"房屋所有权或者公有居住房屋承租权因交易已发生转移,现权利人或者承租人申请将房屋内原有户口迁出的,房屋所在地公安派出所应当通知原有户口人员迁出,对拒不迁出或者无法通知的,可以直接将其户口迁至社区公共户。"

9.7 典型案例：交房时发现面积少了两平方米，开发商赔了8万元

在购买一手房时，大都为期房，也就意味着购房者不能马上拿到房子，不能实际查看房产的实际面积，而等到拿房当天，如果房屋面积有误差，那该怎么办呢？

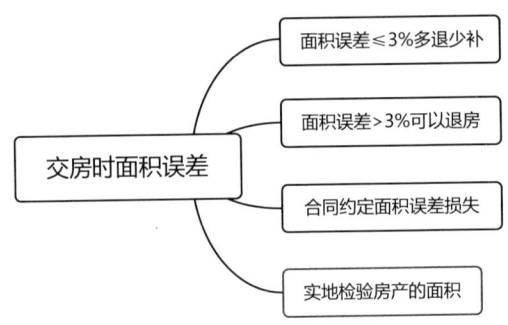

9.7.1 向东建议一：面积误差≤3%，多退少补

2014年年底，魏女士在上海买了一套期房，单价3万元/平方米。魏女士与开发商签订了购房合同，双方在购房合同中约定该房屋预售面积为90平方米。

2016年，开发商通知魏女士交房，魏女士才发现房屋实际面积是92平方米，比预售面积多了2平方米。魏女士想知道对于面积误差该怎么处理。

按照《商品房销售管理办法》有关规定，当交房的实际面积与预售面积有误差时，如果合同有约定按照合同处理；合同没有约定或者约定不明的，如果面积误差比绝对值不超过3%，对于误差面积的房款据实多退少补。

在上述案例中，由于面积误差比绝对值不超过3%，所以购房人需要向开

发商补交两平方米的房款,也就是 6 万元。

如果魏女士购买的期房,最终拿到手的房屋实际面积是 89 平方米的话,那么就比预售面积少了 1 平方米,而且误差小于 3%,此时开发商就要补偿魏女士 1 平方米的房款,也就是 3 万元。

9.7.2 向东建议二:面积误差> 3%,可以退房

2014 年,郑先生在上海买了一套期房,单价 4 万元 / 平方米。郑先生与开发商签订了购房合同,双方在购房合同中约定该房屋预售面积为 100 平方米。2015 年,开发商通知郑先生交房,郑先生才发现房屋实际面积为 95 平方米,比预售面积少了 5 平方米。郑先生没有提出退房,但对于面积误差该怎么处理?

按照相关规定,买卖双方在购房合同中未对面积误差的处理方式做出约定,面积误差比绝对值超出 3% 时,买受人有权退房。

如果购房人提出退房,开发商应当在购房人提出退房之日起 30 日内,将购房人已付房款退还给购房人,同时支付房款的利息。

如果购房人不提出退房,则要根据面积误差的不同情况做出相应的处理。

当交房的实际面积误差绝对值超出 3% 部分的房价款由开发商双倍返还购房人。

在上述例子中,由于开发商交房的实际面积 95 平方米小于预售面积 100 平方米,而且面积误差是 5 平方米,超出了 3%,所以这 5 平方米中,低于 3% 的部分,也就是 3 平方米的房款,开发商要退还给郑先生,而高于 3% 的部分,也就是 2 平方米,要以 2 倍的价格退还给郑先生,总计退还金额 16 万元。

如果交房的实际面积大于预售面积呢？面积误差比绝对值在3%以内部分的房价款由购房人补足；超出3%部分的房价款由开发商承担，产权归买受人。

比如郑先生买房时，预售面积是100平方米，而到手房产面积是110平方米，那么他可以选择退房，如果不退房，那么他就要支付100平方米的3%，也就是3平方米的房款给开发商，而剩余的7平方米，由开发商自行承担，郑先生无须支付任何费用。

9.7.3 向东建议三：合同约定，防止面积误差带来损失

签订购房合同能够帮助我们在遇到面积误差时进行索赔。购房者可以在购房合同里通过条款维护自己的利益，比如以下几点。

（1）在合同中，把面积条款写清楚，确定房屋实际面积。

（2）在合同中明确公摊面积。了解需要公摊的部分及各个部分的面积，并且逐项逐条地在合同中列明。

（3）在合同中明确违约方所承担的责任。

以上三点如果在购房合同中明确列出，将会为购房者省去许多麻烦，并据此来确定房屋的实际面积，在对实际面积确认后，购房者才会补齐款项。

9.7.4 向东建议四：实地检验房产面积

为了防止面积误差带来损失，购房者在验房、收房时，应该要求开发商出具《实测面积测绘报告》，根据房屋土地管理局所属的专业测量单位，对每一套房屋面积进行核定所得实测面积。然后将实测面积和合同约定面积进行比较。如果开发商不能提供《实测面积测绘报告》，购房者可以拒绝收房。

9.7.5 其他相关法律法规

根据最高人民法院《关于审理商品房买卖合同纠纷案件适用法律若干问题的解释》第14条，出卖人交付使用的商品房套内建筑面积或者建筑面积与商品房买卖合同约定面积不符，合同有约定的，按照约定处理；合同没有约定或者约定不明确的，按照以下原则处理。

（一）面积误差比绝对值在3%以内（含3%），按照合同约定的价格据实结算，买受人请求解除合同的，不予支持；

（二）面积误差比绝对值超出3%，买受人请求解除合同、返还已付购房款及利息的，应予以支持。

买受人同意继续履行合同，房屋实际面积大于合同约定面积的，面积误差比在3%以内（含3%）部分的房价款由买受人按照约定的价格补足，面积误差比超出3%部分的房价款由出卖人承担，所有权归买受人；

房屋实际面积小于合同约定面积的，面积误差比在3%以内（含3%）部分的房价款及利息由出卖人返还买受人，面积误差比超过3%部分的房价款由出卖人双倍返还买受人。